Doris Röhlich-Spitzer
mit Stefan Lieder

Traust du dir das zu?

Mein Leben in der Altenpflege

Impressum

Alle Rechte vorbehalten. Das Werk inklusive aller Inhalte wurde unter größter Sorgfalt erarbeitet. Der Verlag und die AutorInnen übernehmen jedoch keine Gewähr und Haftung für die Aktualität, Korrektheit und Vollständigkeit der bereitgestellten Informationen. Für die Inhalte von den in diesem Buch abgedruckten Internetseiten sind ausschließlich die Betreiber der jeweiligen Internetseiten verantwortlich. Diese geben den Stand der Veröffentlichung zum Zeitpunkt des Abrufes wieder. Auf spätere Veränderungen hat der Verlag keinen Einfluss. Eine Haftung des Verlages ist daher ausgeschlossen.
© 2021 edigo Verlag GmbH, Köln

1. Auflage 2021
Co-Autor: Stefan Lieder, Köln
Umschlaggestaltung: Irina Rasimus, Köln
Umschlagfotos: Ludolf Dahmen Fotografie, Köln; BlurryMe/shutterstock.com
Alle anderen Abbildungen: siehe Bildnachweis auf Seite 254
Lektorat: Redaktionsbüro Susanne Völler, Köln
Satz: jo seibt kommunikationsdesign, Leverkusen
Druck: oeding print GmbH, Braunschweig

ISBN: 978-3-949104-05-3
ISBN e-Book: 978-3-949104-06-0
www.edigo-verlag.de

Die Zertifizierung mit dem V-Label garantiert ein 100 % veganes Druckprodukt.
Alle Bestandteile wie Papiere, Farben, Lacke und Klebstoffe sind frei von tierischen Inhaltsstoffen.

Bibliografische Information der Deutschen Nationalbibliothek:
Die Deutsche Nationalbibliothek verzeichnet diese Publikation in der Deutschen Nationalbibliografie; detaillierte bibliografische Daten sind im Internet über http://dnb.d-nb.de abrufbar.

Inhalt

Vorwort — 5
Immer mit der Ruhe — 7

Kapitel 1: Kindheit und Jugend — 11
Mein erstes Altenheim — 11
Republikflucht — 19
Meine ersten „eigenen" Alten — 22
Eifel — 26

Kapitel 2: Riehl — 32
Ins kalte Wasser — 32
Lehrjahre sind keine Herrenjahre — 39
Auf einmal geht es ganz schnell — 48
Das Dorf wächst — 56
Hinter verschlossenen Türen — 63
Neuanfang, aber richtig — 70

Kapitel 3: Südstadt — 76
Traust du dir das zu? — 76
Mein Heim ist 'ne nette Kneipe — 85
Satt und sauber 2.0 — 92
Wie im Flug — 98
Studium im Kloster — 103
Katastrophen — 106
Doch dann wurde alles anders — 114
Time-out — 123
Sicherer als ein Atomkraftwerk — 125
Tue Gutes und rede darüber — 132
Ein Plateau ist erreicht — 135

Kapitel 4: Märchenschlösser — 143
Der Geruch des Geldes — 143
Abschied aus der Südstadt — 148
Schneller Aufstieg und tiefer Fall — 152
Ganz unten — 156

Kapitel 5: Selbstständig — 177

Die Bank gewinnt immer — 177
Die Burgenkönigin — 181
Intermezzo — 187

Kapitel 6: Müngersdorf — 191

Zurück an die Spitze – na ja, nicht ganz — 191
Zurück an die Spitze – diesmal richtig — 199
Mein Heim ist bunt und gemütlich — 206

Kapitel 7: Ruhestand — 215

Lebensabend in der Dienstwohnung — 215
Ruhestand auf Probe — 218
Das eigene Päckchen — 221
Aber dann kam die Pandemie — 224
Ausklang – vielleicht — 228
Wohin soll es gehen, Altenpflege? — 232
Und bei dir, Doris? — 247

Danksagung — 251
Quellenverzeichnis — 252
Bildnachweis — 254

Infokästen

Riehler Heimstätten — 18
Altenpflegeausbildung — 38
Pflegeversicherung — 114
Pflegestufen / Pflegegrade — 116
Medizinischer Dienst der Krankenversicherung (MDK) — 118
Wohn- und Teilhabegesetz (WTG) — 127
Qualitätsmanagement — 139
Clarenbachwerk — 192
Generalistische Pflegeausbildung — 234
Pflegestärkungsgesetze — 240
Altenpflege aktuell — 244

Vorwort

oder:
Wie sich eine Buchidee plötzlich verändert –
und mich ganz anders herausfordert

Eigentlich wollte ich ein Buch über die gegenwärtige Situation der Altenpflege schreiben. Das ist mein Element, damit kenne ich mich aus. Es gibt viel darüber zu erzählen und wichtig ist es auf jeden Fall. Die Menschen werden immer älter, der Pflegebedarf wird weiter steigen, und es hat in den letzten Jahrzehnten einige fachliche und gesetzliche Novellen gegeben, die die Altenpflege zum Teil deutlich verändert haben. So wie heute war es nicht immer – im Guten wie im Schlechten. Das wollte ich darstellen, wollte verständlich machen, wo die Altenpflege meiner Ansicht nach heute steht und wie sie dorthin gekommen ist. Wie sich der Beruf verändert hat. Was das Arbeiten in diesem Beruf schwer macht und was nötig wäre, um es wieder zu erleichtern. Gemeinsam mit meinem Mann wollte ich das Buch schreiben. Wir arbeiten beide seit Jahrzehnten in der Altenpflege, leiten und verantworten seit über 30 Jahren Pflegeeinrichtungen und sind aktuell – statt so richtig in den Ruhestand zu gehen – selbstständig in der Beratung für Einrichtungen in der Altenpflege. Wir hätten wirklich einiges zu berichten. Ein Sachbuch sollte es werden.

Die Idee dazu nahm langsam Konturen an. Wir saßen zu einem Vorgespräch mit dem Verleger zusammen und sollten erzählen, was wir uns vorstellten. Also legte ich los: Ich erzählte, wie ich die Pflege erlebt habe, als ich meine Eltern bei der Arbeit beobachten und allererste Eindrücke sammeln konnte. Wie die Pflege in den 1980ern war, als ich mir meine Sporen verdienen musste. Wie sie später war, als ich auf meiner ersten Leitungsposition auf die

Gründung des Medizinischen Dienstes der Krankenkassen reagieren musste. Immer wieder erzählte ich auch von meinen eigenen Erlebnissen. Immerhin hatte ich die Veränderungen selbst erlebt. In einer meiner zugegeben recht kurzen Sprechpausen fragte der Verleger zu meinem blanken Erstaunen: „Wie wäre es denn, wenn Sie eine Biografie schreiben?" Die Idee traf mich völlig unvorbereitet, das musste ich erst einmal sacken lassen.

Ich war mir unsicher, es erscheinen ja meist Biografien von wichtigen Persönlichkeiten, hohen Politikern, erfolgreichen Sportlern und sonstiger Prominenz – in dieser Reihe sehe ich mich nun wirklich nicht. Andererseits war ich beim Erzählen schon so weit in meine eigene Lebensgeschichte gerutscht, es lag eigentlich auf der Hand: Mein Leben ist unglaublich eng mit der Altenpflege und ihrer Entwicklung verknüpft. Vielleicht wäre es gut, aus einer sehr persönlichen Brille darauf zu schauen. Eigene Erfahrungen zu berichten, die Leserschaft sozusagen in die Praxis mitzunehmen. Bei der Ausbildung junger Pflegekräfte habe ich auch immer Wert auf die Praxisnähe gelegt, so gefiel mir das mit der Biografie eigentlich nicht schlecht. Und noch etwas schien mir damit besser zu erreichen als durch ein eher theoretisches Buch. Der Altenpflegeberuf hat nach wie vor kein gutes Ansehen und keine akzeptablen Rahmenbedingungen – das hat sich im Laufe der Jahrzehnte leider nicht wirklich geändert. Dabei ist es ein so vielseitiger, so schöner, so anspruchsvoller Beruf. Teilweise ist er eben durch die bestehenden Rahmenbedingungen gebeutelt, teilweise entsteht in den Medien ein katastrophales Bild von ihm. Dem wollte ich meine Perspektive entgegensetzen. Es gibt sicher Einrichtungen und Dienste in der Altenpflege, die mehr für ihre Klientel tun könnten und auch sollten. Das will ich gar nicht abstreiten. Aber es gibt auch diejenigen, denen es wirklich um den Menschen geht. Die Ideale haben und leben. Die selbst unter widrigen Bedingungen versuchen, die Situation zu verbessern – für die Alten und für die Pflegenden. In dieser Reihe sehe ich mich. Und ich würde gerne einen

Beitrag dazu leisten, dass noch viele junge Menschen diese Richtung einschlagen.

Okay, eine Biografie … Traue ich mir das zu? Es wird ein Rollentausch – sonst habe ich die Lebensgeschichten der alten Menschen gehört, die ich gepflegt habe, jetzt erzähle ich meine eigene. Ich werde an schwierige Punkte kommen. Ich werde nicht aussparen können, wie es für mich war, in den Nachkriegsjahren aufzuwachsen, als junge Frau nicht den Erwartungen an eine gute Schwiegertochter zu entsprechen, teilweise einfach zu viel zu arbeiten oder beruflich auch mal eine richtige Bruchlandung hinzulegen. Das alles gehört zu mir. Aber zu mir gehört eben auch, dass ich selbst bei Schwierigkeiten alles versuchen und weitermachen möchte. Mein Leben zu erzählen, wird ungewohnt sein und sicher nicht einfach. Aber dass etwas nicht leicht wird, hat mich noch nie davon abgehalten, es zu tun.

Immer mit der Ruhe

oder:
Wie ich beinahe mein ganzes Leben in der Altenpflege verbracht habe – und immer noch Überraschungen erlebe

Als Beraterin für Einrichtungen in der Altenpflege habe ich 2020 einen Auftrag angenommen, der über eine Beratung eigentlich hinausgeht: Ich leite zurzeit vorübergehend eine Altenpflegeeinrichtung in der Nähe von Neuss, gar nicht weit von Köln. Der Träger der Einrichtung kam auf mich zu, weil es wohl Schwierigkeiten in der Leitungsetage gab, es sollte ein neues Leitungsteam zusammengestellt werden. Drei Monate führe ich also die Einrichtung und versuche gemeinsam mit der Zentrale, passende neue Leute zu finden und so viele Verbesserungen anzustoßen, wie in dieser Zeit eben möglich ist. Das Haus ist sehr schön, modern, nach außen hin sieht alles top aus. Aber innen, im System, herrscht Chaos. Die MitarbeiterInnen sind wie von der Tarantel gestochen und haben einen unglaublichen Gesprächsbedarf. Mit den BewohnerInnen konnte ich mich bisher kaum beschäftigen. Eigentlich wollte ich in meinem Alter nur noch drei Tage in der Woche arbeiten. Aber das kann ich hier vergessen.

Viele MitarbeiterInnen sind neu, viele erst vor Kurzem gegangen, es herrscht eine unglaubliche Fluktuation – nicht nur bei der Belegschaft. Was mir vorher niemand gesagt hatte: Ich bin in einem Zeitraum von drei Jahren die neunte Einrichtungsleitung, einschließlich wechselnder Pflegedienstleitungen. Die neunte! Das ist mir in meiner langen Laufbahn noch nicht begegnet. Jetzt verstehe ich die Unruhe ein bisschen besser. Für einen Moment versuche ich, das mit meiner ersten Leitungsstelle zu vergleichen – mein Haus in der Kölner Südstadt habe ich 18 Jahre lang geführt. Hier läuft es ganz anders, und schon am dritten Tag kam noch ein gutes Pfund Aufregung dazu: Ich startete gerade in den Dienst, da lief mir auf dem Flur schon eine Mitarbeiterin entgegen. Es sei alles furchtbar, alles schrecklich. Das wollte ich nicht auf dem Flur besprechen, bat sie in mein Büro und hörte ihr zu: Am Sonntag, vom Nachmittag bis in den Abend, sei eine Situation eingetreten, die acht Mitarbeiterinnen gegen einen Pflegedienstleiter auf den Plan gerufen habe. Dieser war erst seit drei Monaten im Haus und wirkte auf mich eigentlich wie ein gestandener junger Mann. Die Damen erhoben den Vorwurf, er gehe sehr distanzlos und respektlos mit ihnen um. Die Pflegekraft, die gerade vor mir saß, zückte einen Stapel Papier. Darauf waren Chatverläufe, die ich so noch nicht gesehen hatte und eigentlich auch nie sehen wollte. Die waren unstrittig – und mussten zur Kündigung führen. Ich habe ihn damit konfrontiert, er hat aus dem Stand alles zugegeben. Es gab nicht mehr viel zu überlegen oder zu diskutieren, die nächsten Schritte waren klar. Der Mann war noch in der Probezeit, ich musste eine entsprechende Kündigung vornehmen. Ich bin kaum da und muss schon jemanden entlassen. Das ist mir bisher auch noch nicht passiert.

Na gut, denke ich bei mir, wieder eine neue Situation. Ich habe schon viel gesehen in den mittlerweile 52 Jahren, die ich schon in Altenheimen arbeite. Mal sehen, wie ich ein bisschen Ruhe in den Laden bekomme. Mit drei Tagen die Woche ist das jedenfalls nicht zu machen, ich bin mal wieder ganz gefordert. Packen wir es an. Aber eins nach dem anderen …

Kapitel 1

Kindheit und Jugend

Mein erstes Altenheim

oder:
Vom Abenteuerspielplatz mit „Pinguinen" zur ersten Frühschicht

Tatsächlich bin ich nicht erst seit 52 Jahren in Altenheimen unterwegs, sondern seit 62. Mit vier Jahren zog ich in mein erstes: Meine Eltern hatten Arbeit bei den Riehler Heimstätten in Köln gefunden – mein Vater als Oberpfleger und meine Mutter in der Großküche – und eine Dienstwohnung auf dem Gelände bekommen. Also lebten wir, meine Eltern, meine ältere Schwester, mein jüngerer Bruder und ich, tagein tagaus zwischen SeniorInnen und pflegebedürftigen Menschen. Die Riehler Heimstätten waren auf einem riesigen Gelände mit vielen Gebäuden angesiedelt. Ursprünglich handelte es sich um Kasernen, alles war groß, dazwischen Grünflächen, Bäume, Landwirtschaft, es war wie ein Dorf mitten in der Stadt, ruhig und weit. Für meinen Bruder und mich war es ein Eldorado, wir konnten uns in alle Richtungen ausbreiten, das Gelände entdecken und erkunden. Als meine Familie dort einzog, im Jahr 1958, waren noch längst nicht alle Kriegstrümmer aufgeräumt. Manche Gebäude standen noch halb, es lagen Schuttberge herum, die wir Kinder natürlich auch prompt zu unserer Spielfläche erklärt haben. Wir waren viel auf dem Gelände unterwegs, kamen uns vor wie Abenteurer, der Ort gehörte uns.

Unseren Eltern war das nur recht. Einerseits, weil sie mit ihren Schicht- und Wochenenddiensten alle Hände voll zu tun hatten, andererseits, weil es in unserer kleinen Dienstwohnung nach ihrem Geschmack am liebsten ruhig zugehen sollte. Nur waren wir nicht ruhig, sondern voll Tatendrang. Wir suchten uns ständig neue Schleichwege, machten dabei auch vor den sorgsam gehegten Gemüsebeeten des Gärtners nicht halt, kletterten auf die Obstbäume. Und nahmen uns auch gleich etwas Proviant mit. Mal gab es eine Birne, mal einen Apfel auf die Hand, mal Nüsse. Man kann sagen, dass der Gärtner uns Kinder nicht sehr geliebt hat. Er kam oft schimpfend zu meiner Mutter und wollte, dass sie interveniert. Das tat sie auch, aber anders, als er sich das vorgestellt hatte: Sie marschierte wie der Racheengel persönlich auf ihn zu und verwies ihn auf seinen Platz. Was wir kaputt gemacht hatten, wusste ich nicht immer ganz genau, aber so schlimm kann es nicht gewesen sein – sonst hätte meine Mutter uns das schon mitgeteilt.

Auf unseren Streifzügen sind wir immer wieder auch den BewohnerInnen begegnet. Alte Menschen spazierten gemächlich über das Gelände. Menschen im Rollstuhl wurden von Pflegekräften geschoben. Psychisch erkrankte Menschen sprachen laut mit sich selbst oder gestikulierten seltsam. Was am Anfang noch befremdlich für mich war, gehörte aber schnell zum gewohnten Bild und war bald ganz normal. Einige BewohnerInnen haben sich gefreut, uns zu sehen, haben zurückgewunken, wenn wir ihnen zugewunken hatten. Etliche ältere Leute fanden es natürlich nicht gut, dass wir dort herumgetobt sind – sie wollten lieber ihre Ruhe haben. Aber wenn Beschwerden kamen, hat meine Mutter die Dinge gerichtet. Mein Vater hat sich da eher bedeckt gehalten.

Am spannendsten fanden wir die Ordensschwestern, die auf dem Gelände unterwegs waren. Für uns ganz erstaunliche Gestalten: Sie gehörten zum Orden der Vinzentinerinnen und trugen weiße Flügelhauben über ihrer schwarzen Ordenstracht, riesige spitze weiße Hüte. Die Damen waren meist von zarter Statur und hießen bei meinem Bruder und mir „die Pinguine". Wenn wir einen „Pinguin" entdeckten, sind wir eben mitgewatschelt. Ich kann auch nicht ausschließen, dass wir ihnen mal etwas hinterhergerufen haben, so genau weiß ich das nicht mehr. Das führte dann ebenfalls zu mittleren Dramen, meine Mutter musste antanzen, hat sich aber wieder sehr für uns eingesetzt. Eigentlich waren wir brave Kinder, andernfalls hätte sie uns schon gemaßregelt. Aber man kann ja nicht immer brav sein, und mein Bruder war es noch ein gutes Stück weniger als ich. Den musste ich dann zur Ordnung rufen, im Namen meiner Mutter. Dazu muss ich sagen, es war ein großes Glück, dass er so viel mit mir draußen unterwegs sein konnte. Er ist nur elf Monate jünger als ich, hatte es aber in den ersten Jahren deutlich schwerer als andere Kinder. Seine ersten drei Lebensjahre verbrachte er wegen schwieriger Geburtsumstände im Krankenhaus, musste vieles aufholen, war aber dennoch ein fröhlicher und auch frecher kleiner Kerl. Meine Schwester war schon älter, sie hat lieber ihr eigenes Ding gemacht als uns „Kleine" auf unseren Streifzügen zu begleiten.

Meine Mutter hat uns Kinder morgens immer mit in die Zentralküche genommen. Ihre Schicht begann schon früh, lange bevor der Riehler Kindergarten die Türen öffnete. So saßen wir, meine Geschwister und ich, an den Wochentagen um fünf Uhr morgens dort und schälten Kartoffeln. Ich erinnere mich gern an diese Morgenstunden. Während es draußen noch dunkel und abgesehen von den Morgenrufen der Vögel noch still war, herrschte drinnen schon ein geschäftiges Treiben. Außer meiner Mutter gab es noch andere Angestellte und die Ordensschwester, die die Küche leitete, und natürlich uns Kinder. Wir bekamen jedes ein Marmeladenbrot und eine Tasse warme Milch, dann eine Schüssel mit Kartoffeln und einen Schäler in die Hand gedrückt. Und dann haben wir geschält, so gut es eben ging. Das wird mir mit vier oder fünf Jahren nicht immer perfekt gelungen sein, trotzdem war ich stolz darauf, mitarbeiten zu dürfen. Ich habe meinen kleinen Beitrag dazu geleistet, dass die BewohnerInnen mittags etwas Gutes zu essen bekamen. So genau habe ich das in dem Alter nicht verstanden, aber es war ein gutes Gefühl, dabei zu sein. So bin ich schon früh mit Arbeit in Berührung gekommen. Für meine Mutter bedeutete der Morgen eher Stress. Sie musste noch vor Dienstbeginn dafür sorgen, dass drei Kinder angezogen waren, uns dann in die Zentralküche mitschleifen und anschließend beschäftigen. Gegen acht Uhr machte sie ihre erste Pause, hetzte mit meinem Bruder an der linken und mir an der rechten Hand zum Riehler Kindergarten. Dieser lag nicht auf dem Gelände der Heimstätten, aber zum Glück auch nur eine Viertelstunde entfernt. In ihrer zweiten Pause am frühen Nachmittag hetzte sie dann wieder los, um uns abzuholen. Später übernahm meine ältere Schwester diese Wege auch öfter nach der Schule.

Einerseits war es eine sehr schöne Zeit für uns Kinder. Wir hatten unseren Abenteuerspielplatz direkt vor der Tür, es war wunderbar, dort unterwegs zu sein. Es gab eine starke Verbundenheit mit dem Arbeitsplatz meiner Eltern, wir durften auch unseren Vater in den Häusern besuchen. Er nahm uns manchmal mit bei seinen Gängen, und wir haben über die herumwuselnden Pflegekräfte gestaunt und vieles aus dem Pflegealltag selbstverständlich mitbekommen. Wir waren bekannt auf dem Campus, wir waren „die Röhlichs", gehörten zu dieser dörflichen Gemeinschaft dazu. Andererseits hatten wir auf dem Gelände keine Freunde – außer uns lebten dort leider noch keine Familien mit Kindern. Die kamen erst später, als ich acht oder neun war. Darum war ich ungemein froh über den Kindergarten und später über die Schule. Nur haben mich die anderen Kinder recht schnell als Nicht-Kölsche identifiziert, ich sprach irgendwie anders. Mein Vater kam aus dem Osten, von ihm hatte ich ein bisschen das Berlinern übernommen. Wenn ich „Kaffe" statt „Kaffee" sagte, kam schon mal Gelächter auf – also habe ich mir solche Begriffe schnell abgewöhnt. Ich hatte also Kontakte, wurde auch mal zu Freundinnen nach Hause eingeladen. Aber Freunde mit nach Hause zu bringen, war bei uns nicht gewünscht, das kannte ich gar nicht. Meine Mutter fand, unsere Wohnung sei zu klein dafür. Das war sicher nicht falsch, wir hatten in den ersten Jahren nur zweieinhalb Zimmer für fünf Personen: Mein Bruder schlief im Wohnzimmer auf dem Sofa, meine Schwester und ich teilten uns ein Bett im kleinsten Zimmer. Meine Eltern hatten ein Schlafzimmer. Und mein Vater arbeitete im Schichtdienst. Wenn er nach einem Nachtdienst ausschlief, mussten alle ruhig sein. Aber wir konnten rausgehen, auf das Gelände, und das war gut.

Zu sagen, in unserer kleinen Wohnung herrschten Zucht und Ordnung, wäre vielleicht etwas zu hart. Aber es lief schon alles sehr geregelt, getaktet und auf eine Weise ungemütlich ab. Meine Mutter hat hart gearbeitet, versorgte daheim die Wohnung, kochte unser Essen, hielt alles sauber. Ich habe sie eigentlich immer beschäftigt erlebt, unruhig, nervös – heute würde man sagen: gestresst. Sie hat ein unglaubliches Tagwerk bewältigt. Nun ja, gemütlich war es nicht zu Hause, fröhlich nur selten, aber ungastlich wäre auch falsch zu sagen. Wir durften zwar keine Freunde einladen, aber meine Eltern haben den Kontakt zur Verwandtschaft sehr gepflegt. Meine Großeltern, Tanten und so weiter kamen regelmäßig zu Besuch, und dann wurde richtig aufgetischt. Es wurde gekocht und gewienert, wir Kinder mussten die Böden bohnern. Die Wohnung blitzte jedes Mal. Auch dabei habe ich selbstverständlich mit angepackt. Ich war immer stolz, wenn ich etwas Neues gelernt hatte, um die Wohnung mitzuversorgen. Ich wollte meine Eltern entlasten, besonders meine Mutter. Das hat mal gut geklappt, mal weniger gut. Mit zehn Jahren wollte ich meinem Vater ein Kotelett braten, das ist mir leider restlos verbrannt. Die Freude darüber hielt sich in Grenzen.

Einmal hat mein Bruder an dieser Hochglanzfassade gekratzt – im wahrsten Sinne des Wortes. Schon bald nach dem Einzug haben meine Eltern, ganz im Stil ihrer Zeit, glänzende Schellackmöbel auf Raten gekauft. Eines Nachmittags, als meine Eltern noch bei der Arbeit und ich mit meinem Bruder alleine zu Hause war, kam er auf die Idee, die Sessellehne mit einem Esslöffel zu bearbeiten. Das hat Spuren hinterlassen, auch bei uns. Als meine Mutter das Unglück sah, ist sie fast in Ohnmacht gefallen. Erst gab es Geschrei, dann eiskalte Blicke. Für ihn, weil er die neuen Möbel demoliert hatte. Für mich, weil ich es zugelassen hatte. Mutter drohte uns mit dem Vater, wenn der nach Hause käme, oh wie furchtbar, oh wie schrecklich … Wie mein Vater dann am Abend reagiert hat, weiß ich nicht mehr, den meisten Eindruck hat jedenfalls meine Mutter hinterlassen. Mein Bruder war vier und hat die Aktion sicher nicht durchgeplant, aber wenn ich mich daran erinnere, lese ich gerne eine Spur Protest darin. Ein anderes Mal habe ich die geliebte Stille aufgemischt. Ich hatte immer in den Osterferien Geburtstag. Nur einmal nicht, das muss ungefähr mein siebter gewesen sein. Ich war in der Schule, meine MitschülerInnen haben mir gratuliert – und ehe ich mich versah, hatte ich fünf Mädels eingeladen. Zu mir nach Hause. Am selben Nachmittag. Wie habe ich gebrütet, als ich dann nach Hause kam: Was habe ich mir da eingebrockt? Wie erkläre ich das meiner Mutter? Ich war todunglücklich, und eine Stunde vor Eintreffen der Gäste konnte ich nicht mehr. Ich fasste mir ein Herz und habe es ihr gesagt: „Du, Mutti, ich habe fünf Kinder eingeladen, die kommen um drei." Ihr blieb die Spucke weg, für einen Moment herrschte absolute Stille. Ich hätte mit allem gerechnet, aber nicht damit: Sie deckte in Windeseile den Tisch, rannte los zum Bäcker, besorgte einen Kuchen und Schokoküsse. Sie hat es möglich gemacht. Und es war ein sehr, sehr schöner Nachmittag. Ich habe mich das nie wieder getraut, aber an dem Tag hatte ich Besuch. Zu Hause. Zu meinem Geburtstag.

Meine Mutter war eine strenge Frau, aber die Familie stand für sie an erster Stelle. Unsere Kleinfamilie bedeutete ihr alles. Sie war fleißig, unglaublich fleißig. Mein Vater war ein großherziger, zuverlässiger Mann. Auch für ihn war die Familie wichtiger als alles andere, wir waren sein Ein und Alles. Er stand immer zu uns Kindern, auch wenn wir mal Mist gebaut hatten. Meine Mutter hat immer wieder versucht, uns mit Druck zu erziehen: „Das sage ich Vati, wenn er nach Hause kommt. Da kommt noch was." – Das kam aber nicht.

Mein Vater hat dann abends vielleicht mal böse geguckt, das war es aber auch. Er hat da nicht mitgespielt. So wichtig die Familie für meine Eltern war, so wenige Kontakte hatten sie außerhalb. Sie lebten in ihrer kleinen, familiären Riehler Welt. Das reichte ihnen. Und sie waren sparsam bis äußerst sparsam. Jede Mark wurde mehrmals umgedreht, jede Ausgabe hinterfragt. Nur nicht bei den Möbeln. Die waren wichtig, die Wohnung musste was hermachen. Aus irgendeinem Grund haben sie darauf großen Wert gelegt. Eine weitere Ausnahme war das Auto. Mein Vater war ein Autofreak, es musste immer mindestens ein guter Mittelklassewagen sein. Mit der Zeit kamen auch gehobenere Modelle vor die Tür – und blieben da auch meistens stehen. Ein gutes Auto zu haben, war wichtig. Dass es gesehen wurde, wohl auch. Nur gefahren hat mein Vater seine Wagen kaum. Auch Kleidung spielte eine große Rolle. Wir Kinder sollten immer gut ausgestattet sein. Dafür nahmen meine Eltern tatsächlich Kredite auf. Zweimal im Jahr ging meine Mutter mit uns in die Stadt, im Frühjahr und zum Winter, dann wurden wir für einen vorher festgelegten Betrag eingekleidet. Auf dem Weg aus den Geschäften hat sie uns immer zugezischt: „Nicht Vati sagen, wie viel das gekostet hat, bloß nicht Vati sagen." Dabei hat ihn das gar nicht interessiert.

ⓘ Riehler Heimstätten

Die Leiterin des Kölner Wohlfahrtsamtes, Hertha Kraus, entwickelte das Konzept einer „Altenstadt" für das ca. 25 Hektar große Gelände der früheren Pionierkaserne an der Boltensternstraße im Kölner Norden. Formell gegründet wurden die Riehler Heimstätten 1926 und nach siebenjähriger Bauphase fertiggestellt. Die Einrichtung gliederte sich in ein Wohnstift für vermögensschwache Senioren, ein Pflegeheim sowie einen Versorgungsbereich für Menschen mit körperlichen und psychischen Beeinträchtigungen. Mit insgesamt 2150 Wohn- und Pflegeplätzen war sie die größte Einrichtung dieser Art im Deutschen Reich.

Rund die Hälfte der Gebäude, teilweise noch als Behelfskrankenhaus genutzt und nicht vollständig evakuiert, wurde während des Zweiten Weltkrieges bei Luftangriffen auf die Mülheimer Brücke zerstört. Beim Neu- und Wiederaufbau wurden Vierbettzimmer statt der bisher genutzten Sechsbettzimmer angelegt. Die Pflege übernahmen bis 1974 die Ordensschwestern der Vinzentinerinnen. Seit 1995 gehören die Riehler Heimstätten den Zentren für Senioren und Behinderte der Stadt Köln an (später: Sozial-Betriebe-Köln (SBK) gGmbH).

Im Lauf der Jahre kamen u. a. eine Kirche, eine Bibliothek, modernere Häuser mit Wohneinheiten, ein Bewegungsbad, ein Seniorenkrankenheim, zwei Cafés, ein Konferenzzentrum, ein seniorengerechtes Fitnessstudio und ein Internetcafé hinzu. Die Sozial-Betriebe-Köln bieten heute vielfältige Pflege-Versorgungsleistungen für ältere und beeinträchtigte Menschen an. Hierzu gehören ambulante, teilstationäre und stationäre Angebote, die durch ein vielfältiges Beratungs- und Unterstützungsangebot ergänzt werden.

Quellen und weitere Informationen zu den Inhalten der Infokästen finden Sie im Anhang: S. 252

Republikflucht

oder:
Wie ich singend in den Westen kam

Ursprünglich komme ich aus Warin, das ist ein verschlafenes kleines Städtchen zwischen Schwerin und Wismar, ziemlich nah an der Ostsee. Bis heute liebe ich den Norden mit seinem rauen, windigen Wetter. Ob das mit meinen ersten Lebensjahren zu tun hat, kann ich nicht sagen, denn tatsächlich habe ich an den Ort nur eine Erinnerung: wie ich mit dem Dreirad vor unserem kleinen, roten Backsteinhaus herumgeradelt bin. Wir hatten einen kleinen Vorplatz aus Kopfsteinpflaster, die Straße war von Bäumen gesäumt und ruhig, es fuhren so gut wie keine Autos, man hörte die Kirchenglocken läuten. Auch an meine Ausreise aus der DDR habe ich nur wenige Erinnerungen. Es war 1958 und muss im Herbst gewesen sein. Mein Vater hatte schon sechs Monate vorher rübergemacht. Die Gründe dafür waren nicht schön, aber die erfuhr ich erst später. Er hatte drüben erste Kontakte geknüpft und Arbeit gesucht. Eine Stelle als Laborant bei einem großen Chemiekonzern im Rheinland musste er wegen einer schweren Allergie wieder aufgeben. Im Krieg hatte er eine Sanitätsausbildung gemacht, mit dieser Qualifizierung bewarb er sich dann bei den Riehler Heimstätten – und wurde genommen. Daher fuhr meine Mutter eines Tages mit uns los, am späten Nachmittag, es dämmerte schon. Wir nahmen den Zug nach Berlin, um Verwandte zu besuchen, wie es hieß. Jedes Kind hatte ein kleines Köfferchen dabei, darin jeweils sechs Bilder von früher. Wozu wir diese eingepackt hatten, verstand ich erst im Nachhinein. Anschließend sind wir dann mit dem Flugzeug nach Köln geflogen, das war natürlich etwas Besonderes für mich. Später erzählte mir meine Mutter, ich hätte die anderen Passagiere während des Fluges mit Schlagertexten unterhalten – also daran habe ich beim besten Willen keine Erinnerung. Aber die Leute hätten ihre Freude gehabt.

Deutlich erinnere ich mich an die erste Zeit hier im Westen. Meine Tante, die jüngste Schwester meines Vaters, besaß schon ein kleines Häuschen in Höhenhaus, im Kölner Nordosten, in das sie uns aufnahm. Hier lebten wir drei Monate, bis wir die Dienstwohnung beziehen konnten. Das Wiedersehen mit meinem Vater war so schön, die Familie war wieder zusammen. Und die Hütte war voll: Außer meiner Tante, ihrem Mann, ihren beiden Kindern und uns fünfen lebten noch die Großmutter und eine Tante im Obergeschoss. Es war eng, aber unglaublich gemütlich. Wir haben viel zusammen gelacht, ich besitze sehr schöne Erinnerungen an diese Zeit. Vor allem aber erinnere ich mich an meine Tante. Sie war eine wundervolle Frau, bildschön, interessant, lebendig. Sie hatte zu der Zeit einen deutlich älteren Ehemann, der immer ein bisschen streng war – und eben alt. Sie war das komplette Gegenteil von ihm. Meine Tante arbeitete lange Jahre beim Kölner Opernhaus als Schließerin. Sie liebte die Musik, hat auch selbst gesungen. Und sie muss bemerkt haben, dass auch mir das Freude machte. Darum nahm sie mich kurzerhand mit zu den Vorstellungen. Seit ich sieben war, habe ich immer wieder Opern mit ihr gehört, angefangen mit der „Zauberflöte". Sie besaß damals schon ein Auto, holte mich in Riehl ab und brachte mich anschließend wieder zurück. Am stärksten war aber, dass ich mit ihr hinter die Kulissen gehen durfte. Meine Güte, war das cool.

Einmal in der Woche fuhr ich meine Oma besuchen, die mittlerweile in Holweide wohnte. Die Fahrt war ein Abenteuer, schon mit sechs Jahren haben meine Eltern mich allein in die Straßenbahn gesetzt und ich kreuzte den Rhein über die Mülheimer Brücke. An diesem Tag hatte ich meine Oma ganz für mich. Die alte Dame war eine Oma, wie sie im Buche steht: faltig, hager, dunkel gekleidet, mit kleinem Dutt und einer liebevollen, warmen Ausstrahlung. Sie konnte wunderbar, ja begnadet kochen – und tat das einmal die Woche nur für mich alleine. Dabei kochte sie gar keine besonders ausgefallenen Gerichte, aber deren Geschmack habe ich bis heute auf der Zunge. Ihre Tomatensuppe war absolute Weltklasse, mit Fleischbrühe und frischen Tomaten. So etwas Gutes habe ich nie wieder gegessen. Meine Tante behauptete, sie würde die Suppe genauso gut kochen, aber das stimmt nicht – das bekommt niemand hin, auch ich nicht. Es war eine Wonne, bei meiner Oma zu sein. Sie las mir Geschichten vor und erzählte immer wieder Dinge aus dem Leben meiner Eltern. Die waren, was das anbelangte, sehr verschlossen, bis zuletzt konnte ich sie kaum nach ihrer Vergangenheit fragen. Von meiner Oma erfuhr ich, dass mein Vater nach dem Krieg einen hohen Posten in einer Landwirtschaftlichen Produktionsgenossenschaft innehatte – und dort wohl mit seiner großen Klappe aufgefallen ist. Er tat sich schwer mit den ganzen Vorgaben und setzte sich lieber für die Rechte seiner MitarbeiterInnen ein. Das ist ihm nicht gut bekommen, er saß wohl während meiner ersten Lebensjahre schon im Gefängnis. 1958 setzte er sich dann ab.

Meine andere Oma war nicht so lieb. Als Kind sagte ich manchmal „meine böse Oma" zu ihr, dabei war sie nicht böse. Nur streng, wie meine Mutter. Eine mollige kleine Frau, die fast immer einen harten Gesichtsausdruck hatte. Ich bin nicht sicher, ob ich sie mal lächeln gesehen habe. Alle paar Wochen kam sie zu uns zu Besuch und schlief im Wohnzimmer auf dem Sofa, mein Bruder musste dann zu uns, und es wurde noch enger in der kleinen Dienstwohnung. Die alte Dame sagte nie viel, wenn sie da war. Aber sie war fleißig, eben wie meine Mutter. Sie war immer beschäftigt, nahm meiner Mutter Arbeit ab und kochte für uns – aber das war kein Vergleich zu den Kochkünsten meiner anderen Oma. Und sie hat nicht diese Wärme ausgestrahlt.

Meine Grundschulzeit habe ich eigentlich in schöner Erinnerung. Meine Lehrerin war eine liebe, warmherzige Frau, die mir sehr zugetan war. Wahrscheinlich auch allen anderen. Der Stoff fiel mir nicht schwer. Je sicherer ich Kölsch verstand und sprach, umso weniger fiel ich als Zugezogene auf. Gelächter gab es dennoch: Mein Bruder und ich hatten immer wieder mit Mittelohrentzündungen zu kämpfen. Alle paar Wochen lag mindestens einer von uns mit Schmerzen und Fieber flach. Meine Mutter musste arbeiten, in den Pausen kam sie schnell in die Dienstwohnung und versorgte uns. Nach dem Dienst natürlich auch. Sie packte uns dicke Wattebäusche auf die Ohren und band diese mit einem Kopftuch fest, damit sie nicht herunterfielen. Aber sie war schon darauf bedacht, dass wir schnell wieder in die Schule gehen konnten. Sobald es gerade so vertretbar war, schickte sie uns in den Unterricht – wie wir eben waren, mit unseren Mickey-Maus-Ohren aus Watte. Und wie wurde ich dafür ausgelacht. Die Dinger habe ich dann schnell abgenommen, obwohl es nicht nötig gewesen wäre. Meine Lehrerin ermahnte die anderen sanft, aber nachdrücklich.

Meine ersten „eigenen" Alten

oder:
Wie man mit 14 Jahren eine halbe Etage satt und sauber bekommt

Mit 14 Jahren habe ich dann angefangen, in der Altenpflege zu arbeiten. Zuerst nur an den Wochenenden. Ich wollte mir etwas Taschengeld dazuverdienen, und die Riehler Heimstätten zahlten unglaubliche fünf Mark Stundenlohn! Eine Ordensschwester hat mich angeleitet, mir die wichtigsten Handgriffe gezeigt. Manches davon kannte ich schon von meinem Vater. Ich durfte bei der sogenannten Grundpflege mitmachen: Waschen, Versorgen, Lagern, Toilettengänge. Die Schwester signalisierte mir, dass ich das alles toll machen würde. Dann haben wir zusammen eine Etage geschmissen: Sie hat im Zimmer ganz links angefangen, ich ganz rechts. Wir haben Mensch für Mensch versorgt und uns dann in der Mitte getroffen. Na ja, etwas weiter auf meiner Seite. Aber ich bekam viel Anerkennung, von der Schwester und auch von den Alten. Das beflügelte mich, ich war zu Höchstleistungen motiviert. Die älteren Kolleginnen schauten mir schon sehr auf die Finger und schoben mir zuerst nur unbeliebte Arbeiten zu, so musste ich endlose Reihen von Bettpfannen reinigen. Aber auch das habe ich gut hinbekommen, nach und nach erwarb ich mir ihre Anerkennung. So kam es, dass ich schon bald auch in den Ferien gearbeitet habe und angerufen wurde, wenn jemand vom Pflegepersonal krank geworden war. Meine Güte, was habe ich mich gebauchpinselt gefühlt! Und es war ein nettes Taschengeld – von dem ich mir mit 18 den Führerschein und ein kleines Auto geleistet habe.

Damals wehte noch ein deutlich anderer Wind in der Pflege. Die Riehler Heimstätten waren nach ihrer Gründung die größte Sterbe- und Siecheneinrichtung Deutschlands – und der Name war Programm. Die BewohnerInnen hießen noch „Insassen" und wurden versorgt, um nicht zu sagen „aufbewahrt", bis sie eben starben. Die meisten von ihnen verbrachten ihre gesamte Zeit im Bett, Tag und Nacht. Dort wurden sie gewaschen, versorgt, „gefüttert" – so hieß es damals noch. Die Aufgabe der Pflegekräfte bestand darin, die BewohnerInnen satt und sauber zu bekommen. Das war die Maxime, fast schon ein geflügeltes Wort: „Hast du gut gemacht, Doris! Die Leute sind satt und sauber." War mir das gelungen, sahen die BewohnerInnen auch einigermaßen zufrieden aus. Die Leute satt zu bekommen, war schon schwer genug. Viele hatten keine Zähne mehr, auch keine Zahnprothesen. Darum gab es grundsätzlich Brot ohne Rinde, so mussten sie nicht kauen. Je nach Gebisssituation wurde das Brot sogar noch in warmer Milch eingeweicht. Das Angebot war insgesamt nicht so üppig, morgens gab es Marmeladenbrot, sonst Milchsuppe, Haferflocken (auch lange eingeweicht), Ei oder auch mal Reis mit viel Zucker. Das Mittagessen kam von der Zentralküche und oft schon in Breiform. Man konnte eigentlich gar nicht sehen, ob man gerade Fleisch aß oder Gemüse oder womöglich etwas ganz anderes. Manche BewohnerInnen waren richtig abgemagert. Bei ihnen habe ich versucht, hier noch ein Ei drunterzuschlagen, da noch Rotwein oder viel Traubenzucker einzurühren, um sie etwas aufzupäppeln.

Die Rückmeldungen von der Ordensschwester waren schön für mich, aber viel mehr hat mich die Resonanz der BewohnerInnen motiviert. Ich kam auf ein Zimmer und wurde mit einem Strahlen im Gesicht begrüßt: „Wie schön, dass du wieder da bist, ich habe dich vermisst." Da ging mir das Herz auf. Dann wusste ich, es ist gut für die Leute, wenn ich hier bin. Die Zeit, die ich mit den BewohnerInnen verbrachte, wollte ich auch intensiv für sie da sein. Das ging in meiner Anfangszeit noch etwas leichter – weil immer vier Betten in einem Zimmer standen. Heute ist das anders, die meisten SeniorInnen haben Einzelzimmer, schon Zweibettzimmer sind selten. Das halte ich für eine wunderbare Errungenschaft, die Privatsphäre eines Menschen ist sehr wichtig. Doch hatten die Vierbettzimmer einen großen Vorteil: Man konnte sich unterhalten, während man schon die Nächste oder den Nächsten versorgte, die BewohnerInnen unterhielten sich untereinander, ein kleines Radio lief für alle vier. Ich war sichtbarer für die Menschen, länger im Zimmer, besser mit ihnen in Kontakt. Das tat ihnen gut. Die Zimmer waren damals übrigens recht spartanisch eingerichtet. Die Schränke waren uneinheitlich, vermutlich hatte immer wieder mal jemand einen mitgebracht, der dann einfach stehen blieb. Sie rochen nicht wirklich muffig, aber hatten einen deutlichen Eigengeruch. Die Betten waren aus Eisen, ebenso die eierschalenfarbigen Nachtschränke. In der Zimmermitte stand ein kleiner quadratischer Tisch mit vier Stühlen. Da hätten die BewohnerInnen zusammensitzen können – wenn denn jemand auf die Idee gekommen wäre, sie aus den Betten zu holen. Aber „Mobilisierung" und „Aktivierung", wie man das später nannte, waren noch nicht angesagt.

Meine alten Herrschaften waren also satt und sauber, aber ich dachte mir, da geht noch mehr. Angefangen hat es damit, dass ich ihre strubbeligen Köpfe nicht mehr sehen wollte und anfing, sie zu kämmen. Oder ich brachte Lippenstift mit und machte die Damen damit ein bisschen hübsch. Oder ich trug ihnen einen Duft auf. Das waren Kleinigkeiten, aber was für einen Unterschied das gemacht hat – sie fanden das toll, bei manchen hat sich richtiggehend der Blick verändert. Das gab es alles nicht mehr in ihrer Welt, die nur noch aus Bett und Brei bestand. Dann begann ich, ihnen nette Nachtkleidung zu besorgen. Die Nachthemden und Schlafanzüge waren so oll, grau und abgenutzt ... Alle BewohnerInnen bekamen ein kleines Taschengeld, und das sollte schließlich nicht in der Schublade liegen bleiben, während die Alten aussahen und sich fühlten wie Kartoffelsäcke. Mit ihrem Einverständnis bin ich losgetapert und habe ihnen von dem Taschengeld hübsche Sachen gekauft: Nachthemden, Bettjäckchen, alles in netten Farben. Irgendwann habe ich angefangen, Obst mitzubringen, neben den Mahlzeiten. Oder ein paar Blumen aufgestellt. Ich wollte es immer ein kleines bisschen fröhlicher, freundlicher machen. Und meine Alten haben das genossen. Diese zusätzliche Arbeit machte mir viel Spaß. Vielleicht spielte da auch schon mein Pflichtbewusstsein eine Rolle – ich war immerhin die, die um fünf Uhr früh Kartoffeln geschält und später die Wohnung in Ordnung gebracht hat, bevor meine Mutter nach Hause kam. Aber am wichtigsten war für mich immer: Es ist gut, wenn du die Dinge selbst in die Hand nimmst. Ich habe meine BewohnerInnen angesehen und überlegt: Was brauchen sie? Was kann ich verbessern? Es wäre falsch zu sagen, alle waren glücklich. Das waren sie bestimmt nicht. Aber ich wollte immer, dass sie so zufrieden waren, wie es die Situation eben hergab. Und ich glaube, ich bin ihnen mit Freundlichkeit und Wärme begegnet. Das haben sie angenommen. Ihr Strahlen im Gesicht habe ich geerntet.

Neben der Arbeit bin ich weiter zur Schule gegangen: nach der Grundschule auf die Hauptschule. Nach der neunten Klasse besuchte ich die Fachoberschule in Ehrenfeld. In dieser Zeit habe ich auch meine beste Freundin Irmgard kennengelernt. Ihre Familie war auch geflüchtet, ihr Vater hatte schon ein Bauunternehmen auf einen guten Weg gebracht. Und die Familie war groß, sehr groß sogar. Ihr Haus war geräumig und gastlich, die Großeltern lebten auch dort. Sie hatten einen Esstisch, eher eine Tafel, mit bestimmt 20 Plätzen. Die war stets sehr gut besetzt, es herrschte immer Leben in der Bude. Und es war wunderbar, mittendrin zu sein. So oft es ging, besuchte ich Irmgard. Das war mein Kontrastprogramm. Meine Mutter war immer ein bisschen eifersüchtig. Meine Leistungen waren gut, nur für Mathematik musste ich Extraschichten einlegen. Irmgards damaliger Freund und späterer Ehemann griff mir unter die Arme, mit seiner Hilfe konnte ich auch Mathe ordentlich abschließen. Die Freundschaft mit Irmgard hält bis heute.

Eifel

oder:
Wie die erste Liebe mich aus Riehl fortbrachte –
aber nicht so lange

Meine Lieblingstante aus Höhenhaus hatte sich von ihrem alten, strengen Mann getrennt und ein neues Leben angefangen. Sie lernte einen neuen Mann kennen, mit dem sie in einen Kurort in der Eifel zog und ein Hotel eröffnete. So kam es, dass wir als Familie an den Wochenenden aus Riehl in die Eifel gefahren sind, um ihr zu helfen. Ich war gerade 16 und fand es total spannend, wie sie den Betrieb aufbaute. Alles lief gut. Meine Mutter arbeitete in der Küche mit, meine Schwester und ich halfen je nach Bedarf in der Küche oder als Bedienung aus. Das fand ich klasse. Zum Hotel gehörte eine Gaststätte, in der sich die Leute aus dem Dorf trafen. Im Gastraum bemerkte ich die jungen Männer – und die mich offenbar auch. Mir wurde viel Interesse zuteil, ich war wie ein kleiner Star für die Dorfjugend. Ich wusste gar nicht, wie mir geschah. Dabei war ich eigentlich sehr schüchtern und habe lieber an der Theke alles blitzblank geputzt, als mit den Gästen zu schäkern. Besonders eine Jungenclique hatte einen Narren an mir gefressen, von denen haben mir gleich mehrere schöne Augen gemacht. In einen von ihnen habe ich mich dann verguckt: ein starker Typ, fünf Jahre älter als ich. Seine Eltern besaßen im selben Kurort ein Hotel und eine Metzgerei. Sie lebten in einem großen Haus, in dem es lebendig und gesellig zuging. Er selbst hatte eine fröhliche Art, war ein stattlicher, gemütlicher Kerl. Das gefiel mir. Meine Eltern ließen die Freundschaft zu, er durfte zu uns nach Köln kommen, um mich zu besuchen. Er hat dann auch bei uns geschlafen, natürlich nicht mit mir im selben Zimmer. Wenigstens hatten wir zu dem Zeitpunkt schon eine größere Dienstwohnung. Aber meinen Eltern war schon an einer baldigen Regelung der Beziehung gelegen. Es gefiel ihnen nicht, dass ständig ein junger Mann auf dem Campus auftauchte. Das gehörte sich nicht. Seine Eltern wollten „geregelte Bahnen" noch viel mehr. Ich will nicht sagen, dass ich dazu gedrängt wurde – aber um die Beziehung erhalten zu können, war es dringend geboten zu handeln. Wir würden also heiraten.

1972 war ich jung, sehr jung – erst 18 – und hatte die Fachoberschulreife gerade hinter mich gebracht. Damals mussten die Eltern der Braut der Heirat noch zustimmen, wenn diese unter 21 war. Allen Beteiligten war klar, dass ich dann zu meinem Mann in die Eifel ziehen und in den Betrieb seiner Eltern eintreten würde. Weil das eben so war. Und ich musste an einem Brautunterricht teilnehmen, einer Art Vorbereitungskurs, weil ich evangelisch war. Bei einem katholischen Pfarrer, denn die Familie meines

Freundes war katholisch und, ja, weil das eben so war. Auf einmal saß ich in diesem Unterricht und wurde von oben herab als Heidenkind angesprochen – es war gruselig. Doch schließlich wurde ich zugelassen, wir durften heiraten. Es war so weit. Ich muss eine sehr schöne Braut gewesen sein, meine Eltern hatten mich toll ausgestattet. Mit einem schönen weißen Kleid und einem Blumenstrauß, der viel zu groß war und mir überhaupt nicht gefiel. Eigentlich hätte ich glücklich sein müssen. Aber als ich in dieser Kirche stand, vor diesem Altar, dachte ich, die Welt geht unter. Mir blieb die Luft weg, anders kann ich es nicht beschreiben. Vorher kannte ich dieses Gefühl nicht, mein Freund und ich haben einander besucht, es war schön, wir waren in Bewegung. Aber die Trauung hat mir den Boden unter den Füßen weggerissen. Die Feier, der ganze Tag, auch der Tag danach – alles hat sich eng angefühlt. Seitdem schaue ich mir, wenn ich auf Hochzeiten eingeladen bin, die Bräute immer ganz genau an. Ob sie glücklich aussehen. Manche haben richtig gestrahlt. Mein Hochzeitsfoto zeigt etwas anderes.

Ich bin dann übergesiedelt und hatte wirklich den Willen, mitzuziehen und mich am Betrieb der Schwiegereltern zu beteiligen. Mein Mann wollte das ja ohnehin. Recht schnell habe ich meine Schwiegermutter dann richtig kennengelernt – als eine herbe, sehr dominante Frau. Und sie konnte mich nicht gut leiden. Mein Mann war ihr innig geliebter Sohn, vielleicht war ich ihr nicht gut genug für ihn. Mein Schwiegervater war ein netter, umgänglicher Typ. Allerdings war er, das zeigte sich schon bald, sehr dem Alkohol zugetan. Es gab immer wieder Theater deswegen. Auch mein Mann hat zu der Zeit schon gut Alkohol konsumiert. Eigentlich war das bei ihm schon mit seiner Jungenclique so, nur habe ich das nicht realisiert.

Ich hielt es drei Monate in der Eifel aus, vielleicht sogar einen vierten. Doch dann musste ich raus. Die Situation mit der Schwiegermutter nahm mir immer mehr die Luft zum Atmen, irgendwann auch der Ort. Es gab zwei Zufahrten, die sich in einem kleinen Ortskern trafen. Dort gab es eine Bäckerei und einen Lebensmittelladen, dann noch zwei Gaststätten. Es war still, es gab wenig Leben auf der Straße. Die Menschen waren kaum anders als meine Schwiegermutter, schien mir: streng, freudlos, katholisch. Riehl war nun auch nicht gerade der Nabel der Welt, aber das hier war trostlos. Mir war glasklar: „Ich kann das nicht, ich will das nicht, es wird nicht gut gehen." Auch wenn mir danach war, ich bin nicht einfach auf und davon – so bin ich nicht. Klar habe ich mit meinem Mann, später auch mit seinen Eltern über meine Pläne gesprochen. Aber es hat mich wahnsinnig viel Traute gekostet. Ich wusste, dass es das Ende der Ehe bedeuten könnte, würde mein Mann nicht mitkommen wollen. Aber das musste ich riskieren, es zog mich so sehr zurück nach Köln. Es hatte schon einen Beigeschmack von Scheitern für mich, aber letzten Endes musste ich dazu stehen, so schwer es mir auch fiel: Ich konnte dort nicht leben. Meiner Schwiegermutter habe ich das Ganze etwas diplomatischer präsentiert, ihr habe ich gesagt, ich bräuchte die Stadt, wolle einen Beruf erlernen, auf eigenen Füßen stehen. Selbst das ging ihr nicht in den Kopf, sie war total schockiert. Meine Eltern konnten sich mit meiner Entscheidung erstaunlich schnell anfreunden, sogar meine Mutter. Sie haben mich zwar nicht wirklich bestärkt, mir aber auch kein schlechtes Gewissen gemacht. Es ging mir ohnehin nicht gut damit, dass ich meinen Mann vor so eine Entscheidung stellte. Der war zwar überrascht, dann aber angetan von der Idee. Er nutzte die Gelegenheit, um sozusagen Lehrjahre außerhalb des elterlichen Betriebs zu machen. Seine Eltern haben es schließlich auch akzeptiert, jedoch im Glauben, es gehe um ein paar Jahre, dann komme der Junge wieder zurück, mit Doris, und beide stiegen wieder ein. Mir wäre eigentlich am liebsten gewesen, mein Mann wäre in der Eifel geblieben und wir hätten uns ab und zu gesehen – eigentlich wie vor der Ehe. Nicht so eng, nicht so nah, das brauchte ich gar nicht. Aber das konnte ich nicht ausprobieren, es gab nur ganz oder gar nicht. Und weiter das brave Eifler Mädchen sein zu müssen, das hätte mir vollends die Luft zum Atmen geraubt.

Zuerst habe ich mir allein ein Apartment genommen, mein Mann kam relativ rasch hinterher. In Köln hat er dann für verschiedene Fleischbetriebe gearbeitet. Mein schlechtes Gewissen begleitete mich noch eine Weile, ein Beigeschmack aus Scheitern und Schuld. Aber ich spürte, ich hatte richtig gehandelt. Ich habe sofort versucht, Geld zu verdienen. Ich wollte zum Haushalt beitragen, nicht von meinem Mann abhängig sein. Was aber sollte ich tun? Die Fachoberschulreife hatte ich in der Tasche. Eigentlich wollte ich auf Lehramt studieren – nur waren Lehrerberuf und Lehramtsstudium zu diesem Zeitpunkt sehr angesehen, und es gab kaum Studienplätze. Ich hätte also lange Wartezeiten hinnehmen müssen. Warten war aber nicht so mein Ding. Daher habe ich zuerst eine Ausbildung zur Arzthelferin in einer Klinik in Köln-Mülheim angefangen. Leider war der Chefarzt ein furchtbarer Choleriker, und so habe ich es dort nur zwei Wochen ausgehalten. Wieder nahm ich Reißaus, wieder fühlte es sich wie Scheitern an. Und ich wollte Geld verdienen. So kam es, dass ich das Nächstliegende tat: Ich fragte bei den Riehler Heimstätten an.

Dabei war Altenpflege alles andere als mein Berufswunsch. Ich habe mich zwar bei den Schichten mit „meinen" Alten sehr wohlgefühlt. Es war eine große Freude zu spüren: Es ist gut, dass ich da bin. Dass ich ihnen „an die Haut gehen", sie gut versorgen kann. Aber es war auch nicht ohne, die ganze Zeit mit Hinfälligkeit und Tod konfrontiert zu sein. Vor allem herrschte unter den Kolleginnen teilweise ein wirklich unfreundliches Klima. Denjenigen, die sich nebenher noch um eine Familie kümmern mussten, merkte man den Stress schon deutlich an. Aber das galt als normal, darüber wurde nicht so gesprochen wie heute. Dazu kam, dass ausschließlich Frauen aufeinanderhockten – es kam immer wieder zu kleinen bis mittleren „Zickenkriegen". Das alles hat mich zögern lassen, mich in Riehl zu bewerben. Aber ich hatte Druck. Ich bewarb mich also als Pflegehelferin und wurde genommen, im November 1973 habe ich angefangen. Selbst da hatte ich noch die Idee im Hinterkopf, okay, dann mache ich das jetzt für zwei Jahre und versuche es dann noch mal mit dem Lehramtsstudium. Es sollte anders kommen.

Kapitel 2:

Riehl

Ins kalte Wasser

oder:
Wie ich beinahe wieder abgehauen wäre –
aber ich war nicht allein

Die Riehler Heimstätten hatten eine Außenstelle in Köln-Mülheim: Eine Einrichtung für junge Menschen bis 50 Jahre mit körperlichen Behinderungen nach neurologischen Erkrankungen. Manche hatten Schlaganfälle erlitten, andere waren querschnittsgelähmt, einige litten am apallischen Syndrom[1]. Hier also war mein neuer Arbeitsplatz. Der erste Unterschied zu meinen bisherigen Erfahrungen in der Pflege sprang sofort ins Auge: Die Einrichtung war neu gebaut, ein moderner weitläufiger Flachbau. Alles war barrierefrei. Es gab Einzelzimmer. Ein Wahnsinn, das zu sehen. Das Essen wurde hier nicht mehr grundsätzlich breiförmig angeboten, das gefiel mir auch. Aber die jüngere Klientel war eine unfassbare Veränderung, eine gewaltige Herausforderung.

Ich war 19 Jahre alt, und wieder war es meine Aufgabe, die Menschen gut zu versorgen, zu pflegen, Essen und Trinken zu gewährleisten. Auch hier wurden die BewohnerInnen umfänglich im Bett versorgt, kaum mobilisiert – das war 1973 noch gängige Praxis. Und ich kannte es auch nicht anders. Dazu kam noch die

---

1 Ein weitgehender Ausfall von Gehirnfunktionen, das sogenannte Wachkoma.

Wundversorgung, die später zur „Behandlungspflege" zählen sollte. Wunden gab es einige: Menschen mit Lähmungen haben zum Teil gar nicht wahrnehmen können, dass sie sich wund gelegen hatten. Die PatientInnen konnten ihre Lage alleine nicht verändern, darum mussten die Pflegekräfte sie immer wieder umlagern. Leider wusste man damals noch nicht viel über die Themen Wunden und Lagerung. Medikamente verabreichen durfte ich als Pflegehelferin nicht. Was mich am meisten getroffen hat, waren die Schicksale der BewohnerInnen. Bei den alten Menschen war es eher so, dass sie schon ein langes Leben gelebt hatten, ehe sie pflegebedürftig wurden. Wenn sie etwas berichtet haben, dann meistens aus ihren Lebensgeschichten. Viele konnten auch gar nicht mehr sprechen. Hier war es völlig anders: Die BewohnerInnen haben sich sehr genau geäußert, ihre Wünsche, ihre Stimmungen mitgeteilt. Auf einmal war ich konfrontiert mit ihrer Traurigkeit, ihren Nöten und Ängsten, ihrer Verzweiflung, dem bitteren Abschied von Vorstellungen, die sie über ihr restliches Leben gehabt hatten – kurz: mit echt harten Schicksalen. Das kannte ich nicht. Es hat mich schlichtweg überfordert.

Die meisten MitarbeiterInnen waren deutlich älter als ich. Anfangs wurde ich noch ein bisschen an die Hand genommen, doch schnell hieß es: „Mach mal!" Plötzlich war ich allein in den Zimmern und wurde Sachen gefragt, die ich nicht beantworten konnte. Ich war ins kalte Wasser geworfen worden. Und wie kalt das war, merkte ich schon an meinem zweiten Tag in Mülheim. Ich ging einen der endlosen Flure entlang, da kam mir ein junger Mann entgegen. In einem Elektrorollstuhl, die gab es damals schon, ein riesiges Teil. Vor den Sitz war ein Tablett montiert, darauf stand ein Becher mit Wasser. Er rollte auf mich zu, blieb vor mir stehen und sprach mich an: „Reich mir mal bitte das Wasser an." Ich konnte gar nicht antworten, so verwundert war ich. Ich fragte mich, warum anreichen? Der hatte doch Hände. Er bemerkte, dass ich unsicher wurde: „Ich bin halsmarkgelähmt, du musst ihn mir an den Mund reichen, ich kann das nicht." Ich wusste noch nicht, dass es diese Lähmungen gab. Ich wusste auch noch nichts aus seiner Krankengeschichte. Nie werde ich vergessen, wie ich ihm das Wasser hinhielt – und wie sehr ich dabei zitterte: „Doris, du brauchst nicht zu zittern. Das ist so: Ich bin vor zwei Jahren in ein Schwimmbecken gesprungen, dabei habe ich mir das Rückgrat gebrochen."

Wenn ich in diesem Moment hätte weglaufen können, ich hätte es getan. Weg von dieser Erfahrung, raus aus diesem Haus. Sobald er weitergerollt war, bin ich in die nächste Ecke gehuscht und habe Rotz und Wasser geheult vor lauter Überforderung. Ich sehe noch heute vor mir, wie mein Blick nach dem Ausgang suchte. Ich war im rechten Flur, nah genug an der Tür. Ich hätte gehen können. Ich habe mit mir gekämpft, ob ich loslaufen und nicht wiederkommen soll. Es wäre mir zehnmal lieber gewesen, zurück zu meinen Alten zu gehen. Aber dann sprang mein Kopf wieder an. Diese Niederlage würde ich mir nicht verzeihen. Ich dachte mir, so schnell kannst du das Handtuch nicht werfen, das muss man wohl lernen. Das kann man nicht einfach so.

Von den älteren KollegInnen konnte ich leider nicht viel Hilfe erwarten. Die ersten paar Tage wurde ich noch mitgenommen, dann musste ich selbst laufen. Vor allem unsere Stationsleitung war da eher burschikos: „Du machst dat schon, Kind. Da musste dir ‚ne dicke Haut anschaffen." Zu meinem großen Glück wurde sie dann krank – denn die stellvertretende Stationsleitung war eine junge Krankenschwester, Ursula, die gerade ihre Ausbildung in Merheim abgeschlossen hatte. Sie nahm mich an die Hand – und führte mich an den neuesten Stand in Sachen Pflege heran. Von ihr konnte ich mir unglaublich viel Wissen, Hilfe und Kompetenz holen. Durch sie bekam ich das Gefühl, ich kann mir das hier zutrauen. Sie hat wahre Wunder vollbracht, was die Lagerung der PatientInnen anging. Selbst mit den vorhandenen Möglichkeiten, und die waren noch sehr begrenzt. Damals gab es Gummiringe, die kennt man heute wahrscheinlich gar nicht mehr. Auf denen lagen die BewohnerInnen. Zur Druckentlastung war mehr oder weniger Luft in den Ringen. In die Mitte kam ein Zellstoff, die Leute haben ja „unter sich gelassen". Es gab noch keine wirklichen Inkontinenzprodukte, dieser Segen kam erst Ende der 1970er auf. Durch das Aufliegen und den groben Zellstoff, Schmirgelpapier wäre auch eine passende Beschreibung dafür, hat sich die Haut schnell verändert, wurde wund, bekam Blasen. Wundliegen war ein großes Problem bei alten und behinderten Menschen, vor allem am Kopf, am Rücken und am Gesäß. Schon auf den Vierbettzimmern in Riehl wollte ich dafür sorgen, dass die Menschen ein gutes Körpergefühl haben. Sie sollten gut liegen. Das habe ich mit Kissen versucht, mal eins unter die Beine gelegt, mal eins zwischen Arm und Körper – von Lagerung, wie sie heute selbstverständlich gelehrt wird, wusste ich noch nichts. Erst von meiner jungen Mentorin in Mülheim habe ich gelernt, was ich vorher eher intuitiv versucht hatte.

Das blieb mein Anspruch: Auf meiner Station sollten keine Wunden entstehen. Aber wir konnten es nicht immer vermeiden, noch nicht. Was habe ich da für Wunden gesehen, die Menschen waren „durchgelegen", die Haut offen, so etwas ist mir nie wieder begegnet. Ursula hatte sich im Krankenhaus viel Wissen angeeignet, und ich war begierig, das alles mit ihr umzusetzen. Wir haben alle Methoden ausprobiert, die sie mitbrachte. Wir haben die Fachzeitschriften nach neuen Methoden durchforstet. Ein probates Mittel war, Wunden trocken zu föhnen. Oder sie mit Kochsalzlösung zu reinigen, mit sterilem Material abzutupfen, dann zu föhnen. Oder sie mit Eis zu kühlen und dann zu föhnen. Wir haben probiert und probiert. Tatsächlich sind die Wunden deutlich besser geworden, manche haben sich sogar vollständig geschlossen. Die BewohnerInnen waren glücklich, denn sie litten fürchterliche Schmerzen. Und ich war stolz, dass ich dazu beitragen konnte, diese zu lindern. Ursula auch. Wir waren ein bisschen wie

Heldinnen für den Laden. Sie ist eine der wenigen sehr engen Freundinnen geworden, die mich bis heute begleiten.

Ich habe es nicht bereut, dass ich geblieben bin. Aber die innere Auseinandersetzung mit den Schicksalen der BewohnerInnen hat mich viel Kraft gekostet. Damals konnte ich nicht darüber reden. Mit meinem Mann nicht, das war so gar nicht seine Welt. Mit meinen Eltern auch nicht. Supervision war zu der Zeit ein Fremdwort. Ich musste viel mit mir selbst ausmachen. Nur mit Ursula konnte ich mich austauschen. Sie hatte ein Gespür dafür, wenn es mir nicht gut ging. Sie war offen für mich, ich konnte sie ansprechen: „Ich kann da jetzt nicht allein reingehen, kommst du mit?" Bei den älteren Kolleginnen hätte ich mich das nicht getraut. Es gab noch viele Situationen, die mich getroffen haben. Ich musste junge Männer betreuen, die in ihrem Selbstbild erschüttert waren. Plötzlich waren sie querschnittsgelähmt und standen vor der Frage, ob sie je wieder Sex haben könnten. Und ich junge Frau musste ihnen Urinale anlegen, das muss man sich vorstellen wie ein Kondom mit Schlauch, um den Urin abzuleiten. Darauf hatte mich niemand vorbereitet. Wie sollte ich reagieren? Was ansprechen? Das war wirklich ein Härtetest. Dann hatten wir viele Menschen mit Multipler Sklerose, die oft mit Depressionen und Stimmungsschwankungen zu kämpfen haben. Bei einigen war die Behinderung Folge eines Suizidversuchs und die Gründe, die dazu geführt hatten, waren mit dem Überleben nicht verschwunden – im Gegenteil. Es gab viele Momente, in denen ich einfach nur für sie da war. Mir Zeit genommen, zugehört habe. Mit meinen begrenzten Möglichkeiten getröstet habe. Das alles ohne Fachwissen, das war sehr hart.

Im Laufe der Zeit gewann ich den Eindruck, ich wisse mehr über die Situation der Menschen als die älteren Pflegerinnen, die sich gar nicht erst darauf eingelassen haben. Diese hatten ein eher krankenhauslastiges Bild von Pflege: Versorgen, Medikamente geben. Eine nur leicht abgewandelte Version von „satt und sauber".

Das war nicht verwunderlich. Damals war es gang und gäbe, dass die Schwestern ihre frühen Berufsjahre im Krankenhaus verbrachten und später, älter und erfahren, in die Pflegeeinrichtungen gingen. Altenpflege als eigenes Berufsbild gab es noch nicht. Ich weiß auch nicht, was man sich dabei gedacht hat, so junge Menschen in diese Heime zu schicken. Wahrscheinlich gar nichts: Es gab in dieser Einrichtung kein wirkliches Konzept. Sie wurde gebaut, dann wurden PatientInnen aufgenommen, Ende. Es gab keine Sozialarbeit, kein therapeutisches Personal. Alles, was da entstand, waren sozusagen Eigengewächse. Modelleinrichtung nannte sich das – etwas beschönigend, wie ich finde.

Am schwersten waren die Selbsttötungen. Manche BewohnerInnen haben heimlich Tabletten gesammelt oder sich scharfe Gegenstände besorgt. Das fiel erst auf, wenn sie einen Suizidversuch unternahmen. Manche haben es tatsächlich geschafft, sich umzubringen, trotz aller Bewegungseinschränkungen. Den Tod älterer Menschen hatte ich seit der Kindheit miterlebt. Aber bei diesen jungen Menschen in ihren extremen Situationen, wenn sie mit ihrem Schicksal haderten, verzweifelten, nicht mehr sprachen oder die Medikamente ablehnten – das war für mich unfassbar. Es bestand keine Möglichkeit, in so einer Situation mit einem Psychologen zu sprechen, keine Krisenbegleitung oder Ähnliches. Das kam alles erst viel später. Ich hatte mehr als einmal den Gedanken, das kann ich nicht. Vor allem in der ersten Zeit. Ich habe mich gefragt, womit könntest du noch Geld verdienen? Am besten mit einer Arbeit, hinter der ich auch stehe. Aber letztlich stand ich hinter dem, was ich tat. Ohne Ursula hätte ich das nicht geschafft. Mit ihr habe ich mich in die Probleme reingefuchst und gemerkt, dass ich Dinge verändern, verbessern, etwas für die Menschen erreichen kann. Und dann habe ich es wirklich gerne gemacht. Dann war es meins. Letztlich hat Ursula mich in Mülheim gehalten und mir ein neues, moderneres Verständnis von Pflege vermittelt – das sehr gut zu meiner eigenen Vorstellung passte.

Etwas anderes, was ich intuitiv mit den Bettlägerigen machte, war sehr einfach: Sie zu bewegen. Arme und Beine immer wieder mal anzuheben, zu drehen, damit sie nicht versteifen. Später hieß das „Mobilisierung" und war eine wichtige, anerkannte Maßnahme bei der Pflege von alten oder behinderten Menschen. Ich habe ihnen Tennisbälle in die Hand gegeben, um sie motorisch ein bisschen anzuregen. Und ich habe ihnen, wie auch schon meinen Alten in Riehl, immer wieder mal kleine Wünsche erfüllt. Zuerst fand ich es befremdlich, wie klar die BewohnerInnen sich äußerten. Aber dann hat es mir gefallen, ich habe mich darin wiedergefunden. Sie sollten doch etwas Selbstbestimmung behalten, sich als Individuen fühlen können. Ich habe für sie kleine Einkäufe erledigt, ihnen dies und das besorgt, ihre Zimmer ein bisschen nach ihrem Geschmack verändert. Wenn ich mit Ursula zusammen Spätdienst hatte, haben wir nachmittags mit den PatientInnen Waffeln gebacken oder Bratkartoffeln gebraten, mit Spiegelei. Was sonst nicht auf den Tisch kam. Die PatientInnen haben sich gefreut, wenn die jungen Leute kamen. Ich blieb gut eineinhalb Jahre in Mülheim, und es gab große Betroffenheit, als ich ging. Besonders mit dem halsmarkgelähmten jungen Mann habe ich mich über meine Zeit dort sehr verbunden gefühlt. Aber ich wollte weiterziehen. Im April 1975 wurde in den Riehler Heimstätten nämlich eine Ausbildungsstätte gegründet: das Fachseminar für Altenpflege. Dort wurde der erste Kurs dieser Art in Nordrhein-Westfalen angeboten, mit dem Abschluss: staatlich examinierte Altenpflegerin. Da musste ich doch dabei sein.

ⓘ Altenpflegeausbildung

Noch bis 1920 wurden pflegebedürftige Menschen in sogenannten Siechen- oder Altenheimen unter teilweise katastrophalen Umständen untergebracht. Die meisten dort tätigen MitarbeiterInnen waren ohne Ausbildung. Bis 1960 gab es keine Trennung zwischen Kranken-

und Altenpflege, erste Ausbildungskurse und Kurzlehrgänge in der Altenpflege fanden ab 1958 statt. Erst in den 1960er-Jahren wurde die Pflege von älteren und behinderten Menschen politisch diskutiert, und es wurden Prüfungsordnungen für eine pflegerische Ausbildung festgelegt. Damals existierten verschiedene landesweite Regelungen, meist mit eineinhalbjähriger Ausbildungsdauer und sämtlich mit theoretischen und praktischen Anteilen.

Im Jahr 1969 trat die erste Ausbildungs- und Prüfungsordnung in NRW für eine zweijährige „Ausbildung Altenpflege" in Kraft. 1984 folgte dann eine gesetzliche Rahmenvereinbarung der Bundesländer, und erst dann wurden in allen Bundesländern Altenpflegeausbildungen anerkannt. Die erste dreijährige Altenpflegeausbildung mit zwei Schuljahren und einem Jahr Berufspraktikum wurde 1988 offiziell eingeführt. Bis 2003 gab es unterschiedliche Ausbildungsregelungen in den einzelnen Bundesländern, die erst durch die Verabschiedung des Altenpflegegesetzes vereinheitlicht wurden. Mit der Reform der Pflegeausbildung im Jahr 2020 wurden die Ausbildungen Krankenpflege und Altenpflege zusammengeführt (generalistische Pflegeausbildung).

Lehrjahre sind keine Herrenjahre

oder:
Die Theorie ist spannend –
in der Praxis wären Messer und Gabel schon schön

Mit zwölf MitschülerInnen habe ich meine Ausbildung begonnen. Der erste Jahrgang konnte starten. Überwiegend ältere Kolleginnen drückten mit mir gemeinsam die Schulbank, die meisten wollten nach den Kindern wieder ins Berufsleben einsteigen. Ich war mit 20 Jahren das „Küken" im Kurs. Es waren zwei Jahre vorgeschrieben, erst ein Jahr Theorie, dann ein Anerkennungsjahr.

Während der theoretischen Ausbildung fanden immer wieder Praktika in den verschiedenen Einrichtungen in Riehl statt. So habe ich mehrere Häuser kennengelernt. Dabei bin ich auch manchen Kolleginnen von früher wieder begegnet. Besonders eine Schwester war auf dem Gelände berüchtigt, die hat wahrlich Gift und Galle versprüht. Wer ihr nicht genehm war, musste drei Wochen lang die Bäder schrubben. Es gab eine Reihe solcher Kolleginnen, die einen richtigen Feldherrenton am Leib hatten. Da spürte man förmlich die Vorbehalte gegenüber den SchülerInnen: Was machen die eigentlich? Was lernen die, was wir nicht schon längst wissen? Das führte zu einer sonderbaren Stimmung, teilweise zu Spannungen. Die Lästerei und die Ausgrenzerei erinnerten mich sehr an meine ersten Schichten mit 14 Jahren. Jeder wollte sein Wissen für sich behalten. Das war mir völlig fremd, ich konnte das nicht nachvollziehen.

Die Praxiseinsätze waren nicht leicht. Wir haben viel gelernt, wie die Pflege sich verändert, was der neue Stand, das neue Wissen ist. Welche neuen Materialien es gibt, welche Möglichkeiten, etwa bei der Wundbehandlung. Nur durften wir das alles nicht anwenden. Einmal habe ich den Fehler gemacht und nachgefragt: „Wir haben das aber so und so gelernt, sollen wir das nicht machen?" Zurück kam nur: „Wir machen das seit 20 Jahren, das bleibt jetzt so." Da schwindet einem schon ein bisschen der Mut. Das war fast durchgängig die Reaktion auf die SchülerInnen und unser neues Wissen. Vielleicht hatten die älteren Pflegekräfte schlichtweg Angst vor uns oder vor den Neuerungen, die wir mitbringen könnten. Es handelte sich ja auch um eine einschneidende Veränderung. Man muss sich vorstellen, auf dem Riehler Campus waren 1500 Menschen untergebracht, die von 600 Pflegekräften betreut wurden. Die hatten alle gelernt: satt, sauber. Das war es. Fast alle Verrichtungen wurden den BewohnerInnen abgenommen, wenig Individualität wurde zugelassen, Restfähigkeiten wurden so gut wie gar nicht berücksichtigt. Für alle gab es Pflege nach demselben Muster. Waschen, essen, lagern. Das ging zack, zack, immer in Gängen. Ein Zimmer nach dem anderen wurde abgearbeitet, wenig später fing man vorne wieder an. Ich sprach schon davon, Riehl verstand sich als Sterbe- und Siechenheim. Die Menschen kamen zum Sterben, bis zum Tod wurden sie eben verwahrt. So kannte ich es – bis Mülheim. Da kam eine neue Vorstellung bei mir auf: Pflege kann auch anders sein.

Diesen Wandel propagierten auch die DozentInnen am Fachseminar. Es ging in Richtung Individualität, der Mensch wurde mehr in seiner Ganzheit gesehen, egal ob jung oder alt. Ich fühlte mich wieder wie in einem Eldorado. Es gab pflegewissenschaftliche Themen. Ärzte unterrichteten uns in anatomischen Zusammenhängen. Was ist passiert, warum ist das so, und wie kann ich das verhindern? Es ging um Prävention, um Rehabilitation. So viel von dem, was ich bisher intuitiv gemacht hatte, kam auf einmal auf das Tablett. Ich hatte unglaublich viel Futter und noch mehr Fragen. Die verschiedenen Medikamente wurden uns erklärt und wie sie zusammenpassen. Es gab sogar einen Psychologen – zum ersten Mal hatte ich mit Psychologie zu tun. Wir bekamen die ersten Ansätze von Beschäftigungstherapie mit, das war noch völlig neu. In die Richtung ging es bei mir in Mülheim, als ich dachte: Die können doch nicht den ganzen Tag rumliegen. Genau darum haben wir die Leute nachmittags aus ihren Zimmern geholt und versucht, ein bisschen Leben in die Bude zu bringen. Es gab offenbar noch mehr Leute, die eine halbwegs sinnvolle Tagesgestaltung für wichtig hielten. Es war eine großartige Zeit für mich. Aber mir wurde auch klar: Ich muss noch viel mehr wissen.

Ich hatte wenig Gelegenheit, mein Wissen einzubringen. Aber ich habe auch verstanden, dass die Zeit dafür noch nicht reif war. Meine Arbeit habe ich gemacht, so gut ich konnte. Mit den Mitteln, die mir zur Verfügung standen. Ich habe schon bald gemerkt: Es dauert noch, bis sich etwas Neues durchsetzt. Es gab eingefahrene Traditionen, Hierarchien und wenig Lust auf Veränderung. Ich musste geduldig sein. Allerdings habe ich mir sehr gewünscht, dass mit den BewohnerInnen anders umgegangen worden wäre. Auf der einen Seite gab es immer BewohnerInnen, die geliebt wurden. Da hieß es: „Ach, ist die lieb, ach, ist die süß." Die Pflegekräfte hatten ihre Lieblinge, die wurden betüddelt. Und natürlich geduzt. Auf der anderen Seite gab es solche, die wurden eben nicht geliebt. Über sie wurde eher gesagt: „Der ist ein alter Stinkstiefel, der riecht, der schimpft, der schreit rum." Einfühlsam war anders. Mit diesen Menschen wurde im Vergleich häufig schlicht weniger umgegangen, sie fielen durchs Raster. Für sie gab es das Satt-Sauber-Programm – und das war's. Es war nicht für alle schön, dort alt und sterbend zu sein.

Auch in den Nachtdiensten gab es manche KollegInnen, die kamen mir vor wie von einem anderen Stern. Das waren in der Mehrzahl Männer, und zwar besonders hart gesottene. Die wirkten kühl, distanziert, fast schon emotionslos. Sicher gab es Ausnahmen, aber manche waren seltsam, haben kaum gelächelt. So robust. Manchmal wusste ich wirklich nicht, ob es gut ist für die Menschheit, dass genau die hier arbeiten. Was ich aber wusste: Ich selbst würde nicht gerne von ihnen gepflegt werden, die sollten mir bloß von der Haut bleiben. Ich hatte oft den Eindruck: Es kann über Nacht nicht viel Pflege stattgefunden haben, außer, dass die BewohnerInnen morgens trocken sind – damit die Frühschicht nicht schimpft. Darüber gab es immer wieder Streit, dabei gibt es für jeden Menschen individuelle Zeiten, wann er „Wasser lassen" muss. Man kann sie nicht übergeben wie ein gereinigtes Auto. Diese Kriege zwischen Tag- und Nachtdiensten gab es seit meiner Ausbildungszeit und sie zogen sich noch lange so durch. Ich kam vorerst zu dem Ergebnis, manche Nachtdienstler sind einfach ein bisschen anders gestrickt.

Ich war jung und wollte vielleicht die Welt retten, konnte es aber nicht. Während meiner Einsätze konnte ich nicht viele Veränderungen erreichen. Das war kein gutes Gefühl, vor allem nach meiner Erfahrung in Mülheim, wo ich meine Fähigkeiten entwickeln, ja meine Talente entdecken konnte. Im Feld war es dann deutlich schwieriger. Zu allem Überfluss hatte ich einen Ruf auf dem Campus. Ich war „die Röhlich", mein Vater war einer der Chefs der Pflege, damit war ich den KollegInnen teils schon suspekt. Wenn dann noch jemand vom Fachseminar auf die Etage kam und über die neue Schülerin erzählte, dass sie etwas gut machte, kam das manchmal nicht gut an. Mir haben immer wieder, offen oder nicht so offen, Kolleginnen gesteckt, dass ich anders sei. Ich war nicht nur beliebt. Manche dachten, ich würde protegiert, weil mein Vater eine höhere Position innehatte, nur deswegen bekäme ich gute Noten. Diesen Argwohn kannte ich bis dahin nicht, es war ein eigenartiges Gefühl. Die Leute waren vorsichtig, fast schon misstrauisch, haben mir nicht alles erzählt.

Auf dem Gelände gab es auch eine Krankenstation, wo akut Erkrankte ärztlich versorgt wurden. Da war ich auch eingesetzt, anstelle des vorgeschriebenen Krankenhauspraktikums. Das war mein Glück, denn die Wohnbereichsleitung dort war eine noch eher junge koreanische Schwester, Claudia, die meine Lust zu lernen erkannt hat. Mit ihr verstand ich mich richtig gut. Sie war jünger als die übrige Belegschaft, wollte auch anders als diese behandeln und pflegen. Auch die Stationsärztin stand dahinter. Auf dieser Station konnte ich zum ersten Mal umsetzen, was ich gelernt hatte. Es ging um Individualität, es wurden Restfähigkeiten gesehen und trainiert. Das war die Richtung, in die ich wollte. Und ich durfte neue Aufgaben übernehmen, ich war ja noch Schülerin. Auf der Krankenstation habe ich zum ersten Mal Blut abgenommen, Insulin gespritzt oder intramuskuläre Spritzen gesetzt. Es hat mich zuerst einige Überwindung gekostet, jemanden mit der Nadel anzugehen. Ich selbst habe große Angst vor Spritzen, entsprechend vorsichtig war ich. Aber mit geduldiger Anleitung konnte ich mich überwinden. Es war lebendig auf dieser Station, die Schwestern und Ärzte haben gut, rasch, aber besonnen gearbeitet. Das gefiel mir, ich dachte, da bewegt sich was. Ich glaube, auch die alten Menschen in ihren akuten Situationen haben davon profitiert.

So schön es war, einen neuen Ansatz umsetzen zu können – in allen anderen Abteilungen war die Zeit dafür noch nicht reif. Wir waren auch nur zwölf SchülerInnen, auf dem gesamten Campus verteilt. Es brauchte seine Zeit, bis das Wirkung zeigte. Das war mir klar. Fort- und Weiterbildung wurden damals noch nicht so großgeschrieben. Ich wusste, ich muss mich weiter zurückhalten – bis ich die Chance haben würde, selbst eine Leitungsfunktion zu bekleiden.

Am Ende meiner Ausbildung stand das Anerkennungsjahr, das ich in einer Einrichtung für psychisch erkrankte Frauen verbrachte. Diese erhielten eine Art frühe Arbeitstherapie: Sie waren in den Werkstätten auf dem Gelände eingesetzt und haben für die Einrichtungen gewaschen, gebügelt, Gartenarbeiten erledigt. Die Altersspanne reichte von 30 bis 70 Jahren, oder eben so lange, bis sie in die Pflegebereiche kamen. Einige litten an schweren psychiatrischen Krankheitsbildern, Psychosen, Neurosen, Schizophrenien, manisch-depressiven Störungen ... Das alles kannte ich noch kaum, ich hatte erst ein bisschen Psychiatrie im Unterricht gehabt.

Eigentlich war ich angetan von der Aufgabe. Aber was ich gesehen habe, als ich zum ersten Mal auf die Etage kam, kann ich kaum beschreiben. Die Einrichtung war lieblos bis nicht vorhanden. Die Teller, von denen hier gegessen wurde, müsste man eher Näpfe nennen. Es gab Löffel für alle und alles, aber keine Messer und Gabeln. Verbeulte Blechkannen für alle Getränke. Trostlos. So kamen sich wohl auch die Bewohnerinnen vor. Sie stiegen morgens in ihre Arbeitskleidung, gingen damit in die Gärtnerei oder dahin, wo sie gerade eingesetzt waren. Den restlichen Tag haben sie in derselben Kleidung verbracht, darin gegessen. Es war stumpfsinnig. Es gab keine Anregungen, keine Beschäftigung, gerade mal einen Fernseher. Sie konnten auf ihren Vierbettzimmern oder eben woanders rumhängen. Ab und zu wurde die träge Stimmung unterbrochen durch einen Tobsuchtsanfall, das war schon beeindruckend. Gab es Streit zwischen zwei Bewohnerinnen, flogen die Blechkannen – daher hatten sie scheinbar ihre Beulen. Aus dem einen Zimmer kam Geschrei, aus dem anderen laute Musik. Es war eine abenteuerliche Atmosphäre, vieles war für mich unberechenbar. Aber die Neugier hat überwogen. Zu keinem Zeitpunkt hatte ich ernsthaft den Wunsch aufzugeben.

Das lag sicher auch daran, dass die KollegInnen mich gut eingearbeitet haben. Die MitarbeiterInnen dort waren alle schon länger auf der Station und gar nicht so abgestumpft, wie ich das zum Teil in anderen Bereichen erlebt habe. Es herrschte ein angenehmes, offenes Klima, ich wurde gut aufgenommen. Von der Klientel sonderbarerweise auch. Ich habe schnell Zugang zu den meisten gefunden, so verschieden sie auch waren. Ich konnte sie beruhigen, beschwichtigen, ihnen zuhören. Von meiner Seite gab es – nach der anfänglichen Aufregung – wenig Berührungsängste. Manche der Frauen kannte ich noch aus meiner Kindheit, bin quasi mit ihnen aufgewachsen. Wir haben uns zugewunken, wenn ich damals mit meinem Bruder unterwegs war. Ich kannte sie mit Vornamen, sie mich auch. Es war unglaublich spannend, in den Krankengeschichten zu lesen, was bei den Menschen passiert war. Immer, wenn der Psychiater oder Arzt auf der Etage war, merkte ich, wie viel ich noch nicht wusste. Dazu kam, dass auch die Psychiatrie sich in den 1970er-Jahren verändert hat. PatientInnen sollten nicht mehr nur langfristig verwahrt werden. Sie wurden aktiviert, gefördert und eher als Individuen gesehen. Die Medikamente wurden vorsichtiger dosiert. Umbruch lag in der Luft.

Ich habe schnell versucht, den Bewohnerinnen etwas mehr Selbstbewusstsein zu vermitteln. Als erstes wurde mir diese fürchterliche, schmuddelige Arbeitskleidung zu viel. Ich dachte mir, warum laufen die den ganzen Tag damit rum, sodass jeder sofort sieht, wo sie herkommen? Riehl hat einen Ortskern, und unsere Frauen sind, wie sie eben waren, dort spazieren gegangen. Und natürlich aufgefallen. Bei den Riehler BürgerInnen hießen sie nur „die Nervösen", sie trugen das Stigma. Man ging ihnen lieber aus dem Weg. Das musste doch zu ändern sein: Wie du kommst gegangen, so wirst du auch empfangen. Warum sollten Menschen mit psychischer Erkrankung keine anständige Kleidung tragen können? Eigentlich gab es sogar Geld dafür, man konnte Kleidergeld beantragen. So habe ich angefangen, mit den ersten zu überlegen, ob sie nicht vielleicht nach der Arbeit die schmuddeligen Klamotten ablegen wollen. Das kam mal mehr, mal weniger gut an. Manche fanden es übergriffig, ich musste vorsichtig rangehen, damit sie es nicht als Bevormundung erlebten. Und das Umkleiden hat etwas mit den Bewohnerinnen gemacht. Sie wurden selbstbewusster, manche haben sich hübsch gemacht. Eine meiner Bewohnerinnen, die ich auch schon lange kannte, lief besonders gammelig umher – in ihren Arbeitsklamotten, mit ungewaschenen Haaren. Ich habe mich an sie gehängt: „Mensch, wie wäre das denn, möchtest du es nicht mal probieren?" Ich bin mit ihr in die Innenstadt gefahren, in ein großes Kaufhaus. Wir haben sie neu eingekleidet. Als sie sich dann im Spiegel sah, ist wohl etwas mit ihr passiert, denn als nächstes wollte sie zum Friseur – und kam mit einer Dauerwelle wieder heraus. So war sie dann unterwegs. Ein bisschen bunt zuweilen, es passte nicht immer alles zueinander, aber sie fand sich schön. Die anderen sie auch. Es gab noch weitere Frauen, bei denen man förmlich gesehen hat, wie sich ihr Gang aufrichtete. Ich habe mit ihnen ihre Schränke ausgemistet, sie haben mit Freuden ihr altes, verschlissenes Zeug weggeworfen. Wir haben zusammen Reibekuchen gebacken, die Hitparade auf dem kleinen Fernseher geschaut, zusammen gesungen. Es hat mir unendlich viel Spaß gemacht. Für die Frauen war es richtig, richtig gut. Manche von ihnen haben angefangen, selbst darauf zu achten, dass es ihnen besser geht.

Das alles hat Zeit gebraucht. Aber ich habe Anerkennung gefunden, ich durfte etwas verändern, was bisher eher nicht gewünscht war. Die Anerkennung erstreckte sich auch über die Etage hinaus, die Ärzte haben untereinander gesprochen, da bewegte sich was. Es war selbstverständlich nicht nur Spaß und Freude. Die Störungsbilder waren schon heftig. Eine manische Frau, die sich für die Größte hält und sich immer neue grandiose Geschichten ausdenkt, das war noch erträglich. Wirklich schwierig wurde es, wenn sie in die Depression abrutschte. Oder wenn eine Bewohnerin akut psychotisch wurde, laut mit den Stimmen in ihrem Kopf stritt. Es gab auf dieser Station auch einen Suizid. Also nicht nur leichte Kost. Aber es war eine richtig gute Zeit. Ich konnte etwas bewirken – und es wurde zugelassen. Ja, mehr noch, es wurde angenommen und wertgeschätzt.

Weil mein Gehalt in der Ausbildung nicht gerade der Knaller war, habe ich nebenher noch ein bisschen gearbeitet. Wie manche jungen Frauen ihre Dienste als Babysitterinnen anbieten, habe ich ambulante Altenpflege angeboten. So habe ich das nicht genannt, aber ich habe vor oder nach der Schule und den Einsätzen noch ein paar Wohnungen in Riehl besucht und dort gepflegt. Eigentlich habe ich seit meinem 14. Lebensjahr Wert darauf gelegt, dass ich ein bisschen Geld extra in der Tasche hatte. Damit ich mir ein paar Dinge leisten konnte, die mir wichtig waren. Ein Hobby habe ich mir geleistet: Ich habe Tennis gespielt. Ich war noch in der Schule, so ungefähr 17, da hat eine Bekannte mich mal mitgenommen. Es hat mir gefallen. Meine Eltern fanden das suspekt, jetzt will die Tennis spielen, was soll das denn? Was man alles kaufen musste ... Tenniskleidung, Schuhe, Schläger, da stiegen sie überhaupt nicht hinter. Dabei habe ich alles von meinem eigenen Geld gekauft, auch Stunden bei einem Trainer genommen. Das war schon ein Thema, besonders für meine sparsame Mutter: „Muss das denn sein? Du kannst doch auch was anderes machen, was kein Geld kostet, oder zumindest weniger. Du bist so jung, gib das Geld doch für andere Dinge aus." Aber das war es mir wert, denn es hat mir richtig Freude gemacht. Es gab ein Clubleben, das habe ich genossen. Ich habe mich engagiert, auch Turniere gespielt. Ehrlich gesagt war ich auch immer ein bisschen verliebt in meinen Tennislehrer. Das blieb aber unausgesprochen, außerdem hat er keine merkliche Notiz von mir genommen. Und ich war verheiratet, das sollte gar nicht real werden. Jedenfalls hat mir das Tennisspiel sehr gutgetan, ich habe etwas mollig angefangen und dadurch ein paar Kilo verloren. Ich fühlte mich wohler, wurde etwas selbstbewusster. Der Platz war zu Fuß nur zehn Minuten entfernt, es ließ sich immer gut noch ein Training oder ein Spiel im Alltag unterbringen. Nach einer Frühschicht oder vor einer Spätschicht bin ich noch schnell hin. Fast jeden Tag.

Auf einmal geht es ganz schnell

oder:
Man kann die Karriereleiter auch mit der zweiten Sprosse beginnen – das ist aber nicht so einfach

Von meinem Anerkennungsjahr waren noch nicht ganz sechs Monate vergangen, da wurde unsere Wohnbereichsleitung langfristig krank. Damals, 1976, war ich 22 Jahre alt. Auf einmal kamen Pflegedienstleitung und Verwaltung auf mich zu, sie würden gerne die Leitungsstelle kommissarisch besetzen. Und fragten, ob ich mir das vorstellen könne.

Ganz ehrlich, ich hatte mächtig „Schiss in der Hose". Andererseits war ich stolz, dass man mir das anbot. Ich hatte auch die Sorge, wenn ich das jetzt ablehne, werde ich dann noch mal gefragt? Es war wie eine Prüfungssituation, ein mulmiges Gefühl. Ich habe natürlich meinen Eltern davon erzählt, ich sehe noch meine Mutter in der Küche, wie sie mich besorgt anblickte und fragte: „Mensch Kind, schaffst du das? Traust du dir das etwa zu?" Das hat mich nun nicht gerade beflügelt, höchstens meinen Trotz angeregt – ich zeig euch noch, was ich alles schaffe. Von meinem Vater kam dasselbe. Eigentlich war es bei meinen Eltern immer so. Sie waren vorsichtig. Wenn es nach ihnen ginge, sollte man bloß nichts anderes machen als das, was man schon tat. Mein Vater hatte auch Karriere gemacht, blieb aber bis zu seinem Ruhestand in Riehl. Genau wie meine Mutter. Mein Mann verstand meine Aufregung gar nicht, der sagte nur: „Dann mach doch." Das war auch nicht hilfreich. Es war niemand da, der mir Mut gemacht hätte. So ging es in mir hin und her. Doch mitten in diesem Trubel stand plötzlich eines klar vor mir: der große Wille, das zu schaffen. So habe ich zugesagt. Mit gehörigem Respekt vor der Aufgabe. Und ich habe es gleich gespürt: Ich hatte mehr Last auf den Schultern. Anders kann ich es nicht beschreiben. Und ich musste mich bewähren. Was, wenn mir das nicht gelänge? Als Tochter vom Röhlich?

Auf einen Schlag war die Rollenverteilung auf der Station eine andere. Ich stand plötzlich über deutlich älteren KollegInnen und musste wichtige Entscheidungen treffen. Zum Beispiel: Soll dieselbe Schwester wie bisher die Medikamente verwalten? Sie war Pflegehilfskraft und kurz zuvor hatte es eine Gesetzesänderung gegeben, nach der nur noch examinierte Pflegekräfte Behandlungspflege leisten durften – also auch Medikamente stellen und verabreichen. Da stand ich nun als ihre Vorgesetzte. Entweder hielt ich mich an die geltende Gesetzeslage oder ich machte sie mir zur Feindin. Ich habe sie weitermachen lassen, aber nicht ohne Angst. Immerhin hatte ich etwas zugestimmt, das nicht erlaubt war. Aber sie konnte es. Sie war gelernte Arzthelferin, kannte alle Medikamente und ihre Wechselwirkungen – in gewisser Weise war sie eine Koryphäe. Ich selbst war noch lange nicht so weit. Ich habe immer mit auf die Medikamente geschaut, mich informiert, abgesichert. Eigentlich war ich von der Frau überzeugt, aber glücklich war ich nicht mit diesem Spagat.

Dazu kam die Personalverantwortung. Ich musste die Dienstpläne schreiben. Schauen, dass es läuft, dass die Wochenenden besetzt sind. Das musste ich bis dahin nicht machen, geschweige denn verantworten. Wenn jemand ausfiel, das Wochenende nicht besetzt war, bin ich eingesprungen. Um den Laden am Laufen zu halten. Ich musste MitarbeiterInnengespräche führen. Ich weiß noch, als mein erstes schwieriges Gespräch anstand, heute würde man Kritikgespräch dazu sagen. Ich hatte keinerlei Schulung in solchen Abläufen, Gesprächsführung etc., ich musste es intuitiv machen. Es ging um eine Reinigungskraft, ich war mit ihrer Arbeit unzufrieden. Als ich abends vor dem Termin im Bett lag, überschlugen sich meine Gedanken: „Mein Gott, wie kann ich Kritik üben, ohne dass sie sauer wird?" Sie sollte mich ja verstehen. Wie genau ich es dann gemacht habe, weiß ich nicht mehr. Aber es lief okay. Ich konnte schon immer gut loben, Anerkennung aussprechen. Damit bin ich dann ins Gespräch eingestiegen, bevor ich auf die Kritikpunkte zu sprechen kam. Es war schließlich ein ordentliches Gespräch, wir konnten uns in die Augen sehen. Aber ich habe auch in dieser Situation deutlich gemerkt: Ich brauche mehr Rüstzeug, mehr Wissen, um die Dinge besser zu machen.

Ich hatte eine klassische Sandwichposition inne – Leute unter mir, Leute über mir und gerade zu stehen für meine Station, für alles, was passierte. Was völlig neu für mich war: Ich konnte Ansagen machen. Und ich musste Ansagen machen. Gerade beim Dienstplan gab es die typischen Diskussionen: Die eine möchte keine Früh-, die andere keine Spätschichten, lieber nicht am Wochenende arbeiten, auf keinen Fall an Weihnachten und so weiter. Dann gab es eine Ansage von mir, jetzt ist mal gut, Leute. Bis hierhin und nicht weiter. Ich habe schon früh Regeln aufgestellt, bis wann die MitarbeiterInnen ihre Dienste für den nächsten Monat eingetragen haben mussten. Später habe ich dann gelernt, dass es dafür Standards gibt. Das wusste ich nicht. Auch die Abläufe in der Pflege sollten ein bisschen moderner werden. Statt der regelmäßigen Rundgänge, in denen die Zimmer abgeklappert wurden, sollte ein bisschen flexibler, ganzheitlicher und individueller auf die Bewohnerinnen geschaut werden. Für jeweils eine feste Zahl an Bewohnerinnen sollte eine Pflegekraft zuständig sein – das ging schon ein bisschen in Richtung Bezugspflege, wie sie später genannt wurde. Bei den MitarbeiterInnen kamen die Veränderungen nicht nur gut an. Es gab immer wieder Gegenwehr, viel Diskussionsbedarf. Aber ich wurde mit der Zeit immer sicherer und füllte die Leitungsaufgabe immer besser aus. Insgesamt hatte ich großes Glück, ich und meine Ideen wurden eigentlich gut angenommen. Das war eine große Freude.

Ich suchte keine Konflikte, und am Anfang war ich vielleicht ein bisschen ängstlich. Aber es gab so viele Kleinigkeiten, die man etwas besser, etwas eleganter, etwas menschlicher gestalten konnte. Dabei war mir wichtig, dass meine Leute immer verstanden, warum ich etwas ändern wollte. Denn wenn ich etwas nicht verstehe, kann auch ich es nur schwer umsetzen – und frage so lange nach, bis ich es verstehe. Das sollten meine MitarbeiterInnen auch können. Wenn trotz vieler Erklärungen etwas nicht gut funktionierte, gab es eine Ansage. Das ist mir nicht in den Schoß gefallen. Vielleicht sah es auch so aus, als würde ich danach streben, in Leitungspositionen aufzusteigen. Ich habe immer wieder mal gehört: „Mensch, Doris, du machst ja Karriere!" So ein Ausspruch hatte für mich immer einen negativen Beigeschmack. Es war nie mein Anliegen, möglichst weit nach oben zu kommen. Aber es gab Wegbegleiter, die mich unterstützt haben, mir die Aufgaben zugetraut haben. Ich selbst hatte nicht das Gefühl: ich will jetzt mehr, ich brauche einen Karriereschritt. Dafür war ich viel zu unsicher in der ersten Zeit als Leitung. Was ich allerdings mochte, war die Verantwortung, ich konnte gestalten. Da war schnell das Feuer bei mir entfacht. Ich konnte Dinge in die Hand nehmen, Fortbildungen beantragen, Material besorgen. Immer noch ein bisschen drauflegen – und für meine Art der Pflege werben. Es tat sich was bei uns. Und immer, wenn es sich anbot, habe ich auf uns aufmerksam gemacht: „Kommt ruhig mal vorbei, schaut es euch an!"

Neben den vielen neuen Aufgaben hatte ich immer noch viel Kontakt mit den Bewohnerinnen. Die Nachmittage mit Reibekuchen, der Hitparade oder Hochzeiten in Königshäusern im Fernsehen waren immer noch drin. Unter der Woche gab es viele Routineaufgaben, viele Visiten. Die Tage waren sehr lebendig. Administrative Aufgaben wie Dienstpläne schreiben habe ich oft mit nach Hause genommen oder am Wochenende gemacht. Dann war es ruhiger, ich konnte mir Zeit dafür nehmen. Ich habe immer gerne am Wochenende gearbeitet, da konnte man alles, was anstand, in Ruhe besprechen. Die Administration war überschaubar und ging mir mit der Zeit immer leichter von der Hand. Auch die Dokumentation ließ sich ganz gut am Wochenende bewältigen. Es gab auch nur wenige Vorgaben, was in der Dokumentation zu stehen hatte. Da waren wir recht frei. Die wichtigsten Eckpunkte haben wir immer festgehalten, aber es blieb noch viel Zeit für die Bewohnerinnen. Wir haben viel gemeinsam gekocht und Ausflüge unternommen. Es war eine ganz besondere Zeit für mich.

Das Anerkennungsjahr ging rasch zu Ende. Mein Examen war kein Thema, das habe ich glänzend abgeschlossen. Ohne damit angeben zu wollen – ich war eben mit Begeisterung dabei. Mein Vater war stolz auf mich. Er war sonst eher ein stiller Mensch und hat meistens in den „Traust du dir das zu?"-Kanon meiner Mutter mit eingestimmt. Nicht so am Tag meines Examens. Als ich mit meinem Zeugnis herauskam, stand er da mit einem Strauß Blumen. So hatte ich ihn noch nie gesehen. Ich weiß nicht mal, ob er meiner Mutter jemals Blumen geschenkt hat. Das haben eher wir Kinder gemacht. Jedenfalls stand er da, unendlich stolz darauf, was ich erreicht hatte. Und er hatte schon all seinen KollegInnen davon erzählt.

Mit meinem Mann war ich zwischenzeitlich in eine größere Wohnung mit kleinem Garten in Riehl gezogen. Er hat weiter in Fleischbetrieben gearbeitet, auch ordentlich verdient. Meine Schwiegereltern warteten weiterhin auf unsere gemeinsame Rückkehr. Ich wohnte zwar nicht auf dem Campus, war aber viel bei meinen Eltern, die erneut eine etwas nettere Dienstwohnung bekommen hatten. Meine Mutter war immer noch sehr sparsam, schob aber immer meinen Vater vor. Das hat sie zeitlebens gemacht, bis zuletzt noch. Mit meinem Mann sollte ich es dann genauso handhaben. Ich erinnere noch, wie ich mit meiner Mutter in der Stadt unterwegs war, um neue Kleidung zu kaufen. Ich hatte mir gerade einen schönen Rock gegönnt, der relativ teuer war. Als wir aus dem Geschäft auf die Straße traten, sagte sie: „Mensch, sag das bloß nicht deinem Mann." Ich war es so leid, diese Nummer wieder und wieder von ihr zu hören. Vom nächsten öffentlichen Fernsprecher habe ich dann meinen Mann angerufen: „Du, ich bin mit meiner Mutter einkaufen, ich habe einen Rock gekauft, der hat soundsoviel gekostet." Da stand sie, mit offenem Mund. Ich habe mein eigenes Geld verdient, sie auch. Damit hatten unsere Männer nichts zu tun. Eigentlich war sie es, die Geldausgeben gar nicht gut aushalten konnte.

Nach meiner Anerkennung 1977 bin ich noch drei Jahre auf der Station geblieben. Die Etage wuchs, aus 36 Bewohnerinnen wurden 50, aus der Etage wurde ein Haus. Das war zwar alt, ließ sich aber mit tatkräftigem Einsatz der KollegInnen und etwas finanzieller Unterstützung recht zügig renovieren. Es war schön anzusehen. Auf dem Campus gab es eine Werkstatt der Haustechnik, und da konnte ich manche Sachen abrufen. Also habe ich Anfragen gestartet, wie wäre es mit etwas mehr Farbe, könnte man dies und das nicht etwas aufhübschen? Als wir umgezogen waren, ging es weiter: Ich wollte einen Etat für Tischdecken, Besteck, Blumen …

Die Begeisterung darüber hielt sich in Grenzen. Ich sollte eine Jahresliste machen, die dann sehr üppig ausfiel und prompt zusammengestrichen wurde. Ich musste fast schon um meine Wünsche betteln, aber nach und nach kam alles zusammen. Irgendwie ist es mir gelungen. Und es wurde wirklich nett. Wir haben Bilder aufgehängt, auch Bilder von den Bewohnerinnen. Die Station bekam so etwas wie Atmosphäre. Ich wünschte, ich hätte Fotos gemacht in dieser Zeit. Der Ort hatte sich verändert und mit ihm auch die Klientel. Es war selbstverständlich geworden, nicht mehr zottelig und ungewaschen in Arbeitskleidung herumzulaufen – jedenfalls für die meisten. Das Bild hatte sich gewandelt. Unser Psychiater war ebenfalls angetan von den Veränderungen und erzählte auf den anderen Stationen davon. Ich hatte etwas bewegt, und es wurde wahrgenommen.

Anfang 1979 wurde mir eine Weiterbildung zur Wohnbereichsleitung angeboten. Diese ging etappenweise über drei Monate und fand in Essen statt. Abgesehen von der Eifelepisode waren das die ersten Male, die ich außerhalb von Riehl war. Das hat mir unglaublich gutgetan. In der Weiterbildung ging es um Mitarbeiterführung, Psychologie, Gesprächsführung, Betriebswirtschaft. Ich konnte so viel für mich mitnehmen! Wir sprachen über Missstände, die doch veränderbar sein mussten, aber auch über Arbeitserleichterungen. Zum ersten Mal hörte ich auch von Teilzeitstellen. Es hieß, es gäbe auch halbe Stellen oder Aushilfen, was mir das Erstellen der Dienstpläne wesentlich erleichtern würde. Ich hörte auch von neuen Hilfsmitteln, Lagerungshilfen, Liftern, Inkontinenzprodukten. Das betraf psychisch Kranke zwar nur am Rande, aber ich erzählte allen KollegInnen davon, denen dieses Wissen nutzen könnte. In der Weiterbildung lernte ich KollegInnen aus anderen Einrichtungen kennen, und die Lehrenden waren einfach klasse. Am besten war aber, dass Claudia von der Krankenstation mit dabei war. Ich habe nie so viel gelacht wie mit ihr zu dieser Zeit. Auch sie ist eine meiner lebenslangen Wegbegleiterinnen geworden, wir sind uns bis heute herzlich verbunden.

Im Rahmen der Weiterbildung bin ich auch auf eine gute Psychologin gestoßen. Seit den Gesprächen mit meiner „lieben Oma" hatte ich mich nicht mehr mit der Geschichte meiner Eltern befassen können. Das hätte ich gerne getan, ich hätte sie gerne besser verstanden – warum sie so still, so streng geworden waren, warum sie uns Kinder so erzogen haben, wie sie es letztlich taten. Da gab es noch große Fragezeichen. Aber mit meinen Eltern konnte ich so gut wie gar nicht über ihre Vergangenheit sprechen. Die Psychologin spürte wohl, dass ich Redebedarf hatte. Durch die Lehrveranstaltungen hatte ich das Gefühl entwickelt, mit ihr könnte ich gut reden. Also habe ich mit ihr an meinem Thema gearbeitet und ihr die wenigen Fakten erzählt, die ich über meine Eltern wusste. Die meisten stammten noch von meiner Oma: Dass meine Mutter vor den Russen in Richtung Westen geflohen war. Wie die beiden sich kennengelernt hatten. Dass mein Vater sich mit der Partei angelegt hatte. Dass meine Mutter nach meiner erstgeborenen Schwester eigentlich kein Kind mehr hatte haben wollen. Über diese Dinge wurde bei uns nie gesprochen, aber ich hatte immer den Eindruck, sie haben ihre Spuren hinterlassen. Ich habe erzählt, wie es war, die beiden als Eltern zu haben. Um es hier kurz zu fassen, in meinen Gesprächen mit der Psychologin kam ich für mich zu dem Ergebnis: Meine Eltern haben zu der Zeit eben gegeben, was sie geben konnten. Auf diese Weise habe ich versucht, mit dem Thema Frieden zu schließen. Es hat mir unheimlich gutgetan, darauf zu schauen, das ein bisschen für mich zu ordnen. Ich konnte das Thema jetzt besser ruhen lassen, musste mich nicht mehr so viel damit beschäftigen, auch bei meinen Eltern nicht mehr nachbohren – und konnte mich auf andere Dinge fokussieren.

Das war auch gut so, denn zu dieser Zeit musste ich enorm anstrengende Überzeugungsarbeit leisten. Ich habe mich immer dafür eingesetzt, die Arbeitsorganisation zu verändern. Nicht nur auf meiner Station, auch in den anderen Einrichtungen. Es gab mittlerweile regelmäßige Runden für die Leitungen der verschiedenen Einrichtungen, in denen habe ich meine Ideen vorgestellt – immer gut begründet. Stets habe ich versucht, MitstreiterInnen zu gewinnen, aber die Abwehr seitens der Verwaltung und der Wirtschaftsstelle war groß. Am wenigsten zu bewegen war die Personalleitung, das war in Riehl sozusagen die graue Eminenz. Es gab zwar einen Direktor, aber der schien nicht so richtig am Steuer zu sitzen. So wie ich das mitbekam, entschied eigentlich die Personalleitung – wer wohin kam, was gemacht wurde, ob es Fortbildungen gab etc. Die musste ich also für mich gewinnen, sonst würde ich meine Vorstellungen nicht umsetzen können. Doch die Personalleitung blockierte jegliche Veränderung. Und so konnte ich die Vorteile halber Stellen noch so sehr besingen, es blieb alles beim Alten. Und wieder fragte ich mich: Warum lerne ich so viel, wenn es überhaupt nicht umgesetzt werden soll?

Das Dorf wächst

oder:
Wie ich zur Pflegedienstleitung aufstieg – damit aber nicht glücklich war

Ich habe die Riehler Heimstätten schon mehrmals „ein Dorf" genannt. Was meine Familie angeht, war das wirklich nicht übertrieben. Meine Schwester hatte nach einer Ausbildung zur Friseurin noch eine Pflegehilfeausbildung absolviert und wohnte nun mit Mann und Kindern auf dem Campus. Mein Schwager arbeitete für eine Ölfirma und musste immer wieder für drei Monate auf eine Bohrinsel zur Montage, anschließend war er für zwei Wochen zu Hause. In der Zwischenzeit hatte meine Schwester Wohnung, Kinder und Beruf alleine zu managen. Sie arbeitete wie ich auch im Schichtdienst mit Früh- und Spätdiensten. Aber das war in Riehl ganz gut möglich, unsere Eltern waren da, ich war da. Ich habe immer wieder auf die beiden Jungs aufgepasst, sie ins Bett gebracht. Das habe ich unglaublich gerne gemacht. Es war viel Arbeit, aber es hat uns sehr verbunden. Im Übrigen hatte ich über die Jahre fünf Patenkinder zusammengesammelt und nahm meine Rolle als Tante auch durchaus ernst. Meiner Schwester habe ich mich in meiner Jugend nicht so eng verbunden gefühlt, sie war immerhin sieben Jahre älter und hatte ihr eigenes Leben. Aber wir waren uns wohlgesonnen. Keine hat auf die andere etwas kommen lassen. Wenn die eine Hilfe brauchte, war die andere da.

Mein Bruder ist ebenfalls in der Pflege gelandet. Er war ein Spätzünder aufgrund seiner Geschichte. Aber er hat sich von der Hilfsschule, so hießen damals die Förderschulen, auf die Hauptschule gerackert und die erfolgreich abgeschlossen. Eine Lehre zum Automechaniker musste er leider abbrechen, weil er nicht gut in kalten Werkstätten stehen konnte – das hing noch mit den vielen Mittelohrentzündungen zusammen. Was war da naheliegend? Genau: Riehl. Er hat die einjährige Ausbildung zum Pflegehelfer gemacht und geschafft. Das wunderte mich nicht, im Prinzip kann mein Bruder alles, was er anpackt. Er ist ein unglaublich praktischer Typ. Er hat immer ein bisschen darunter gelitten, dass die neue Generation examinierter AltenpflegerInnen mehr machen durfte als er – auch Verrichtungen, die er zuvor hatte erledigen dürfen. Ich hätte ihn gerne in der Altenpflegeausbildung gesehen, hätte ihm vielleicht auch ein paar Türchen öffnen können. Die Theorie hätte er nur mit „ausreichend" bestehen müssen, an seinen praktischen Fähigkeiten gab es für mich keinen Zweifel. Unsere Eltern haben auf ihn genauso eingewirkt wie auf mich: „Das schaffst du nicht, Junge, tu dir das nicht an. Das brauchst du doch gar nicht." Leider hat er sich letztendlich gegen die Ausbildung entschieden.

Aber wo war ich? Genau, in Riehl. Auf dem Campus. Da hatten wir mittlerweile alle unsere Dienstwohnungen, vier Haushalte mit Röhlichs. Die lagen zwar nicht im selben Gebäude, aber die räumliche Entfernung war sehr überschaubar. Zu niemandem aus der Familie musste ich mehr als 300 Meter Fußweg zurücklegen. So blieb der Kontakt zu meiner Familie immer eng. Mit meinen Geschwistern teilte ich eine liebevolle, aber praktische Ebene. Über meine Gefühle habe ich lieber mit Freundinnen gesprochen. Mit meinen Eltern war es eingespielt. Wir Kinder sind fast täglich bei ihnen aufgelaufen für einen kurzen Besuch, alle wichtigen Feste haben wir bei ihnen gefeiert. Das war schön, diese Art von Nähe war für mich okay. Aber es war kein intensives Miteinander. Über meine Gefühle wussten meine Eltern wenig.

Das Dorf entwickelte sich jedenfalls weiter: Ein Jahr nach meiner Fortbildung wurde auf dem Gelände eine neue Einrichtung gebaut – ein Pflegekrankenheim mit 220 BewohnerInnen. Dazu kam noch ein Bereich mit Altenwohnungen, die Menschen sollten dort in eigenen Wohnungen leben und leichte Serviceangebote abrufen können. Insgesamt 500 Menschen. Schon der Bau war beeindruckend, drei Gebäudeflügel, die Wohnbereiche waren klein, es gab Zweibettzimmer. Zeitgemäß. Modern. Und ich bekam das Angebot, für den gesamten Apparat die Pflegedienstleitung zu übernehmen. Wieder hatte ich Angst im Bauch. Dennoch, ich konnte es kaum glauben, dass sie mich wollten. Ich war bannig stolz. Von meinen Eltern kam wieder: „Mensch, Kind, schaffst du das?" Von meinem Mann: „Mach doch." Ich war 25 und sollte eine Mammutaufgabe übernehmen – davor hatte ich richtig Respekt. Alle anderen Pflegedienstleiter waren deutlich älter als ich. Nun ja, ich habe es gemacht. Auf einmal hatte ich ein Büro. Und einen Piepser. Für die jüngeren Leser muss ich vielleicht erklären, wozu der gut war: Ich hatte Bereitschaftsdienst auf dem gesamten Gelände, es gab aber noch keine Handys. Wenn ich gebraucht wurde, piepste es bei mir, ich musste zum nächsten Telefon laufen und in der Zentrale anrufen. Es war der Hammer für mich, das erreicht zu haben, außerdem wurde die Bereitschaft vergütet. Wir hatten vier Häuser, ich hatte nunmehr zwölf Wohnbereiche zu verantworten und insgesamt etwa 100 Mitarbeitende. Mittlerweile gab es auch Beschäftigungstherapie, Sozialarbeit, es war eine unglaublich komplexe Aufgabe. Meine größte Angst bei der neuen Stelle war, dass ich nicht mehr direkt und selbst mitmischen konnte. Dass ich nicht mehr mitten im Geschehen war. Ich musste von oben auf die Prozesse schauen, das war etwas ganz anderes. Was läuft gut, was nicht? Es gab jetzt viel mehr zu organisieren, viel mehr MitarbeiterInnenthemen. KollegInnen kamen zu mir und sagten, die sei gut, der sei nicht gut. Öfter als mir lieb war, musste ich zwischen zwei Streithähnen die Mediatorin spielen, mir beide Seiten anhören, vermitteln und schlichten.

In dieser Zeit wurde auch ein neues System zur Pflegedokumentation eingeführt. Vorher hatten wir dazu Registerkarten zum Ausklappen genutzt, die sieht man manchmal noch in den Arztpraxen älterer Jahrgänge. Oder wir haben Übergabebücher geführt. Darin haben wir Besonderheiten notiert, die die nächste Schicht wissen sollte. Manche Vorkommnisse wurden auch nicht verschriftlicht. In meiner Fortbildung in Essen hatte ich gelernt, dass es richtig gute praxisnahe Dokumentationssysteme gab. Die waren sehr unterschiedlich, je nach Klientel. Es gab sogar welche speziell für die Altenpflege. Die Verwaltung in Riehl hat dann entschieden, dass es für das gesamte Areal ein einheitliches System geben sollte – und das war eher für Krankenhäuser gemacht. Es war schon gekauft worden, niemand war an der Entscheidung beteiligt gewesen, auf einmal war es da. Das musste ich nun meinen MitarbeiterInnen verkaufen – was einigen Gegenwind erzeugte. Warum sollen sie es auf einmal anders machen, warum auf diesen unpraktischen Bögen, warum so viel, so schnell? Ich konnte es ihnen nicht erklären, ich verstand es ja selbst nicht. Ich fand das System viel zu umfangreich. Dann hätte ich es gerne Blatt für Blatt eingeführt, aber nein, es sollte alles sofort sein – dabei funktionierte es vorne und hinten nicht. Das hat sich dann natürlich gegen mich gerichtet: Was will die Röhlich denn jetzt schon wieder? Warum kommt die denn schon wieder mit neuen Sachen? Dabei wollte ich meinen MitarbeiterInnen gar nichts überstülpen, ich musste schlicht Vorgaben umsetzen.

Ich war nicht sehr glücklich in dieser Zeit und spürte eine große Distanz zu den BewohnerInnen und KollegInnen. Klar war ich auch immer wieder auf den Etagen. Das wollte ich beibehalten, wollte so nah wie möglich am Geschehen bleiben. Dabei fiel mir das recht trostlose Zimmer eines Bewohners auf. Ich war schon drauf und dran, das Personal aufzuscheuchen, warum sie es nicht hübscher gemacht hätten. Stattdessen setzte ich mich zu ihm, wollte von ihm selbst hören, wie es ihm in diesem Zimmer ging – und stellte fest, dass er es gar nicht anders haben wollte. Ich bot ihm ein paar Dinge an, Tischdecke, Blumen, aber er lehnte alles ab. Das brauche er alles nicht, er habe sein Leben hier in der Kiste. Mit diesen Worten griff er in sein Nachtschränkchen und zog eine kleine, braune Zigarrenkiste hervor. Darin befanden sich Fotos, die meisten noch in schwarz-weiß, und Postkarten aus den verschiedensten Ländern. Er nahm ein Foto, zeigte es mir und begann zu erzählen, wer das war, wie es damals gewesen war, welche Bedeutung die Person für ihn hatte. Unglaublich detailliert, anschaulich und mit Herzenswärme. Ich war fasziniert. Wenn ich ihn auf späteren Gängen aus dem Augenwinkel mit seinem Kästchen gesehen habe, wusste ich, ihm geht es gut. Die Begegnung war sehr schön, aber wirklich nur eine kurze Episode zwischen den vielen anderen Aufgaben. Ich hatte keinen richtigen Blick mehr auf die BewohnerInnen, auf die Möglichkeiten zur Verbesserung. Es ging eher um Probleme: Ich musste mich anders aufstellen, Flagge zeigen, Leistung einfordern, oft auch ahnden. Bei so vielen MitarbeiterInnen kam das häufig vor, schwierige MitarbeiterInnengespräche häuften sich, jemand musste abgemahnt werden – das war nun mein Tagesgeschäft. Dass sich meine Aufgaben verändern würden, war mir klar gewesen. Aber ich hätte nie gedacht, dass die Veränderungen so massiv sein würden. Ich hatte wirklich die Vorstellung gehabt, ich könne mich weiter unters Volk mischen und die Dinge verändern. Aber nein, die täglichen Probleme waren reichlich und andere. Es ging vornehmlich um Organisation, ich sollte in erster Linie statistische Daten liefern. Damals wurden auch die verschiedenen Pflegestufen eingeführt, und ich musste schauen, welche der damals noch drei Stufen die BewohnerInnen hatten, damit wir auch das Geld bekamen, das uns zustand. Und ich musste Besprechungen führen, das war mir nicht in die Wiege gelegt. Wenn ich etwas verändern wollte, stieß ich auf die alteingesessenen Häuptlinge, die Wohnbereichsleitungen. Ich wollte nicht noch mehr diktieren, das wird jetzt so und so gemacht. Ich wollte weiterhin meine Entscheidungen erklären, die Leute abholen. Das hat mich viel Kraft gekostet.

Der neue Job war eine Herausforderung – und oft keine schöne. Neben meinem Vater gab es noch eine Gesamtleitung der Pflege, sie war meine direkte Vorgesetzte. Immer wenn ich bei ihr für etwas Neues warb, flüsterte sie mir zu: „Noch nicht, Frau Röhlich, noch nicht." Ich fühlte mich komplett ausgebremst. Gleichzeitig hatte ich Kontakt in die obersten Etagen, bis zum Direktor. Um die Personalleitung habe ich einen Bogen gemacht, immerhin war sie auch nicht meine Vorgesetzte. Ich versuchte also, direkt mit dem Direktor über die Dienstpläne und die flexibleren Stellenumfänge zu sprechen. Ich wollte ihn für die Idee der Teilzeitstellen einnehmen. Das wäre eine wunderbare Möglichkeit gewesen, die KollegInnen zu entlasten, ein bisschen Freude in der Belegschaft zu verbreiten. Der Dienstplan ist ein ewiges Thema in der Pflege – wenn der nicht gut gemacht ist, sind alle unzufrieden. Nur leider hatte die Dame von der Personalleitung, die grauste der grauen Eminenzen, alles in der Hand. Inklusive des Direktors. So hieß es nur: mehr Aufwand für die Personalbuchhaltung, abgelehnt. Meine Vorgesetzte hat sich nicht mit ihr angelegt und wollte eigentlich auch lieber, dass ich den Mund halte. Das ist mir unendlich schwergefallen.

Einen kleinen Lichtblick hatte ich aber: Es gab eine kleine Gruppe von sogenannten Fehlplatzierten – BewohnerInnen mit Körperbehinderung, für die keine Plätze in den wenigen spezialisierten Einrichtungen mehr frei waren. Irgendwo mussten sie aber schließlich gepflegt werden. Sie protestierten lautstark dagegen, dass sie im Altenheim leben mussten, wollten nicht immer um Punkt 18 Uhr zu Abend essen, wollten fernsehen, die Abende auch mal draußen verbringen. Das war schwierig für das System, so flexibel waren die Abläufe leider nicht. Sie haben sich mit den Wohnbereichsleitungen angelegt, geschimpft und gewettert und ihre Rechte eingefordert. Als Oberschwester wurde ich hinzugerufen, sollte vermitteln, deeskalieren. Dabei fand ich es stark, dass sie so klar ihre Rechte einforderten, den Betrieb derartig hinterfragten. Sie sprachen mir aus der Seele. Ich habe mich solidarisch gefühlt und daraus auch keinen Hehl gemacht. Ich habe sie sogar in die Stadt begleitet, als sie vor das Rathaus zogen und für eine andere Unterbringung demonstrierten. Da konnten wir zwar noch nicht viel erreichen, aber sie wurden immer selbstbewusster. Nur der Direktor war wohl gar nicht glücklich darüber, dass so viel Öffentlichkeit entstand.

Im Rückblick muss ich sagen, das war meine schwerste Zeit. Pflegedienstleitung war nicht meins, nicht meine Stärke. Das Wichtigste für mich war, niemandem etwas überzustülpen. Meine Mitarbeitenden sollten verstehen, warum sich etwas ändert. Wenn sie es nicht verstanden, musste ich es anders aufbereiten, so dass sie es verstehen würden. Nur dann ließe sich etwas verändern. Aber ich war nicht happy auf meinem Posten. Ich kam nicht so gut rüber wie in meiner Zeit als Stationsleitung – das war mein Feld, da war ich gut. Trotzdem war die Zeit als Pflegedienstleitung für etwas gut: Ich habe andere Aufgaben kennengelernt und mir mehr zugetraut.

Hinter verschlossenen Türen

oder:
Wie ich eine unerträgliche Situation beendete – und die Faust in der Tasche machen sollte

Zwischenzeitlich war ich mit meinem Mann in eine nette und große Dienstwohnung auf dem Campus gezogen. Wir sind immer noch in bestimmten Abständen in die Eifel gefahren. Er öfter als ich, weil ich Wochenenddienste hatte. Damals haben wir oft Freunde eingeladen, zusammen gekocht und lustige Abende miteinander verbracht. Bei diesen Gelegenheiten wurde auch, besonders von meinem Mann und seinen Freunden, reichlich Alkohol konsumiert. Bald bekam ich Angst, wenn seine Freunde zu uns kamen oder sie mit ihm um die Häuser zogen. Rückblickend glaube ich, dass sich in dieser Zeit das Alkoholproblem meines Mannes entwickelte. Über einen längeren Zeitraum trank er gar nichts, dann aber, je nach Anlass, große Mengen. Mit der Zeit spürte ich immer stärker, wie sehr mich das anwiderte. Das habe ich ihm sicher auch irgendwie zu verstehen gegeben, und er hat darauf reagiert. Manchmal war er schon gegen Mittag alkoholisiert auf dem Campus unterwegs. Ein falsches Wort oder ein schiefer Blick – und er ging hoch. Am schwierigsten waren für mich aber die Situationen, die sich in der Wohnung abspielten. Er wurde zunehmend unangenehm, verbal aggressiv und auch handgreiflich. Es waren keine schönen Szenen, die da manchmal abliefen. Das ging über mehrere Jahre so. Vielleicht hatte er das Gefühl, ich wäre ihm entglitten. Oder ich war ihm mit der Zeit fremd geworden. Bei der Arbeit hatte ich Stufe um Stufe genommen, das nicht groß mit ihm diskutiert. Da lief es, ich hatte Lust darauf. Auch er hat seine Schritte gemacht, aber vielleicht nicht in denselben Dimensionen wie ich. Vielleicht hatte es auch damit zu tun, dass er von seinem Elternhaus weg und letztlich zehn Jahre in Köln war. Ich kann es nicht genau sagen – wir haben auch nicht viel miteinander kommuniziert oder nicht richtig.

Ich fühlte mich nicht mehr wohl in meiner Ehe. Ich denke, mein Mann auch nicht, aber wir haben das nie deutlich angesprochen. Es wurde viel geschwiegen. Die Trinkexzesse häuften sich. Ich habe mich auch geschämt, mit anderen darüber zu sprechen. Ich wollte mich schon länger trennen, und die Situation spitzte sich immer weiter zu. Aber ich hatte ein tierisch schlechtes Gewissen. Hatte ich ihn nicht aus seinem Dorf geholt, aus der Geborgenheit gerissen und in die Stadt gelockt? Vielleicht machte ihm diese Veränderung zu schaffen, mir jedenfalls machte die Trinkerei zu schaffen. Ich war innerlich schon länger nicht mehr froh mit uns beiden. Mein Mann hätte das wohl noch länger so fortgeführt, ein Bedürfnis nach Trennung hatte er gar nicht. So habe ich mir vorgenommen, ihn nach und nach an diese Idee heranzuführen. Nein, er wollte es nicht, das hat er sehr deutlich gemacht. Ich habe es immer wieder behutsam versucht: „Wir können uns doch erst mal trennen, vielleicht finden wir dann wieder zusammen." Das habe ich zwar so gesagt, aber wenn ich ganz ehrlich bin, meinte ich es nicht so. Es war eine Brücke für mich, ein Kompromiss. Schließlich war klar, dass wir uns trennen, oder eher, dass ich mich trenne. Wir haben dann verabredet, dass er in eine andere Wohnung ziehen würde. Es wäre viel leichter gewesen, wenn ich ausgezogen wäre. Aber das ging nicht, immerhin war es eine Dienstwohnung. Die neue Wohnung habe ich dann gesucht, klar, denn es war ja nicht sein Anliegen. Er hätte es nicht fertiggebracht. Leider lag diese nicht weit entfernt, weil er auch das nicht wollte.

Als die Trennung beschlossen war, musste ich es noch meinen Eltern beibringen. Die hatten vorher nichts dergleichen von mir gehört. Sie kannten meinen Mann als einen liebenswerten, netten, unkomplizierten Kerl – der er auch lange für mich war. Ich kann nicht beschreiben, wie sie entsetzt über mich hergefallen sind: „Wie kannst du so was tun? Deinen Mann verlassen?" Auch meine Schwester stand wie ein Racheengel vor meiner Tür und rief, was für eine fürchterliche Person ich sei, wie schrecklich sie das finde. Er sei doch der netteste, der liebste Mensch. Mein Mann war sehr beliebt bei meiner Familie. Weil er eigentlich ein guter Kerl war. Also war ich für sie diejenige, die böse war, die alles niedermachte, die Menschen verließ, ohne mit der Wimper zu zucken. Es hatte mich schon so viel Kraft gekostet, ihn zu diesem Schritt zu bewegen. Aber die Reaktionen auf die Trennung waren fast noch schlimmer.

In der ersten Zeit ist mein Mann dem Alkohol sehr zugewandt geblieben. Ich habe ihm alles überlassen. Ich habe ihm das Auto gelassen, ihm die Wohnung eingerichtet, die Möbel sollte er auch behalten. Ich habe ihm sogar Geld von meinem Ersparten gegeben, nur damit ich raus aus der Nummer war. Für mich selbst hatte ich nur noch das Nötigste. Aber ich hatte die Gewissheit: Das schaffe ich. Ich habe dann in Riehl mehr Bereitschaftsdienste gemacht, ich kam schon über die Runden. Nach kurzer Zeit war mir klar, ich wollte die Scheidung. Das mit ihm mochte ich nicht mehr haben. Er wollte sich aber, wenig überraschend, nicht scheiden lassen. Irgendwie habe ich es dann hinbekommen, dass wir gemeinsam einen Anwalt hatten. Rechtlich gab es zwar die „Schuldfrage"[2] nicht mehr, aber in den Köpfen war sie noch sehr präsent. Und die Antwort war klar: Ich wollte die Trennung, also war ich schuld. Klar habe ich unserem Anwalt gesagt, dass der Alkohol ein Problem für mich war. Aber ich wollte das Ganze halbwegs friedlich über die Bühne bringen. Keine schmutzige Wäsche waschen. Einfach nur raus, raus, raus. Ich schaffte es sogar, auf meine Ren-

---

2   Bis 1976 mussten Ehepaare nachweisen, wer an der Scheidung schuld war. Seither wird eher geprüft, ob die Ehe insgesamt gescheitert bzw. zerrüttet ist.

tenansprüche zu verzichten, was damals fast unmöglich war. Er sollte nichts an mich abtreten müssen, das war mir wichtig. Ich wollte das Thema Ehe sauber abschließen. Aber das ständige Taktieren hat mich immens viel Kraft gekostet. Am liebsten wäre mir gewesen, er hätte sich schnell in eine andere verliebt.

Ich war bei allen unten durch. Bei meiner eigenen Familie war ich nicht mehr gerne gesehen. Bei seiner Familie auch nicht, was ich aber nicht sehr schlimm fand. Mein Ex-Mann lebte dann in der neuen Wohnung, wollte aber immer wieder zu mir kommen. Wenn es etwas zu besprechen gab, bin ich lieber zu ihm gegangen, oder wir haben uns außerhalb zum Essen getroffen. Ich wollte die Trennung friedlich hinbekommen. Schließlich ist er zurück in die Eifel gezogen, hat relativ rasch eine neue Frau gefunden und mit ihr ein Kind bekommen. Es gab lange Zeit kaum Kontakt. Mit meinen Ex-Schwägerinnen habe ich irgendwann wieder telefoniert, mittlerweile verstehen wir uns gut. Inzwischen habe ich auch wieder Kontakt zu meinem Ex-Mann, aber es hat einige Jahre gedauert, bis das möglich war.

Manchmal bin ich selbst bestürzt darüber, wie wenig Erinnerungen ich an die Zeit meiner ersten Ehe habe. Wenn ich es zeitlich fassen müsste, würde ich sagen, es war eine Episode. Es fühlt sich an wie zwei Jahre – dabei waren es zwölf und vor der Heirat noch einmal zwei, in denen wir uns gut kannten. Ich erinnere mich an die Leidensgeschichte, sehe ihn manchmal lachen, aber alles ist blass. Ich war in der Zeit sehr beschäftigt, habe einen Schritt nach dem anderen gemacht. Viel gearbeitet. Zum Teil auch, weil ich gar nicht gerne zu Hause war.

Ich habe mich lange Zeit nicht wohlgefühlt, noch heute nimmt mir die Geschichte ein bisschen die Luft. So sah es damals bei mir privat aus. Mir war es unglaublich wichtig, auf eigenen Füßen zu stehen. Heute würde man vielleicht sagen, ich habe mich emanzipiert. Ich wollte anders sein als meine Mutter, die fand, dass dem Mann gegenüber Rechenschaft abgelegt werden müsste. Natürlich hat das eine Rolle gespielt – ein Stück weit aber auch das Ansehen. Ich spürte im Beruf, ich komme an mit meiner Art, ich kann Menschen mitnehmen, Dinge bewirken. Bei meinem Ex-Mann war das anders, er wollte eigentlich nie mehr tun, als er musste. Ein paar Karriereschritte hat er auch gemacht, aber nicht mit demselben Drang. Doch nach allem, was ich mit ihm erlebt hatte, hätte das auch keinen Unterschied mehr gemacht. Die Scheidung war letztlich einvernehmlich, darum ging es recht schnell. Nach einem halben Jahr, im Sommer 1983, war ich geschieden.

Der Kontakt zu meiner Familie war deutlich abgekühlt, auch von meiner Seite. Ich war so wütend und gekränkt, habe mich so alleingelassen gefühlt. Mit meinem schlechten Gewissen, eigentlich mit allem. Außerdem waren die Riehler Heimstätten ein Dorf, es gehörte sich, dass ich dem Herrn Direktor persönlich von der Scheidung erzählte. Das kam nicht gut an bei ihm, das spürte ich deutlich. Dazu war er zu konservativ. Na gut, ich musste es mit der Zeit aufarbeiten. Unser Verhältnis ist später auch wieder besser geworden.

Natürlich gab es in dieser Zeit auch schöne Erlebnisse. Ich habe am Fachseminar unterrichtet. Ich hatte schon etwas Erfahrung, es sollte um das Pflegeverständnis gehen, um Pflegepolitik. Das war total spannend für mich, nur leider wusste ich nichts von Didaktik oder Methodik. Ich musste es wieder einmal intuitiv angehen. Wie aufgeregt ich war – trotz immenser Vorbereitung. Der Augenkontakt zu meinen SchülerInnen war mir wichtig, ich wollte ihnen signalisieren, dass ich keine Angst habe. Obwohl ich die hatte, es fühlte sich an wie eine Prüfung. Aber irgendwie bin ich ins Reden gekommen. Und dann habe ich aus dem Vollen geschöpft, ich habe viel aus dem Alltag gesprochen, wie ich die Arbeit angegangen bin. Der Lehrplan gab mir einige Inhalte vor, aber ich hatte den Eindruck, Praxis und Erfahrung kamen bei den SchülerInnen am besten an. Das konnten die profansten Sachen sein, etwa: Wie viele Waschlappen brauche ich zum Waschen der PatientInnen? Laut der offiziellen Lehrmeinung brauchte man drei Waschlappen und drei Handtücher – für Kopf und Gesicht, für den Rumpf und für unten. Als ich angefangen habe, gab es nicht so viele Waschlappen – und zu diesem Zeitpunkt noch immer nicht. Das Geld dazu fehlte. Also erzählte ich ihnen, man könne auch mit einem Lappen schon viel erreichen, wenn man oben anfangen würde. Dann hagelte es Fragen: „Aber da steht doch drei!" Ich wollte den SchülerInnen mitgeben, alles ein bisschen zu hinterfragen, den gesunden Menschenverstand zu benutzen. Zwei Lappen fand ich auch gut, drei vielleicht ein bisschen übertrieben. Das ist bis heute ein schwieriges Thema, die Einrichtungen haben riesige Wäscheberge zu bewegen. Aber wenn eben nur ein Lappen da war, konnte man auch damit arbeiten. Die Realität sah immer ein bisschen anders aus als die Lehrinhalte. Mein Ansatz dazu war: Nicht verzweifeln! Es ist unendlich wichtig, das Beste aus einer Situation zu machen. Trotz allem seine Vorstellungen und Ideen nicht zu verlieren, sondern Mut zu haben, Sachen anzusprechen, sich auszutauschen. Der Unterricht hat mir viel Freude gemacht und ich denke, den SchülerInnen auch. Ich kam ja noch aus einer Zeit, in der es sehr wenig gab. Mit der Fachlichkeit, mit dem neuen Berufsbild Altenpflege, sollte auf einmal alles anders sein. Aber so schnell ändert sich kein System. Darum sollten die SchülerInnen immer im Rahmen der eigenen Möglichkeiten schauen, was sie tun konnten, damit sich etwas bessert.

Die Professionalisierung im Altenpflegebereich schritt voran. Ich hatte zahlreiche Möglichkeiten, an Fortbildungen und Tagesseminaren teilzunehmen, mich zu Fachthemen, neuen Entwicklungen etc. weiterzubilden. Und ich habe zugeschnappt, wo immer es ging. Das wurde zwar zugelassen, auch von der grauen Eminenz – aber Veränderungen vor Ort waren weiterhin nicht erwünscht. Schließlich wurde mir sogar eine einjährige Weiterbildung zur Einrichtungsleitung ermöglicht. Damals hieß das noch „Heimleitung". Damit hatte ich großes Glück, immerhin kostete die Weiterbildung eine Stange Geld. Ich habe viel über Mitarbeiter- und Gesprächsführung gelernt. Aber auch über mich selbst, wir hatten häufig Supervisionsstunden. Ich konnte mich intensiv mit KollegInnen austauschen, habe deutschlandweit andere Einrichtungen gesehen, war im Schwarzwald, in Frankfurt etc. Diese Weiterbildung war ein wichtiger Schritt für mich, ein Meilenstein. Neben dem Wissen gewann ich immer mehr an Selbstsicherheit.

Doch innerlich war ich noch stets zerrissen. Ich häufte zwar beständig Wissen an, konnte aber immer noch nicht gestalten – es war mir zuwider. Ich setzte mich nach wie vor dafür ein, dass die notwendigen Arbeits- und Hilfsmittel beschafft wurden. Diese waren eigentlich im Pflegesatz enthalten, Geld war nicht das Thema. Das hatte ich alles gelernt. Auch, wie man das Material bekommt. Aber es ging und ging nicht weiter. Die Personalleiterin war schon seit 40 Jahren in Riehl, an ihr ging nichts vorbei. Dabei sind die richtigen Hilfsmittel so wichtig. Ich war kaum fertig mit der Weiterbildung, es muss im Oktober 1983 gewesen sein, da habe ich erneut einen Versuch unternommen. Ich war bei der Gesamtpflegedienstleiterin wieder nicht weitergekommen, bei der Personalleitung brauchte ich es nicht zu versuchen, also ließ ich mir einen Termin beim Direktor geben – mit Herzklopfen. Ich hatte ihn bisher als ruhigen, väterlichen Typen kennengelernt, der einen guten Eindruck nach außen vermittelte. Aber sich mit jemandem anlegen, das konnte ich mir bei ihm nicht so richtig vorstellen. Ich vermutete, er wollte am liebsten seinen Frieden haben – aber versuchen musste ich es und fragte, ob er bei den Arbeitsmitteln nicht unterstützend wirken könnte, zum Wohl der MitarbeiterInnen und so weiter. Das Ende des Gesprächs werde ich nie vergessen: „Mensch, Frau Röhlich, Sie machen so gute Arbeit. Machen Sie doch einfach die Faust in der Tasche!" Das konnte ich beim besten Willen nicht akzeptieren, das war für mich das Ende. Heute würde man von „innerer Kündigung" sprechen. Da half alles Ansehen nichts, das ich mir erarbeitet hatte. Es half auch nichts, dass ich mittlerweile zentrale Oberschwester in Riehl war und drei Einrichtungen verantwortet habe. Die Faust in der Tasche machen… Das war ich nicht, das wollte ich nicht. Ende!

Neuanfang, aber richtig

oder:
Wie schnell sich die Dinge ändern können – privat und beruflich

1983 passierte noch mehr. Im Sommer wurde ich geschieden. Und im Frühjahr, noch bevor meine Scheidung durch war, hatte ich jemanden kennengelernt. In den Riehler Heimstätten – wie sollte es auf dem Dorf auch anders sein? Er war der Leiter der Beschäftigungstherapie, ein großer, langer Kerl. Ein sympathischer, damals noch junger Mann. Ich fand ihn total cool. Nach all den Jahren mit meinem ersten Mann war es das erste Mal, dass ich mir dachte, wow, das ist aber ein Netter. Es war schon eine Veränderung, dass ich überhaupt wieder Interesse an Männern hatte. Das hatte in diesem Frühjahr wieder begonnen. Ich erinnere mich an eine Situation, ich ging gerade über das Gelände und vom Dach pfiff mir ein Dachdecker hinterher. Er sagte zu seinem Kollegen: „Boah, guck mal, hat die schöne Beine!" Ich habe mich nur gewundert: Meinen die etwa mich? Kann das sein? Dann gab es zwei Kollegen im Fachseminar, Ärzte. Die haben mir zu verstehen gegeben, dass sie mich recht nett fanden. Wie schön: Die Männer schauten nach mir – das hatte ich zuvor gar nicht so wahrgenommen. Vielleicht ging das auch mit meiner Entwicklung einher. Ich hatte ein paar Sprossen erklommen, Selbstbewusstsein entwickelt – und das wohl auch ausgestrahlt. Okay, dachte ich, es gibt Männer, die sich für dich interessieren. Ein nettes Gefühl. Dann traf ich Jens. Und dachte mir: Den würdest du wirklich gerne näher kennenlernen.

Ich arbeitete noch als Pflegedienstleitung in der großen Einrichtung, und die Beschäftigungstherapie war im selben Gebäude. Da sind wir uns häufiger mal über den Weg gelaufen. Das war immer mein heimliches Highlight. Wir sind mittags zusammen essen gegangen, auf dem Weg zur Kantine und wieder zurück haben wir uns unterhalten. Das fand ich total nett. Von ihm erfuhr ich auch, dass er in einer langjährigen Beziehung lebte – schon seit zwölf Jahren. Er erzählte auch von seiner Zeit vor Riehl. Nach der Schule war er sehr lange bei der Bundeswehr beschäftigt gewesen, hatte dort auch einen höheren Dienstgrad erreicht. Dann ist er ausgeschieden und hat in einem Nachsorgeprogramm die Ausbildung zum Beschäftigungstherapeuten gemacht. Das hier war seine erste Stelle, und gleich in einer Leitungsposition. Er hat dann noch in der Abendschule das Abitur nachgeholt, vorher hatte er mittlere Reife. Ich mochte ihn total. Und wir hatten viele Berührungspunkte. Über BewohnerInnen, die zu ihm in die Therapie gingen. Außerdem haben wir eine kleine Zeitung zusammen gemacht. Doch es war immer klar, dass er in festen Händen ist. Ich dachte, da ist kein Rankommen. Unsere Freundeskreise haben sich etwas überschnitten, und wir haben dann unsere Geburtstage in einem Klubhaus auf dem Gelände gemeinsam gefeiert. Er hatte Freunde eingeladen, ich auch, und so war es eine richtig nette Runde. Damals fing auch seine Freundin an, sehr eifersüchtig auf mich zu werden. Langer Rede kurzer Sinn: Wir haben uns verliebt. Sehr.

So wie ich das mitbekam, hat er mit seiner Freundin sehr eng zusammengelebt. Die beiden haben alles, wirklich alles zusammen gemacht. Jens hatte keinen Freiraum, keine Luft. Ich war gerade in einer Phase, die sich wie frische Luft anfühlte, und froh, wieder alleine zu sein. Habe Gäste eingeladen, wurde eingeladen, habe gekocht und gefeiert – Irmgard, Ursula, Claudia und Gisela, eine junge Kollegin, mit der ich mich auch bald eng angefreundet hatte, waren auch dabei. Vielleicht hat er diese Leichtigkeit vermisst. Einmal begleitete ich ihn nach der Arbeit nach Hause. Auf dem Weg sagte er etwas, was mich sehr berührt hat: „Wenn ich dich früher kennengelernt hätte, hätte ich meine Koffer genommen und wäre zu dir gekommen." Das war schon eine mächtige Botschaft. Und wie gerne hätte ich gehabt, dass er mit seinen Koffern eingezogen wäre. Aber ich habe nicht gewagt, das zu hoffen. Er hat auch nie angedeutet, dass aus unserer Freundschaft mehr werden könnte. So ging der Sommer vorbei, der Herbst auch allmählich. Eines Abends dann, im späten Oktober, klingelte es an meiner Tür. Davor stand er, einen Koffer in der linken, einen in der rechten Hand: „Ich habe mich getrennt." Von jetzt auf sofort, ohne jede Vorwarnung stand dieser Mann vor meiner Tür. Was ich mir ein paar Monate vorher noch so schön vorgestellt hatte, war plötzlich wahr geworden. Und es hat mich umgehauen. Ihm fiel es auch nicht leicht, so unvermittelt bei mir aufzuschlagen. Diese Endgültigkeit, mit zwei Koffern, nach zwölf Jahren Beziehung – das war zu viel für mich. Gleichzeitig habe ich mich so sehr gefreut.

Aber, oh Gott, wie sollte das jetzt weitergehen? Riehl war ein Dorf, der Direktor wohnte über mir, was würde meine Familie sagen, nach so kurzer Zeit … Das ging nicht, das hätte ausgesehen wie Sodom und Gomorrha. Darum wollte ich, dass er sich schnell eine eigene Wohnung sucht. Er hat sich ein Apartment genommen, und wir haben die ganze Situation in Ruhe auf uns wirken lassen. Das war nicht leicht, denn immer wieder rief seine Ex bei mir an und attackierte mich. Das hatte im Sommer schon angefangen, nach der Trennung ging es dann richtig los. Wir hatten beide ein wahnsinnig schlechtes Gewissen. Und ich musste es auch noch meiner Familie verklickern. Sie mochten meinen Ex-Mann sehr und plötzlich, viel zu schnell, gab es einen neuen Mann in meinem Leben – er hatte wirklich keine guten Karten bei ihnen. Und dann hatte er außer den beiden Koffern im Prinzip nichts aus der gemeinsamen Wohnung mitgebracht. Vor lauter Gewissensbissen hatte er seiner Freundin eigentlich alles dagelassen. So wie ich – ich hatte meinem Mann unglaublich viel überlassen und wollte nur noch neu starten. Wir haben beide wenig Geld gehabt, um nicht zu sagen: gar keins. Eine neue Wohnung außerhalb des Campus musste gemietet werden, die kostete Kaution, ein bisschen möbliert solle sie auch sein ... Wir haben bei null angefangen. Das war mir schon arg, weil ich immer dachte, man muss ja auch etwas vorweisen können. Aber wir haben es rasch geschafft, dass es uns besser ging.

Da stand ich nun nach meiner Scheidung: mit neuem Partner und der Faust in der Tasche. Ich hatte Jens natürlich von meinen vergeblichen Versuchen beim Direktor erzählt. Mitten in diesem Trubel, es mag mittlerweile November gewesen sein, schlug ich die Zeitung auf. Und las ein Stellenangebot: Im Kölner Süden sollte eine neue Einrichtung für Altenpflege eröffnet werden, es ging um die Heimleitung. Zum 1. April 1984. Ich dachte mir, boah, das könnte was für mich sein. Ich wollte weg aus Riehl, könnte aber in Köln bleiben und hatte, wie es der Zufall wollte, gerade die passende Weiterbildung absolviert. Jens hat mir zugehört, mich ermutigt, der tickte ganz anders, als ich das kannte. So schickte ich die erste Bewerbung meines Lebens ab und war überrascht, wie schnell die Rückmeldung kam, eine Einladung zum Gespräch. In Riehl gab es immer 1000 Weihnachtsfeiern, es waren ja viele Einrichtungen mit noch mehr Stationen. Die Feiern fingen schon im November an, und ich rannte bis Heiligabend von einer zur nächsten. Zwischen zwei Veranstaltungen hatte ich drei Stunden Zeit und dachte, da könnte ich mir gut mein Vorstellungsgespräch reinlegen. Der Träger der Einrichtung hatte eine Schwesterneinrichtung in Ehrenfeld, dort sollte der Termin stattfinden. Ich dachte mir: „Fahr halt hin, sprich mit dem Leiter, nach einer Stunde bist du wieder raus." Ich hatte mich korrekt angezogen, setzte mich in mein Auto, fuhr die Subbelrather Straße rauf, nahm ein bisschen Anlauf – und landete mit einem lauten Krachen im Gleisbett der

Straßenbahn. Auf dem Weg zum Bewerbungsgespräch. Ich muss wohl doch aufgeregter gewesen sein, als ich mir eingestehen wollte. Zum Glück war an derselben Kreuzung eine Baustelle. Sechs Arbeiter blickten zu mir herüber, die müssen mich für völlig durchgeknallt gehalten haben. Aber dann kamen sie zu mir: „Junge Frau, was haben se denn da jemacht?" Die packten das Auto, hoben mich aus dem Schotter und setzen mich wieder auf die Straße. Oh, wie habe ich ihnen gedankt. Die Ölpfanne war zwar kaputt, aber zu meinem Termin kam ich tatsächlich pünktlich.

Mir schlotterten noch die Knie nach dem Unfall. Dachte ich jedenfalls. Doch dann kam ich in den Besprechungsraum, und statt einer oder zwei Personen saß da eine Gruppe von acht Menschen vor mir. Wie mir da die Knie schlotterten, dafür gibt es keine Worte. Ich dachte, das würde ich nicht überleben. Nun saß ich also vor dem Tribunal, sechs Herren und zwei Damen. Ich sprach dann tatsächlich überwiegend mit dem Leiter, die Damen haben mich eher misstrauisch beäugt. So fühlte ich mich jedenfalls. Zum Abschied reichte mir eine der Damen spitz die Hand – kein richtiger Händedruck, nur so kurz von oben, dann schnell wieder zurückgezogen. Das stimmte mich nicht wirklich zuversichtlich. Aber schlussendlich muss ich einen ordentlichen Eindruck vermittelt haben. Noch am Abend, nach der zweiten Weihnachtsfeier, rief mich der Leiter der Schwesterneinrichtung an und sagte mir, man hätte sich einstimmig für mich entschieden. Ich war fassungslos. Das hätte ich im Leben nicht gedacht. Doch dann bekam ich explosionsartig Angst, mit Hitzewallungen, Luftnot, das ganze Programm. Angst vor meiner eigenen Courage. Schließlich habe ich mir gedacht, das mache ich jetzt. Ich hatte große Mühe, mir vorzustellen, ich müsste in Riehl bleiben, noch viele Jahre. Ich musste es wagen. Den Schritt nach draußen. Ich hatte ja schon zwölf Jahre in Riehl verbracht. So habe ich zugesagt.

Meine Eltern haben mich für wahnsinnig erklärt. Ich kann kaum beschreiben, wie die mich bearbeitet haben: „Kind, wie kannst du das machen? Du bist das hier doch gewohnt, hier ist doch deine Heimat, du hattest doch so viel Glück hier und jetzt … Das kannst du nicht, das schaffst du nicht." Diese Reaktion kannte ich schon von ihnen, diese Sätze hörte ich nicht zum ersten Mal. Meine KollegInnen waren auch nicht unbedingt angetan von meiner Idee, da war der Grundton ähnlich: „Doris, überleg dir das. Das ist 'ne Nummer zu groß, das schaffst du nicht." Ich habe mich unendlich klein gefühlt. Vielleicht haben es alle gut gemeint mit mir, schließlich war ich erst 29 und die Aufgabe wirklich enorm. Trotzdem gab es etwas in mir, das mich angetrieben hat.

Zum Glück konnte ich alles mit Jens besprechen. Das hat mir so gutgetan. Er ist so ein souveräner Typ, der mich nimmt, wie ich bin. Der mich bestärkt. Und der wirklich an mich glaubt – wie sonst niemand in meinem Leben. Ein unglaublich gütiger Mensch, das kann ich wirklich so sagen. Er gibt mir Kraft, lässt mich aber auch einfach sein, lässt mir Luft. Mit ihm war das Zusammenleben nicht anstrengend, so eine Art von Beziehung kannte ich noch nicht. Es war eine seltsame Zeit, in der wahnsinnig viel gleichzeitig passierte: Ich war auf dem Campus die frisch Geschiedene, fühlte mich in meiner Position nicht wohl und hatte mich woanders beworben. Außerdem war ich eine neue Beziehung eingegangen, und mit der Jobzusage war für uns klar, dass wir uns zusammen eine Wohnung nehmen wollten – aber „draußen", nicht auf dem Campus. So ließ ich hinter mir, was viele Jahre meine Welt gewesen war und zog nach Niehl. Beziehung neu, Job neu, Wohnung neu – alles würde sich gleichzeitig ändern. Das war wunderbar.

Kapitel 3:

Südstadt

Traust du dir das zu?

oder:
Wie man in drei Monaten ein Pflegeheim ausstattet –
und gleich die erste Bewohnerin verliert

Als ich in Riehl gekündigt hatte, bekam ich von meinen KollegInnen noch mehrfach zu hören: „Machen Sie das nicht, lassen Sie das, das schaffen Sie nicht ..." Ich war 29, noch nicht ganz 30 Jahre alt und dachte mir: Was mache ich da bloß? Was habe ich angerichtet? Wie kann ich mir das zutrauen? Nun war es aber nicht mein Ding, etwas anzuleiern, es dann aber nicht durchzuziehen. Nach allem, was ich in meinen Weiterbildungen gelernt hatte, aber nie wirklich umsetzen konnte, war mir klar: Das ist meins, das will ich machen. Vielleicht hätte ich auch sonst den Absprung nie geschafft. Was hätte ich in Riehl noch machen können? Es ging wohl noch eine Etage höher, aber Heimleiterin in Riehl ... Das war für mich nicht denkbar, dafür gab es in der Hierarchie schlicht zu wenig Spielraum für Veränderungen. Meine Entscheidung zu gehen, war schon folgerichtig – aber mit so viel Angst besetzt. Ich hatte zwar durchaus Erfolge vorzuweisen, die mich bestärkt haben, aber dieses Mal war es ein heftiger Wechsel. Immerhin ging es um ein neues Haus mit 220 BewohnerInnen, und ich hatte keine Ahnung von Belegung, keine administrative Erfahrung in dieser Größe. Es würde dann an mir liegen, dass der Laden insgesamt liefe, personell, strukturell, vor allem auch wirtschaftlich. Theoretisches Wissen besaß ich einiges, hatte auch Erfahrung in Mitarbeiterführung und mit Einstellungsgesprächen. Aber in manchen Bereichen eben gar nicht. Die Vorstellung, ich müsse für diese riesige Einrichtung geradestehen, hat mir den Schlaf geraubt. Jedenfalls hatte ich noch einige Urlaubstage abzufeiern und konnte tatsächlich Anfang Januar 1984 loslegen. Die Einrichtung sollte im April belegbar sein, ab Januar sollte ich dabei sein. Ich wurde gebeten, doch tageweise zur Verfügung zu stehen. Es gab noch unendlich viel zu tun.

Immerhin, das Haus stand schon. Aber um die Eröffnung möglich zu machen, war wenig bis gar nichts beschafft. Es gab kein Mobiliar, nichts. Es waren auch noch kaum Stellen besetzt. Nur meine Sekretärin stand schon fest – die Dame mit dem spitzen Händedruck. Es war keine Liebe auf den ersten Blick. Eine Dame mit strenger Miene und Schößchenkleid – ich hatte gehörigen Respekt vor dieser Erscheinung. Mamma mia, so resolut aufzutreten, musste ich erst noch lernen. In den ersten Tagen kam sie nicht im Kleidchen. Sie trug Räuberzivil, wie ich auch. Wir haben geputzt, gerackert, eingerichtet und Leute eingestellt. Meine wichtigste Mitstreiterin hatte ich schon kurz nach meiner Zusage aus Riehl abwerben können. Gisela hatte ihr Examen in Riehl gemacht, drei Jahre nach mir. Dann wurde sie Wohnbereichsleiterin und später Pflegedienstleiterin in einer meiner Einrichtungen. Wir hatten eine sehr ähnliche Vorstellung von Pflege, und wir mochten uns einfach. Sie wurde dann meine Pflegedienstleitung. Sie war die wichtigste Figur auf dem Feld, das Zünglein an der Waage. Ich wusste, wenn sie dabei ist, kann ich das packen. Ich hatte die Sorge, aus den Augen zu verlieren, was mir wichtig ist – die Qualität, die Arbeit am Menschen. Aber mit ihr war ich so d'accord, da konnte ich ruhigen Gewissens andere Aufgaben übernehmen. Konnte mich um Betriebswirtschaft, Bürokratie, Gremienarbeit, Pflegesatzverhandlungen kümmern. Wie wichtig diese Aspekte sind, wie intensiv alles mit der Pflege zusammenhängt, habe ich in den Weiterbildungen verstanden. Mit Gisela im Team habe ich mich darauf gefreut.

Als mein Weggang in Riehl öffentlich wurde, gab es noch mehrere KollegInnen, die mit mir gehen wollten, die meisten ehemalige SchülerInnen von mir. Ich hatte ein total schlechtes Gewissen, aber ich konnte es nicht verhindern. Zu diesem Zeitpunkt war es nicht schwer, Personal zu bekommen. In den 1960ern und 1970ern sah das noch entschieden anders aus. Altenpflege war nicht en vogue, Krankenpflege auch nicht. Das war ein großes Problem, ähnlich wie heute auch. Viele Kräfte wurden aus Indien und Korea rekrutiert. Doch Mitte der 1980er-Jahre war dieses Tal durchschritten, und es gab wieder motivierte, engagierte Leute – und vor allem schon eine größere Anzahl examinierter Altenpflegekräfte. Aber die waren auch eine andere Spezies, anders als wir früher. Wir waren angepasster, haben uns ruhig verhalten, wenn der Lehrer vorne saß, nicht so viel diskutiert. Auch was die sozialen Kompetenzen wie Pünktlichkeit oder Freundlichkeit anging, tickten die Neuen etwas anders. Ich glaube, da haben sich die neuen Erziehungsmethoden seit 1968 widergespiegelt. Menschen zu sozialisieren, wurde immer mehr auch unsere Aufgabe in der Ausbildung. Bei unserem Einstellungsmarathon Anfang 1984 bin ich vielen jungen Menschen begegnet, denen ich dann sagen musste: „Das ist hier nichts für Sie." Andere sagten das von sich aus. Manchmal passte es nicht zusammen. Manche BewerberInnen waren vielleicht auch vom fehlenden Mobiliar oder den noch nicht vorhandenen Strukturen abgeschreckt, das kann ich nicht ausschließen.

In meinem Büro lief zwar alles, jedoch vom Fußboden aus. Ich brachte Bleistifte und Radiergummis von zu Hause mit, es lagen verschiedene Listen und Pläne herum. Wir haben Möbel ausgesucht und geordert, Belegungspläne erstellt und festgelegt, wer in welches Zimmer einziehen soll. Es war chaotisch, aber hat wahnsinnig Spaß gemacht. Als ich an einem dieser wilden Tage im Haus unterwegs war, mit Jeans, Sweatshirt und dem Besen in der Hand, bog plötzlich vor mir ein Mann um die Ecke und stieß fast mit mir zusammen. Er blieb stehen, musterte mich kurz und sagte: „Ich möchte gerne zur Heimleitung." Ich bat ihn, mir zu folgen und ging vor in mein Büro. Meine Sekretärin saß darin an einem der ersten Schreibtische, diesmal im Kostümchen. Und er legte sofort los, er sei ein Apotheker aus dem Viertel und wolle uns gerne seine Dienste anbieten. Er blickte äußerst interessiert zu der Dame am Schreibtisch, pries eifrig seine Apotheke an – sie schaute fragend zu mir, sagte kein Wort. Das verunsicherte ihn wohl, und er blickte auch zu mir. Da dachte ich mir, es wäre wohl der passende Moment, mich ihm als Heimleitung vorzustellen. Das war amüsant und ein bisschen peinlich – aber es war unglaublich gut, dass er da war. Denn es zeigte mir, dass ich anfangen musste, mich im Viertel sehen zu lassen. Das hatte ich noch gar nicht auf dem Schirm gehabt. Also habe ich mich mit Gisela auf den Weg gemacht. Wir haben uns bei den Kirchen vorgestellt, bei den Apotheken. Etwas ziviler gekleidet, versteht sich. Zu den Ärzten mussten wir auch – 220 Menschen würden Ärzte der verschiedensten Disziplinen brauchen. Da gab es auch unerfreuliche Szenen. Wir standen bei einem älteren Hausarzt, der wirkte ganz väterlich, wohlwollend. Wir hatten uns gerade erst vorgestellt. Als er hörte, was in dieser neuen Einrichtung unsere Aufgabe war, konnte er sich nicht verkneifen zu fragen: „Was? Sie jungen Frauen? Das schaffen Sie nicht." Ich glaube, das war nicht einmal böse gemeint. Er hat uns wohl gesehen, beide Ende 20, und dachte sich: „Das geht nie!" So jung, noch dazu Frauen. Es war gut, dass Gisela dabei war. So konnten wir uns gegenseitig bestärken – wenn der nicht will, gehen wir eben zum nächsten. Später ist dieser Arzt uns dann doch noch für einige Jahre sehr wohlgesonnen gewesen, hat uns in vielen Situationen geholfen. Vielleicht hat er doch gespürt, dass etwas in uns steckt. Bert jedenfalls, so heißt der Apotheker, hat mir die Bedeutung des „Netzwerkens" nähergebracht. Im Lauf der Jahre hat er selbst einen großen Beitrag dazu geleistet, unsere gute Arbeit im Viertel anzupreisen und bekannt zu machen. Wir sind bis heute sehr eng verbunden.

Die Zusammenarbeit mit meiner Sekretärin lief überraschend gut an. Ohne es zu wissen, hatte ich sie direkt am ersten Arbeitstag für mich gewonnen. Am ersten Abend war ich richtig geschafft und sagte zu ihr: „Boah, ich glaube, ich brauche jetzt 'nen Sekt." Ich rief Jens an, ob er mir ein Piccolo vorbeibringen könne, und fragte sie, ob sie ein Glas mit mir trinken möge. Ein kleines Schlückchen, das hat den Bann gebrochen. Später hat sie mir dann erzählt, sie hätte erst ein ganz anderes Bild von mir gehabt – als Emsige, Aufstrebende, die auch nicht so eine Lebensfreude ausstrahlte. Da haben wir uns jedenfalls gefunden. Es war noch eine Weile ungewohnt für mich, eine Sekretärin zu haben. Aber sie hat für mich gearbeitet, gedacht und organisiert. Das war Gold wert, denn die drei Monate vor der Eröffnung waren eine unglaubliche Herausforderung. Am 15. März bin ich dann offiziell eingestiegen. Ich hatte noch zwei Wochen Zeit für die Restarbeiten bis zur Eröffnung. Die habe ich genutzt – Tag und Nacht. Und was soll ich sagen? Am ersten April konnten wir BewohnerInnen aufnehmen. Es sah nett aus. Blumen waren auch da. Wir waren bereit.

Die erste Bewohnerin, die bei uns einzog, haben wir alle gemeinsam empfangen, wie im Hotel. Eine demente Dame, sehr dement sogar. Sie kam angetippelt, begleitet von der Tochter, mit ihrem Vogelkäfig in der Hand. Das war vorher so besprochen worden: „Klar können Sie Ihren Vogel mitbringen." Eine sehr witzige, selbstbewusste Person, aber leider auch sehr desorientiert. Schon am ersten Abend war sie unauffindbar. Der Tag ging zu Ende, wir hatten schon sieben BewohnerInnen auf die Etagen verteilt. Nur sie war weg. Ich habe richtig Angst bekommen. Vor meinem inneren Auge stand schon die Schlagzeile: Seniorin aus Altenheim verschwunden, unter ein Auto gekommen. Oder: in den Rhein gefallen. Der war keine 200 Meter entfernt. Ich habe mir alles ausgemalt. Also fuhr ich los, durch die Gegend, hielt Ausschau, fuhr auch zu ihrer Wohnung. Die Polizei brachte sie dann wohlbehalten zurück. Das war ein Schlüsselerlebnis für mich. Ich wollte unbedingt einen guten Start hinlegen. Das war wichtig für unsere Existenz, unsere Entwicklung, unser Image. Ich habe mich wieder sehr verantwortlich gefühlt. Wie sollte es auch anders sein – ich war tatsächlich verantwortlich.

Der Betrieb lief an, und ich gewann doch den Eindruck, dass wir alles gut machten. Wir waren eine der modernsten Einrichtungen in Köln. Ich hatte eine Vorstellung davon, was ich möchte, was mir wichtig war. Das mit dem Vogel übrigens gehörte schon zum Programm: Ich wollte über jeden Menschen, den wir aufnahmen, vorab Informationen sammeln. Das war mir wichtig, damit der Übergang, der Einzug in die Einrichtung, so gut wie möglich ablief. Schwer genug war es allemal. Man verabschiedet sich von den Dingen, die einem lieb und wichtig sind. Von seiner Autonomie. Von seinen Vorstellungen über den Lebensabend. Man kommt in eine Institution, die in der Regel total organisiert und systematisiert ist. Ein kleines Köfferchen in der Hand und, wenn es gut geht, noch zwei oder drei Bilder. Das wurde so gehandhabt, wird es teilweise noch heute. Ich wollte, dass wirklich der Mensch im Mittelpunkt steht. Das war immer mein Anliegen. Es ist so wichtig, sich in die jeweilige Situation hineinzuversetzen. So richtig verstanden habe ich das in Mülheim, mit den jungen körperbehinderten BewohnerInnen. Die konnten ihr Schicksal und ihre Wünsche formulieren – alte Menschen können das mitunter gar nicht mehr. Im Altenheim passiert es dann leicht, dass man wichtige Informationen nicht mitbekommt. Ein Mensch wird aufgenommen, dann ist er halt da. Oft fehlten Sachen, die sie hätten mitbringen können. Es hatte einfach niemand danach gefragt. Oder man wundert sich, wenn jemand plötzlich nichts mehr isst. Bis man herausfindet, dass er weder Milchsuppe noch aufgeweiches Brot mag. Das muss man erst einmal verstehen, sich herantasten, ausprobieren – oder mit den Angehörigen sprechen. Doch die standen bisher nicht im Fokus unserer Arbeit. Angehörige galten in den anderen Einrichtungen immer eher als lästig, als unangenehm. Die spazieren rein, wissen alles besser, wollen dies und das. Haben eigentlich ein schlechtes Gewissen, das sie dann uns machen wollen. Anstrengend. Trotzdem habe ich immer für Gespräche mit Angehörigen geworben. Das sollte selbstverständlich werden, später haben wir diesen Punkt explizit in unserem Konzept festgehalten. Es ist ein Gewinn, so viele Informationen über BewohnerInnen bekommen zu können. Und eine Unterstützung für unsere Arbeit, wenn man in gutem Kontakt ist und sich abstimmen kann. Versucht habe ich das schon in Riehl, aber die Zeit war noch nicht reif dafür. Ein anderer Punkt bei der Angehörigenarbeit ist das Bild von Pflege in der Gesellschaft. Altenpflege ist stigmatisiert, unterste Schublade. Beim „Sterbe- und Siechenheim" ist klar, was für ein Bild vermittelt wird: Da siechen die Leute vor sich hin. In den 1980er-Jahren gab es eine Abkehr davon, nun wollte man „Pflegeeinrichtung" sein. Das war schon etwas netter, aber gesellschaftlich angesehen war der Beruf der Altenpflege damit noch lange nicht. Das ist er bekanntermaßen bis heute nicht wirklich. Die Krankenpflege genoss auch kein gutes Image, war aber immer noch besser angesehen als die Altenpflege. Das macht etwas mit den Menschen, die zu uns kommen. Wer geht schon freiwillig ins Altenheim? Oder gar gerne? Die wenigsten. Altenheim ist wie ein Feindbild – man liest so schlechte Sachen: die arbeiten so schlecht, die kümmern sich nicht, das Essen ist nicht gut ... Das wollte ich so nicht stehen lassen.

Am Anfang ist vieles nicht so gut gelaufen, wie wir es uns gewünscht hatten. So viele Einzüge, das war schon eine Menge Arbeit für meine MitarbeiterInnen. Dazu kamen die Auszüge, also der Tod. Der hat uns natürlich immer begleitet. Es war unglaublich kräftezehrend, wie viel Verantwortung ich auf den Schultern hatte. Die ersten zehn Jahre in der Südstadt, mit Gisela, mit meinem Team, sind wie ein Film an mir vorbeigerauscht. Wir haben so viele und so schöne Entwicklungen vorangebracht. Es fühlte sich eher an wie ein Jahr. Es ist so viel passiert, so viel neu gewesen, anders geworden, aber es war eine unglaublich tolle Zeit. Das war mein Eldorado. Ich hatte endlich das Gefühl, ich kann gestalten. Umsetzen, was ich gelernt habe, was meine Philosophie ist. Ich hatte unglaubliche Möglichkeiten, so viel Spielraum, auch von Seiten des Geschäftsführers. Ich genoss Anerkennung und Vertrauen.

Es sprach sich recht schnell herum, dass wir gut, ernsthaft, anders arbeiten. Das hat uns rasch gute Erfolge beschert. Meine Philosophie dahinter, mein Leitbild, war eigentlich ganz schlicht: Ich möchte, dass es dem alten Menschen gut geht – so gut es eben möglich ist in diesem Rahmen. Auch auf seiner letzten Station im Leben. Er sollte gute Pflege erhalten, nach aktuell anerkannten wissenschaftlichen Standards. Und ich wollte, dass es den Pflegekräften so gut geht, wie es im Arbeitsleben eben möglich ist. Dass die Organisation stimmt, die Dienstpläne fair sind. Ich wollte bei meinen MitarbeiterInnen Lust und Verantwortungsgefühl wecken. Und die Angehörigen einbeziehen. Ich war überzeugt: wenn das gut läuft, erreichen wir ein ordentliches Image. Wenn wir das haben, erreichen wir eine gute Belegung. Wenn die erreicht ist, stimmt die Wirtschaftlichkeit. Das war für mich, auch mit meiner geringen Leitungserfahrung, in Stein gemeißelt. Der Erfolg gab mir schließlich recht. Ich hatte absolut nicht für alles die Fachkompetenz, wie man Pflegesätze verhandelt, wie man in Gremien auftritt, das musste ich auch noch lernen. Aber ich wusste, wir machen gute Arbeit – und man hat mir die Position zugetraut.

Am Anfang gab es noch viel Bewegung, viele Wechsel in der Belegschaft. Die jungen Leute kamen begeistert aus der Ausbildung, dann stellte sich heraus, dass die Praxis ein bisschen anders aussieht. Sie wollten helfen, Gutes tun. Dann kam die Realität:

viele Dienste, viel Arbeit, die dauernde Auseinandersetzung mit Leben, Sterben und Tod. Sie konnten vieles nicht so umsetzen, wie sie es gewohnt waren. Es war eine andere Zeit, ich habe es schon angedeutet. Die neue Generation Pflegekräfte war schneller frustriert. Einige haben nach kurzer Zeit das Handtuch geworfen. Das ist leider bis heute so, die Karrieren in der Pflege sind im Schnitt nicht lang. Die hohe Fluktuation war nicht gut für uns. Klar habe ich mich gefragt, ob ich etwas falsch mache. Aber letztlich musste ich meine Rolle ausfüllen – und Ansagen machen, wenn es nötig war. Jedem sollte klar sein, welche Vorstellungen ich von guter Pflege habe. Das ist nicht nur auf Gegenliebe gestoßen. Gerade am Anfang kam es immer wieder mal vor, dass der Betriebsrat mich anrief. Die MitarbeiterInnen fanden die Regeln, die ich aufgestellt hatte, zum Teil gar nicht gut. Ich habe mehr Verbindlichkeiten eingefordert, wollte die Dienstpläne rechtzeitig fertig wissen. MitarbeiterInnen sind in die Pause gegangen, wann es ihnen passte – das wollte ich auch nicht so laufen lassen. Bis das Haus voll war, dauerte es ein Dreivierteljahr. So lange dauerte es auch, bis die ersten Strukturen sich abzeichneten. Vieles, was ich in dieser Zeit gemacht habe, war umgesetzte Theorie oder geschah intuitiv. Irgendwann kam dann der Punkt, dass es verbindlicher sein sollte. Absprachen sollten schriftlich festgehalten werden. So konnte ich den neu Eingestellten etwas vorlegen, woran sie sich orientieren konnten. Trotzdem liefen die ersten Jahre relativ unrund. Es war nicht alles easy, es gab einige Reibereien.

Etwas, was ich immer wieder erklären musste, war meine Vorstellung vom Lebensumfeld der BewohnerInnen. Noch lange nicht alle AltenpflegerInnen achten darauf, ob der Nachttisch ordentlich ist. Oder ob die Blumen, falls vorhanden, schon längst verwelkt sind. Oder ob das Obst auf den Tischen schimmelt. Diese Dinge muss man meines Erachtens in Augenschein nehmen. Ich hatte recht schnell im Haus einen gewissen Ruf – ich war die mit der Tischdecke über dem Arm. Tatsächlich hatte ich bei fast jedem

Gang durchs Haus eine Tischdecke oder Servietten dabei, weil mir immer wieder die schmutzigen Tischdecken in den Zimmern aufgefallen sind. Ich dachte mir, die Menschen, die zu uns kommen, sind doch saubere Tischdecken gewohnt. Und ein bisschen Ordnung. Und ein paar Kerzen. Das Umfeld wurde bald fester Teil meines Konzepts. Ich habe das mit den Leitungskräften festgelegt. Dann war es verschriftlicht, und ich konnte jede neue Pflegekraft darauf verweisen. Aber das auch zu vermitteln und ans Laufen zu bringen, hat einige Zeit gedauert.

Zum Glück haben sich lange nicht alle abschrecken lassen. Mit der Zeit habe ich eine hoch motivierte Belegschaft zusammenbekommen, die mit meiner Vorstellung von Pflege etwas anfangen konnte, die mit mir an einem Strang ziehen wollte. Diese KollegInnen sind zum Teil viele Jahre bei uns geblieben. Ein weiterer Glücksgriff seit dem Abwerben meiner Pflegedienstleitung aus Riehl war meine neue Mitarbeiterin im Sozialen Dienst: Ursula hatte sich nach einem Kind und der ergotherapeutischen Ausbildung beruflich etwas anders aufgestellt. Das passte hervorragend zu meinem jungen Konzept, sie hat bei uns mit vielen wunderbaren Ideen den Bereich „Tagesstruktur" aufgebaut und entwickelt.

Mein Heim ist „'ne nette Kneipe"

oder:
Viele kleine Projekte werden zu einem Gesamtkunstwerk –
und andere Überraschungen

Wir haben 1985 begonnen, die gesamte Einrichtung strategisch auszurichten. Wir haben uns regelmäßig zusammengesetzt und diskutiert, wie wir Pflege verstehen, wie wir Pflege leben wollen. Heute würde man das „strategisches Qualitätsmanagement" nennen. Nach und nach haben wir Standards aufgestellt, was alles möglich sein muss bei uns, wie mit bestimmten Situationen umgegangen werden soll. Dabei haben wir auch die Aufnahme neuer BewohnerInnen noch mal modifiziert. Statt immer wieder im Einzelfall darüber zu reden, haben wir lange Listen angelegt mit Sachen, die grundsätzlich mitgebracht werden dürfen. Nun war es vorgegeben: Ja, man darf sein eigenes Bettzeug mit in die Einrichtung bringen, auch sein eigenes Bett. Ich wollte immer sensibel dafür sein, was es für einen Menschen bedeuten muss, noch im hohen Alter in eine Pflegeeinrichtung zu wechseln. Oder wechseln zu müssen, weil es zu Hause nicht mehr ging. Wie existenziell so eine Erfahrung sein muss. Vieles kam aus meinen eigenen Beobachtungen heraus. Als ich das erste Mal im Krankenhaus lag, dachte ich mir: Was ist das denn für eine Matratze? Das Kissen war völlig verklumpt, unter der synthetischen Decke heizte man sich furchtbar auf. Darum habe ich die Schwester gefragt, ob ich mein eigenes Kissen benutzen könne. Sie hat mich angeguckt wie ein Auto, das war ihr völlig fremd. Es hieß dann, nein, das gehe nicht aus hygienischen Gründen. Ich habe immer hinterfragt, warum die Dinge laufen, wie sie laufen. Mein Kissen hätte sehr zu meinem Wohlbefinden beigetragen, warum sollte das nicht möglich sein? Als ich dann meine Einrichtung leitete, habe ich mich gefragt: „Würdest du selbst das so wollen?" Ganz klar: nein. Ich wollte diese Abläufe und Gewohnheiten verändern, und jetzt hatte ich endlich den Freiraum dazu. Es gab niemanden mehr, der mich deckelte, wenn ich Ideen mitbrachte.

Wir haben die Vorlieben und Abneigungen der BewohnerInnen sehr genau abgefragt. Was sie gerne essen, trinken, auch den Schlafrhythmus. Nicht für jeden passt es, um 18 Uhr bettfertig zu sein. Der Tag hat 24 Stunden, Menschen stehen eben zu unterschiedlichen Zeiten auf oder legen sich hin. Ich wollte zulassen, dass sie einfach unterschiedlich sind. Vor allem bei dementen Menschen habe ich dafür plädiert, dass ihr Schlaf-Wach-Rhythmus akzeptiert wird. Wenn jemand aufstand, sollte er nicht sofort wieder ins Bett geschickt werden. Eines Tages hörte ich von der Idee eines Kollegen aus Oldenburg: Er hatte in seiner Einrichtung ein Nachtcafé für demente BewohnerInnen eingerichtet. Das hat mich sehr angesprochen. Ich habe mir sechs MitarbeiterInnen geschnappt, sie in unseren Bus gesetzt und bin mit ihnen nach Oldenburg gedüst. Und innerhalb von vier Wochen hatten wir unser eigenes Nachtcafé. Einen Treffpunkt, eine Anlaufstelle, wo BewohnerInnen auch noch spät einlaufen und sich aufhalten können. Das hat Konsequenzen. Man muss eine Pflegekraft bereitstellen, die das betreut. Das war schon ein Eingriff in den Arbeitsalltag der Nachtschicht, denen habe ich damit durchaus etwas zugemutet. NachtschichtlerInnen waren eh mein spezieller Personenkreis, und die sollten dann noch mitten in der Nacht beim Auskleiden helfen. Sonst waren alle bettfertig, wenn der Nachtdienst kam – wieder so ein Punkt, der nur auf begrenzte Gegenliebe traf. Auch die Angehörigen konnten das zum Teil gar nicht verstehen. Warum da noch mitten in der Nacht eine Bespaßung stattfand. Aber dieses Angebot war eine wunderbare Möglichkeit, sehr unruhige BewohnerInnen zu erreichen. Die waren weniger aufgekratzt, haben auch weniger Medikamente, weniger Psychopharmaka gebraucht. Damals war ich auch noch sehr von einem integrativen Umgang mit dementen BewohnerInnen überzeugt. Es sollten Demente und nicht an Demenz Erkrankte zusammenleben. Ich hielt das für normal, schließlich kann niemand etwas dafür, dement zu werden. Dazu mussten wir Entlastungen finden, die Betreuungsgruppen etwas verkleinern, die Speisesituation anpassen. Es ist nicht leicht, das zu leben. Für die BewohnerInnen und MitarbeiterInnen, auch für die Angehörigen. Meine Einstellung und der anerkannte Kenntnisstand dazu haben sich mittlerweile geändert, heute favorisiere ich eigene, kleine Wohngruppen für Demente.

Wir waren eine große Einrichtung und im Laufe des Monats hatten viele BewohnerInnen Geburtstag. Bis dato war es normal, und so kannte ich es aus anderen Einrichtungen, dass es einen

Geburtstagskaffee gab: Wer Geburtstag hatte, bekam Kaffee und Kuchen. Schön. Aber ehrlich gesagt war das gar nichts so Besonderes – Kaffee und Kuchen gab es an anderen Tagen auch. Es war nur ein bisschen netter geschmückt. Das wollte ich anders machen. Ich hatte da so eine Vorstellung, man könnte doch ein Geburtstagsessen machen, am Abend. Wir hatten einen Raum, darin haben wir eine schöne lange Tafel aus den einzelnen Tischen zusammengestellt. Die haben wir festlich eingedeckt: mit weißen Tischdecken, weißen Servietten, Kerzenleuchtern, saisonaler Tischdekoration. Eine unserer Bewohnerinnen hatte ihr Berufsleben in der Hotellerie verbracht. Sie zeigte uns, wie man richtig festlich eindeckt. Hervorragend! Dann sollte es jedes Mal ein saisonales Drei-Gänge-Menü geben. Das war auch ein absolutes Highlight. Und eine Riesenmotivation für unsere Küche. Da konnten sie mal zeigen, was sie draufhaben, statt immer Standardessen in großer Menge zu kochen. Aber dazu musste ich sie auch erst bringen, dass sie abends noch mal herkamen. Wir haben zusammen Rezepte studiert, überlegt. Ich war immer mit dabei, es gab ein bisschen Musik, jedes Geburtstagskind durfte zwei Angehörige einladen. Es war unbeschreiblich, wie diese eigentlich einfache Sache angekommen ist. Die BewohnerInnen haben sich fein gemacht, sind extra zum Frisör gegangen. Saßen und staunten – wirkten aufrechter als sonst. Ich erinnere mich vor allem an eine urkölsche, sehr demente Frau. Unser Haus lag in der Südstadt, da lebten zu dieser Zeit vor allem die alteingesessenen kölschen Originale. Sie kam herein, zwei ihrer fünf Söhne begleiteten sie. Sie schaute sich um und sagte: „Nee, Jungs, luurt ens! Es dat nit ‚ne nette Kneipe?"[3] Es gab noch viele solcher Momente. Wir hatten unglaublich schöne Abende.

Das Projekt war wunderbar, ich kann es kaum beschreiben. Nicht nur die BewohnerInnen haben es genossen. Zu Hause habe ich weiterhin gerne gekocht. Wir haben es geliebt einzuladen,

---

3   „Nein, Jungs, schaut mal! Ist das nicht eine nette Kneipe?"

groß für unsere Gäste aufgetischt. Feste wie Weihnachten und Ostern und auch die Geburtstage fanden bei uns statt. Die Familie kam zusammen, meine beiden Neffen waren da, das war einfach wunderschön. Seit meinem Weggang aus Riehl habe ich sie nicht mehr täglich gesehen, aber sie waren mir immer wichtig und nah. Oder wir haben spontan Freunde eingeladen und genauso groß aufgetischt, aus dem Stand, unkompliziert. In gewisser Weise war das wohl ein Kontrastprogramm zu meinem Elternhaus, zu dessen Zurückhaltung. Die Welt meiner Eltern bestand eigentlich nur aus der Kernfamilie und ihren Enkeln. Das war bedrückend für mich. Genauso verhielt es sich mit dem Geld: Ich habe immer gerne Geld verdient und auch ausgegeben. Wir Röhlich-Kinder sind alle eher großzügig bis sehr großzügig geworden, ganz anders als unsere sparsamen und genügsamen Eltern. Es wäre mir lieb gewesen, wenn sie sich öfter mal etwas gegönnt hätten, aber das war einfach nicht ihre Welt. Bei mir ist die Lust, Geld auszugeben, wohl am ausgeprägtesten, vor allem, was Restaurantbesuche angeht. Das war mein Ausgleich zur Hektik im Alltag. Ich will nicht sagen, dass ich nichts von der Arbeit mit nach Hause genommen habe. Aber ich glaube schon, dass ich gut abschalten kann. Indem ich koche, gut esse oder auch nur ein paar Dinge im Haushalt regle.

Mein Sport fiel, seit ich 30 war, einigermaßen flach. Ich hatte schlicht keine Zeit mehr dazu. Darum musste ich etwas anderes finden, das mir guttat. Das begann oft schon Donnerstagabend mit dem Einkaufen. In der Kölner Innenstadt gibt es ein Kaufhaus mit einer wunderbaren Feinkostabteilung im Keller. Nach der Arbeit bin ich dort hingegangen. Bewusst ohne Plan. Mein gesamter Tag war durchgeplant, also wollte ich mal spontan sein. Erst vor Ort habe ich geschaut: Worauf habe ich Lust? Was koche ich am Wochenende? Die Ideen kamen dann einfach so. Ich habe auch Jens nicht groß gefragt, was er essen möchte. Welches seine Lieblingsgerichte sind, weiß ich natürlich, aber trotzdem entscheide ich, was auf den Tisch kommt. Dabei habe ich mir ein Gläschen Sekt gegönnt, so habe ich schon ein bisschen mein Wochenende eingeläutet. Das mache ich eigentlich bis heute so.

1985 gab es noch eine wichtige Veränderung in meinem Leben. Jens war in Riehl Leiter der Beschäftigungstherapie. Da ist er auch noch einige Jahre geblieben, während ich zu meiner Einrichtung in die Südstadt fuhr. Als ich ihn kennenlernte, war er 33 und nie verheiratet gewesen. Als wir zusammenkamen, war für ihn sehr klar, er heiratet niemals. Ich dachte mir, die Erfahrung zu heiraten, hast du schon, das musst du nicht unbedingt wiederholen. Ich hatte eigentlich schon einen Kinderwunsch, er eventuell auch, aber wir haben uns gesagt, wir lassen es sich in Ruhe entwickeln. Eigentlich war also klar, dass wir nicht heiraten wollen. Das Jahr 1984 war sehr arbeitsintensiv, ich glaube, das ist angeklungen. Als die Hektik etwas nachließ, gönnten wir uns unseren ersten gemeinsamen Urlaub, eine Roulette-Reise. Das war damals schwer angesagt. Für die jüngeren Leser muss ich wahrscheinlich das Prinzip erklären: Man bucht eine Reise, weiß aber nicht genau, wohin es geht. In der Regel war es dann wohl so, dass man die schönsten und tollsten Hotels bekommt – so zumindest die Erfahrung derer, die mir davon erzählt hatten. Für relativ kleines Geld bekäme man eine große Packung Urlaub. Die ganze Welt schwärmte davon, so schien es: so tolle Ziele, so tolle Hotels, so günstig ... Bei uns ging es nach hinten los. Wir flogen nach Lanzarote, eigentlich eine sehr schöne Insel. Aber das Apartmenthaus, das uns beherbergen sollte, lag sehr weit draußen. Okay, dachten wir uns, für den Preis muss man vielleicht auch zurückstecken können. Nur leider war das Apartment dann mehr als abenteuerlich. Abgewohnt und unsauber sind noch milde Ausdrücke für diese Absteige: Die Möbel aus Lederimitat waren eingeschnitten, die Füllung quoll heraus. Die Türen der Küchenschränke hingen schief in den Angeln. Allerlei Kleintiere huschten über den Boden, flohen vor den Menschen in die Ritzen oder auch nicht. Die Bettbezüge waren knittrig, und ich hatte ernsthafte Zweifel, ob diese vor unserer Ankunft gewaschen worden waren. Um die Becken im Bad zogen sich breite schimmlige Ränder – ich bekomme jetzt noch Luftnot, wenn ich mich nur daran erinnere. Ich habe Rotz und Wasser geheult. Wir hatten uns so auf unseren Urlaub gefreut und dann so etwas ... Doch dann habe ich losgelegt und geputzt, geputzt, geputzt, Servietten besorgt, die allerschlimmsten Stellen damit abgedeckt. Habe Blumen aufgestellt, ohne Blumen kann ich nicht sein. So konnte man es aushalten. Von der katastrophalen Unterkunft wollten wir uns die gemeinsame Zeit nicht verhageln lassen. Wir waren nicht reich, aber wir haben angefangen zu rechnen: In den letzten beiden Nächten konnten wir uns gerade noch ein echt schönes Hotelzimmer leisten. Das haben wir uns dann gegönnt. Wir versuchten, das Beste aus der Situation zu machen, und es wurde tatsächlich noch ein sehr schöner Urlaub. Scheinbar so schön, dass Jens mir einen Heiratsantrag machte. Auf Lanzarote noch. Was ihn da geritten hat, weiß ich bis heute nicht. Ich habe dann flapsig geantwortet: „Klar, machen wir, aber nur, wenn es dieses Jahr noch klappt!" Das war ein Joke von meiner Seite, aber er ist beharrlich geblieben und wir haben am 31. Dezember geheiratet. So wie ich seit meiner ersten Trauung die anderen Bräute beobachtet hatte, beobachtete ich mich jetzt selbst: Auf dem Standesamt hatte ich ganz deutlich das Gefühl, ich bin angekommen. Ich kann es gar nicht richtig beschreiben, aber intuitiv war ich mir sicher: Das hier, er hier, ist das Beste, das mir im Leben passieren konnte.

Satt und sauber 2.0

oder:
Der Beitrag von Zellstoffhöschen zur deutsch-deutschen Freundschaft

Das Thema Hilfsmittel blieb wichtig für mich, um meinen MitarbeiterInnen die Arbeit zu erleichtern. Dazu gehörten auch Inkontinenzprodukte. Ich kam ja noch aus der „Zellstoffgeneration". Wer das nicht erlebt hat, kann sich wahrscheinlich nur schwer vorstellen, wie grob und fies dieses Zeug war. Man konnte sich darauf eigentlich nur wundliegen. Aber der Zellstoff wurde weiterentwickelt, es kamen völlig neue Produkte auf den Markt. Die Firma Hartmann hat das schon in den 1980er-Jahren vorangetrieben. Ich war begeistert. Mit den Vertriebsmenschen, bei denen ich eingekauft habe, habe ich viel über die Produkte geredet. So wurde die Firma auf uns aufmerksam – wir bekamen von ihr die neuesten Entwicklungen zum Ausprobieren, sie von uns ein ehrliches Feedback aus der Praxis. Das war eine wunderbare Partnerschaft, die so manche neuen Produkte hervorgebracht hat. Und die mich über die deutsch-deutsche Grenze führte. Kurz vor der Wiedervereinigung fand in Ostberlin ein Alterskongress statt. Der besagte Hersteller war erstmals dazu eingeladen worden, durfte aus dem Westen anreisen und seine Produkte vorstellen. Gisela und ich sollten mitkommen, mein Part war der Bericht aus der Praxis. Das wollte ich gerne. Wir waren an der Weiterentwicklung beteiligt, standen voll hinter den Produkten. Aus dem Thema Inkontinenz war eine kleine Wissenschaft geworden, es gab jetzt unterschiedliche, individuell angepasste Lösungen für verschiedene Bedürfnisse, verschiedene Schweregrade der Inkontinenz, Höschen für besonders schwere Fälle. Wenn die KollegInnen im Osten davon in ihrer Arbeit profitieren konnten – von Herzen gerne.

Es muss 1988 gewesen sein. Ein Kollege von der Firma nahm uns im Auto mit. Das ganze Prozedere beim Grenzübertritt war schon bewegend, auch beklemmend. Schließlich kamen wir am damaligen Grand Hotel an, dort fand der Kongress statt. Meine Güte, war ich beeindruckt. Ein unglaublicher Bau, direkt an der Spree: der Ort, an dem Erich Honecker seine Konferenzen abhielt. Von den Abhöreinrichtungen war damals selbstverständlich noch nichts bekannt. Genauso imposant wie das Gebäude war auch der Kongressraum: riesig, mit Platz für bestimmt 300 Menschen. Sehr edel und luxuriös eingerichtet, mit einem dicken Teppichboden, in den man einsank, sehr bequemen Stühlen und riesigen Blumengebinden. Dazu ein Publikum, dafür fehlen mir bis heute die Worte. Es waren mindestens 200 Menschen dort, vielleicht sogar 300 – und sie waren stumm. Keiner sagte ein Wort. Den zuständigen Innenminister umschwirrte ein Konsortium aus schwarz gekleideten Herren. Überhaupt waren fast nur Männer da, fast alle in Schwarz und ausnahmslos alle mit missmutigem Blick. Nur wenige Frauen. Und sie alle waren todernst und: still! Selbst die sprichwörtliche Stecknadel, die man auf den Boden fallen lässt, hätte man auf dem dicken Teppich nicht gehört.

Und ich, Doris Röhlich, sollte nun ans Rednerpult treten. Ich bin verstummt, die Angst hat mir richtiggehend die Stimme genommen. Erst einmal hüsteln, um überhaupt etwas sagen zu können. Dann habe ich angefangen zu erzählen. Ich hatte schon den einen oder anderen Vortrag gehalten und mir ein paar Anekdoten zum Auflockern der Stimmung zurechtgelegt. Aber die bekamen hier keine Resonanz. Null. Es schien keinen Menschen zu interessieren, was ich vortrug. Ich wurde immer kleiner. Aber ich musste da durch. Also noch einmal räuspern, Hauptsache weitermachen. Ich habe mich durch meinen Text geackert und es irgendwie zu Ende gebracht. Es gab einen sehr verhaltenen Applaus, wie nach den anderen Vorträgen auch. Dann war Pause, Gott sei Dank.

Ich war fertig. Schweißgebadet und völlig irritiert: Hatte ich gerade totalen Quatsch erzählt? Was war schiefgelaufen? Wie war ich angekommen? Ich hatte kein Gespür dafür, gar keins, wollte nur noch verschwinden, zur Toilette, alleine sein. Auf dem Weg dahin fiel mir auf, dass wohl noch mehrere Frauen dasselbe Ziel haben mussten, also beeilte ich mich. Die anderen beeilten sich auch, huschten hinter mir her. Es wurde ein richtiges Gefolge. Als ich auf der Toilette angekommen war, verstand ich, worum es ihnen ging: Sie wollten zu mir, fragten mich richtiggehend aus: „Sagen Sie mal, ist das so? Wirklich? Zeigen Sie doch mal!" Ich hatte die Produkte in der Tasche, die Packungen waren angebrochen. „Darf ich mal sehen? Können wir das mal anfassen?" Also präsentierte ich noch einmal, hautnah mit Anschauungsmaterial – auf der Damentoilette. Hier passierte nun, was ich mir vorhin so sehr gewünscht hatte: Es kam Resonanz, es gab Interesse! Vielleicht ging das im Saal nicht, war nicht erwünscht, nicht gestattet. Mitten beim Vorzeigen eines Höschens wurde mir noch etwas klar: Das hier war ja eine eher seltsame Versammlung. Wieder kam bei mir eine Angst auf, die ich nur schwer beschreiben kann – was, wenn wir hier überwacht würden? Was, wenn ich hier nicht wieder rauskäme? Zu meiner großen Verwunderung kam niemand, um nachzuschauen, was wir hier so trieben. So habe ich mindestens eine halbe Stunde auf dem WC zugebracht, gezeigt, erklärt und Fragen beantwortet.

Das war der Kongress. Daneben hatten wir noch mehr Programm. Wir sind mit einem Fahrer zur Oper, haben noch andere Sehenswürdigkeiten gezeigt bekommen. Vielleicht sollten wir ein bisschen beeindruckt werden. Das ist gelungen, wir haben wirklich schöne und imposante Dinge gesehen. Doch dieses Gefühl von Beklemmung, das ich seit dem Grenzübertritt hatte, war immer dabei.

Nach der Wende war ich noch häufiger in den neuen Bundesländern. Damals waren viele KollegInnen aus den alten Bundesländern dazu aufgerufen, als kollegiale BeraterInnen hinzufahren. Und so ging ich in die Einrichtungen, um ihren Zustand zu erheben, Maßnahmen zur Verbesserung zu entwickeln, die Verantwortlichen vor Ort bei der Umsetzung zu begleiten. Mir war klar, dass ich angemessen vorsichtig auftreten musste. Als ich Ende der 1970er als jüngste Kollegin Stationsleitung wurde, hatte ich mir eine Taktik erarbeitet. Diesmal kam ich als „Wessi", noch dazu mit einem neuen Pflegeverständnis, und wollte nun wirklich nicht als Besserwisserin oder als Eindringling wahrgenommen werden. Darum habe ich im Vorfeld genau erklärt, was ich vorhabe, und vor Ort viel beobachtet, bevor ich den Mund aufgemacht habe. Zuerst besuchte ich eine Einrichtung in der Nähe von Gera. Als Eindringling sah man mich wohl nicht, denn ich wurde freundlich, wenn auch ein bisschen gleichmütig aufgenommen, und die KollegInnen machten einfach ihr Ding.

Was ich in dieser Einrichtung gesehen habe, hat mich, ehrlich gesagt, erschüttert. Weil es mir so bekannt vorkam, das hatte ich vor 20 Jahren schon gesehen: Es gab zum Essen nur einen tiefen Teller, nur einen Löffel, Butterbrote grundsätzlich ohne Rinde, diese dicke Milchsuppe. Woher kam nur die Idee, alte Menschen bräuchten Milchsuppe? Friss oder stirb. Das hatte sich hier bis in die 1990er-Jahre gehalten. Das nächste, was mir auffiel, war wohl ein Kulturunterschied: Die KollegInnen sprachen sich weiterhin beinahe täglich ab, wer in diesem Dienst einkaufen gehen würde. Das war mir zunächst völlig fremd, das musste ich erst einmal verstehen. Zu diesem Zeitpunkt kamen schon die verschiedenen Supermärkte in die Regionen, Einkaufen war nicht mehr wirklich schwierig. Aber die Menschen waren wohl noch die Knappheit gewohnt und haben sich darauf eingestellt, lange vor den Geschäften in der Schlange zu stehen. Sie haben sich gegenseitig die Produkte mitgebracht. Was bedeutete: In der Schicht fehlten schlicht die Hände, wenn zwei oder drei KollegInnen einkaufen waren. Das mussten die anderen dann eben auffangen. Für mich war es spannend, das zu beobachten. Nur leider drehte sich bei der Arbeit doch sehr viel um die MitarbeiterInnen selbst. Sie waren damit beschäftigt, ihren alltäglichen Kram zu regeln. Ich habe noch über viele Jahre die dicken Versandhauskataloge in den Aufenthaltsräumen des Personals liegen gesehen. Während der Schicht wurden die Kataloge gewälzt und Bestellscheine ausgefüllt. Das war völlig normal, Pflegealltag. Oft kamen auch Versicherungsvertreter auf die Etagen, wollten Versicherungen verkaufen. Mitten in der Schicht fingen sie dann an, die Leistungen einer neuen Hausratversicherung anzupreisen. Auch völlig normal. Keiner hat dem Einhalt geboten.

Es war befremdlich für mich, wie wenig es im Pflegeheim letztlich um Pflege ging. Die Zeit stand ja, zumindest in meiner Vorstellung, den BewohnerInnen zu. Die Pflege selbst erinnerte mich immer wieder an die 1970er-Jahre im Westen. Die Einrichtungen hießen „Feierabendheime". Das klang zwar ein bisschen netter als „sterben und siechen" – aber immer noch eher nach Aufbewahrung als nach Pflege. Alte Menschen nehmen häufig ab. Hier hatten sie Kleidung an, die ihnen schon lange nicht mehr passte. Besonders bei den Männern fiel mir das auf. Zum Teil trugen die BewohnerInnen Kittelschürzen – wie damals bei uns in der Psychiatrie. Das hat niemanden gestört. Dann gab es noch die üblichen Pflegerunden, im Zimmer links anfangen, sich Mensch für Mensch bis rechts „durcharbeiten": aus dem Bett, waschen, Badetag, Duschtag, zweimal vormittags lagern, zweimal nachmittags.

Dabei waren die MitarbeiterInnen nicht lieblos zu ihren Alten. Sie gaben ihnen Kosenamen, auf den Pflegegängen wurde sehr lieb mit den BewohnerInnen gesprochen. Der Kontakt zum Einzelnen war schon freundlich, aber es wirkte insgesamt doch recht gleichförmig. Die BewohnerInnen schienen ganz zufrieden zu sein, mitunter auch begeistert. Manchmal stand auf dem Tagesplan „Gesangsabend". Dann wurde der riesige Speisesaal freigeräumt, mit Gongschlag die Bewohnerschaft zusammengerufen und in einer riesigen Runde gesungen. Die meisten hatten wirklich Lust darauf, die anderen saßen eben an der Seite. Dann wurden Volkslieder gesungen, auch noch das eine oder andere Arbeiterlied. Was soll ich sagen: Diese Abende haben mich nachhaltig beeindruckt. Zum einen singe ich selbst gerne, andererseits erreicht man die Menschen mit Singen wunderbar – bis weit in die Demenz hinein. Manche Demente, die eigentlich schon gar nicht mehr sprechen können, weil ihnen die Wörter abhandengekommen sind, erinnern sich noch an die Lieder aus ihrer Kindheit. Und können sie mitsingen. So war es auch bei diesen Gesangsabenden. Die Alten sangen mit Freude, ja mit großer Lust. Die Pflegekräfte kamen auch alle dazu, und man bekam das Gefühl: Hier ist Leben in der Bude. Wo es ansonsten eher blass aussah, mit wenig Kommunikation, wenig Beteiligung.

Was ich tun konnte, habe ich versucht. Ich wollte die KollegInnen erreichen, sie für meine neue Art der Arbeit gewinnen. Wollte Motivatoren finden, Einzelne für die Idee begeistern. Nah am Geschehen sein, erklären, sie mitnehmen. Bei den Älteren blieb es zum Teil zäh, aber es gab immer auch Jungs und Mädels, die das aufgesogen und motiviert in ihren Alltag übernommen haben. Es hat sich sukzessive etwas verändert. Außerdem habe ich nicht nur auf die Mitarbeitenden geschaut. Letztlich kam mein Auftrag vom Träger, der wollte auf eine gewisse Weise Veränderung. Was von deren Seite verbessert werden könnte, habe ich natürlich auch angesprochen. Beim Personal konnte ich mit der Zeit immer mehr dafür werben, dass sie sich bei Problemen an ihre Vorgesetzten wendeten, die an den Träger und so weiter. Es wurde nicht viel hinterfragt, das war zu spüren. Es gab keine Auseinandersetzung – wenn der oder die das gesagt hatte, dann war das eben so. Damals wurden auch viele Leitungspositionen neu besetzt. Ich glaube, nach und nach sind die alten Parteileute aus den hohen Funktionen verschwunden. Ein neuer Geist kam auf. Das war sicher ungewohnt für die MitarbeiterInnen. Sie durften Fragen stellen, Einwände erheben, mitbestimmen. Mir ist schon aufgefallen, dass das nicht leicht für sie war.

Aber schließlich hatte ich doch großen Respekt vor den KollegInnen. Sie haben sich schlussendlich auf Veränderungen eingelassen, die bei uns 20 Jahre mehr Zeit zum Reifen hatten. Und wirklich viel bewegt.

Wie im Flug

oder:
Wie zehn Jahre durchrauschen können – und einen Preis abwerfen

Wenn beim Lesen nicht ganz klar wird, wann genau was stattgefunden hat – mir selbst geht es genauso. Ich sage es nicht umsonst, die Zeit ist an mir vorbeigeflogen. Wie ich sie verbracht habe, kann ich nicht wirklich sagen. Tennis stand nach dem Wechsel in die Südstadt jedenfalls nicht mehr auf meiner Agenda. Zuerst habe ich noch versucht, Kontakt zu den Vereinsleuten zu halten, aber der ist doch recht schnell eingeschlafen. Urlaub hatte ich auch wenig – war höchstens vier oder fünf Tage am Stück verreist. Ich musste immer nachhören, fragen, wie es läuft. Bei meinen MitarbeiterInnen habe ich immer Wert darauf gelegt, dass sie den Urlaub, der ihnen zusteht, auch nehmen. Bei mir selbst habe ich das eher flexibel gehandhabt. Ich habe sicher einige Urlaubstage verschenkt, ich konnte nie wirklich sagen, wie viele ich genommen hatte. Andererseits habe ich immer, wenn ich Lust dazu hatte und es möglich war, spontan einen halben oder ganzen Tag freigenommen. Dann widmete ich mich unseren Familien, unserem Freundeskreis. Diese Menschen wollte ich zusammenhalten.

Zum Wohlbefinden gehörte für mich übrigens immer gutes Essen dazu. Ich finde das Thema unglaublich wichtig, nicht nur privat – gerade auch in Pflegeeinrichtungen und Krankenhäusern.

Was in den 1970er-Jahren in der Psychiatrie und bei den KollegInnen im Osten noch länger in der Altenpflege Standard war, hat sich zum Glück etwas verändert. Aber in gewisser Weise ist es auch gleichgeblieben: Die Speisen werden häufig lieblos dargereicht. Das beobachte ich bis heute, bei meinen Beratungsgesprächen oder wenn ich privat jemanden besuche. Ich finde es unfassbar, wie wenig Bedeutung dem Essen als Erfahrung gegeben wird. Im Krankenhaus befindet man sich ja üblicherweise, wenn es einem nicht gut geht. Aber dann so ein seelenloses, blasses, fades Essen zu bekommen, trägt nicht wirklich zur Genesung bei. Vieles ist noch in Folien eingeschweißt und keinen interessiert, ob man die aufbekommt. Ich bin erstaunt, dass sich das so lange hält. Dass so wenig Protest dagegen kommt. Am fehlenden Geld liegt es nicht, gerade in Krankenhäusern ist der Wareneinsatz höher als zum Beispiel im Altenheim. Natürlich gibt es Hygieneauflagen. Eine einzeln eingeschweißte Scheibe Brot erfüllt die Anforderungen, klar. Aber wenn die Stationshilfe mit Handschuhen ein Brot belegt und die Handschuhe regelmäßig wechselt, ist das sicher vergleichbar. Dafür gibt es auch Standards, und das Ergebnis wäre viel ansprechender und vor allem viel menschlicher. Dass es auch anders laufen kann, merkte ich in den frühen 1990ern bei einem Kurzurlaub in Kärnten zum Skifahren. Ein langjähriger Freund hatte einen Herzinfarkt erlitten und musste sofort ins Krankenhaus. Ich habe ihn besucht, mich um ihn gekümmert und war bass erstaunt, wie anders es dort zuging – es duftete lecker, als die Speisen kamen. Und es schmeckte. Ein Unterschied zu Deutschland wie Tag und Nacht. Der andere, schon etwas ältere Herr auf dem Zweibettzimmer sagte uns, er sei immer wieder gerne hier. Bei diesem Essen würde er geradezu krank sein wollen. Kurz: Das Essen war richtig, richtig gut.

Man muss es in der Gesamtheit sehen: Was kann man noch dafür tun, damit sich PatientInnen oder BewohnerInnen in der neuen Situation zurechtfinden? Was kann man beitragen, damit sie sich ein Stück wohler fühlen? Darauf gibt es etliche Antworten, und immer wieder scheitern Veränderungen an den Hygienevorschriften, aber die Standards halte ich zum Teil für übertrieben. In den letzten Jahren hat sich Gott sei Dank wieder etwas getan in diesem Bereich, es gibt wieder mehr KüchenhelferInnen, die auf der Etage das Essen vorbereiten. Diese können nach Vorlieben fragen, den Speiseplan ein bisschen anpassen, mal etwas anderes bringen als jeden Abend Pfefferminztee. So wird das Prozedere etwas weniger fließbandartig. Das war mir in meiner Einrichtung schon ungemein wichtig, und es funktionierte aus meiner Sicht nur, wenn die Küchen- und Servicekräfte direkt bei uns angestellt waren. Mit den eigenen Leuten gab es viel mehr Möglichkeiten, ich konnte sie mit an den Tisch setzen und sie auf unsere Ideen, unsere Philosophie einstimmen. Bis hin zu den Reinigungskräften haben wir alle Mitarbeitenden direkt eingestellt und sie bei allen Projekten berücksichtigt. Sie gehörten alle mit zum Team. Auch die Reinigungskräfte konnten zum Wohlbefinden der BewohnerInnen beitragen. Es gehört nicht viel dazu, auf die Intimsphäre zu achten und einfach etwas später wiederzukommen, wenn es gerade nicht passt. Oder beim Saubermachen Blickkontakt aufzunehmen und freundlich aufzutreten. Oder etwas anzureichen, wenn man darum gebeten wird, statt zu sagen: „Fragen Sie die Pflege, dafür bin ich nicht zuständig." Es gab viele Kleinigkeiten, die besser gemacht werden konnten, von allen Beteiligten. Darauf war ich stolz: Wir haben wirklich interdisziplinär gearbeitet.

Wir haben so viel ausprobiert, entwickelt, in unser Konzept aufgenommen. Ein Teil davon war der Einsatz von Ehrenamtlichen. Ich dachte mir, es gibt so viele Menschen, die wenig zu tun haben, wie kann ich die erreichen? Heute ist das Thema gar nicht mehr aus der Altenpflege wegzudenken. Aber damals war es revolutionär, Leute von draußen reinzulassen. Sie zu fragen. „Könnt ihr uns unterstützen?" Sie zu gewinnen und zu halten. Nach und nach hatten wir 25 EhrenamtlerInnen, die bei uns ein und aus gingen. Ein nächstes Anliegen war mir die Angehörigenarbeit – mit Betonung auf „Arbeit". Die Angehörigen waren schon bei der Aufnahme involviert, um uns einen Eindruck von der Person zu vermitteln, etwas über die Gewohnheiten und Vorlieben zu erzählen. Dann kam fast immer die Frage auf, die jeder in unserer Szene kennt: „Mein Gott, warum ist ein Pflegeplatz so teuer?" Ich habe stets versucht, das verständlich zu machen. 70 Prozent der Kosten sind Personalkosten, und Pflegekräfte sind, weiß Gott, keine Großverdiener. Aber sie arbeiten an 365 Tagen im Jahr, an allen Feiertagen, in drei Schichten rund um die Uhr. Man braucht eine bestimmte Anzahl an Kräften, die aus diversen Gründen vielleicht nicht täglich da sind, obwohl sie im Dienstplan stehen. Ein anderes Thema war die Wäsche. Da saßen die Angehörigen und beschwerten sich, sie hätten ihrer Mutter 20 Unterhosen mitgebracht, jetzt seien nur noch fünf da. Es gab riesige Berge an Wäsche zu bewegen, die wurden von der Wäscherei an bestimmten Tagen abgeholt und an bestimmten Tagen zurückgebracht. Die hatten dort auch manchmal ihre Engpässe. Auf bestimmte Kleidungsstücke zu warten, war leider manchmal der Preis der Individualität – mit standardisierten weißen Kitteln und Handtüchern wäre es leichter gewesen. Dann gab es das Thema: „Meinem Vater schmeckt das Essen nicht." Gerade darauf habe ich geachtet, es sollte immer schmackhaft sein, saisonal sein. Als eine der ersten Einrichtungen haben wir zwei Menüs parallel angeboten. Diesen Angehörigen habe ich geantwortet: „Sie wissen doch selbst, wie schwer es ist, für eine Familie zu kochen. Da haben Sie fünf Personen, und es ist schon nicht leicht, alle glücklich zu machen. Jetzt stellen Sie sich vor, Sie müssten 300 Mahlzeiten liefern, einschließlich Essen für die Mitarbeitenden." – „Ach so." So haben sich viele Dinge ausräumen lassen oder waren zumindest offen angesprochen, schwelten nicht im Hintergrund.

Mit dem Hersteller für Inkontinenzprodukte war ich in Kontakt geblieben. Irgendwann sprach unser Vertriebsmensch mich darauf an, dass die Firma einen Pflegepreis ausloben wolle und Bewerbungen suche. Wir könnten doch unser Hauskonzept einreichen. Klar, warum nicht? Also habe ich mich mit Gisela zusammengesetzt und mit ihr die bisherigen Jahre an systematischer Arbeit, an Standards zu einem Komplettwerk zusammengetragen und eingereicht. Und wir haben 1992, als Arnold-Overzier-Haus, diesen Pflegepreis gewonnen. Wir durften den Erfolg unserer Arbeit ernten, Gisela und ich, vor einem hochkarätigen Expertengremium. Wir waren bannig stolz. Unsere Projekte waren zum Teil wohl bahnbrechend. Die Preisverleihung wurde auch veröffentlicht, danach sind viele KollegInnen auf uns aufmerksam geworden. Wir hatten viel Besuch in der Einrichtung, Fachpublikum kam, teilweise sogar aus dem Ausland. Das Kuratorium Deutsche Altershilfe kam auf mich zu, wollte ein paar Projekte mit mir machen. Dabei handelte es sich um eine renommierte Stelle in Köln, die immer wieder Fortschritte und Entwicklungen vorangetrieben hatte. Dort mitzumachen, war wie ein Ritterschlag für mich. In einem der Projekte etwa haben wir kleinschrittig ausgerechnet, wie viel Zeit man für die vielen verschiedenen Aufgaben im Pflegealltag braucht. Eine unserer Aufgaben ist ja, die Medikamente für die BewohnerInnen zu organisieren, zu stellen und zu verabreichen. Das kostet viel Zeit. Eigentlich war das eine Krankenkassenleistung, wurde aber in die Pflegekosten subsumiert. Bei unseren Berechnungen stellte sich dann wenig überraschend heraus, dass dafür eigentlich mehr Zeit anerkannt werden müsste, also auch mehr Personal. Mit diesem Ergebnis konnten wir berufspolitisch arbeiten: Eigentlich bräuchten wir mehr Personal, eine andere Finanzierung, bessere Rahmenbedingungen.

Studium im Kloster

oder:
Schon wieder Lehrjahre – aber auch ein bisschen Klassenfahrt

Auch als Einrichtungsleitung habe ich noch gerne und ausgiebig Fortbildungen besucht. Ich fand das einfach bereichernd. Psychologie oder Pädagogik hatte ich nicht studiert, darum habe ich mir auf diesem Weg den Input geholt, wie ich meine Pflegekräfte besser beteiligen, besser führen konnte. Ich wollte ihre Reaktionen besser verstehen und nutzen können. Auch meinen MitarbeiterInnen habe ich so viel an Fortbildungen angeboten, wie irgendwie möglich war. Das wurde angenommen. Es veränderte auch die Arbeit und machte vieles leichter. Und man hat Verbündete, mit denen man in dieselbe Richtung rudern kann.

Von 1986 bis 1989 habe ich in Vechta Alterswissenschaften und soziale Alterspsychologie studiert, zusammen mit meinem Mann. Das ließ sich gut neben der Arbeit machen, alle zwei Wochen gab es ein ganzes Wochenende mit Lehrveranstaltungen. Die Fahrerei war nervig, aber die Inhalte haben das mehr als aufgewogen. Übernachtet haben wir in einem nahe gelegenen Kloster – in erster Linie, weil es sehr günstig war. Es kostete nur ein paar Mark, die Ordensschwestern waren nett, und ein gutes Frühstück gab es auch. Die Zimmer waren ganz im Stil des Hauses eingerichtet: klein, karg, nur das Nötigste an Mobiliar, kein Bild an der Wand. Wenigstens gab es keine Kniebank zum Beten. Der Klosterbetrieb brachte mit sich, dass mein Mann und ich in getrennten Zimmern schlafen sollten. Das haben wir natürlich nicht immer gemacht. Wir waren verheiratet, in unseren 30ern, aber mussten abends wie die Pubertierenden auf Klassenfahrt über die Gänge schleichen, um zusammen zu sein. Und das, obwohl die Schwestern meinen Mann auch total ins Herz geschlossen hatten. Manchmal haben wir abends mit ihnen zusammengesessen und uns unterhalten, bei einem Gläschen Wein. Das war erlaubt. Aber nicht auf den Zimmern – wenn wir da Wein trinken wollten, mussten wir eine Flasche über den Flur schmuggeln.

Im Studium bekamen wir einen unglaublichen Input zu einem Thema, um das oft ein Bogen gemacht wird: das Sterben. Als ich in der Pflege angefangen habe, war ich sehr schnell damit konfrontiert. Bis zum Studienbeginn in Vechta hatte ich auch kein wirkliches Wissen darüber. Meine beiden Omas waren zwischenzeitlich gestorben. Meine Schwester und ich hatten die beiden in ihrer letzten Zeit gepflegt und nach ihrem Tod versorgt, sie gewaschen und so weiter. Dass es ihnen vorher schlecht gegangen wäre, haben wir nicht wirklich wahrgenommen. Auch darum war das Studium für mich hoch spannend: Woran erkennt man überhaupt einen Sterbeprozess? Woran erkenne ich, ob ein dementer Mensch Schmerzen hat? Palliativpflege war damals noch kein Begriff, das steckte noch in den Anfängen. Hier ging es viel um Rituale, um das Sterben, wie es in anderen Kulturen gestaltet wird oder historisch in Deutschland gestaltet wurde. Das hat mich total fasziniert, das wollte ich unbedingt auch in meinem Altenheim in den Fokus nehmen. Zu dieser Zeit haben die Pflegekräfte und Ärzte schnell jemanden ins Krankenhaus geschickt: „Oh, da stirbt jemand, nicht gut, besser schnell weg mit ihm." Und dort sind die Menschen dann meistens gestorben – statt an ihrem gewohnten Ort mit den gewohnten Gesichtern. Das wollte ich anders machen, ein bisschen mutiger sein. Ich wollte lieber den Kontakt zum Krankenhaus halten und, wenn es so weit wäre, die BewohnerInnen zum Sterben wieder „nach Hause" bringen. Die Vorstellung, im Krankenhaus ist der Mensch versorgt, ist besser auszuhalten, als das Sterben zu beobachten. Aber es ist auch ein Prozess, den man erleichtern kann – durch Düfte, Berührungen und indem man dem Menschen die Hand hält, ihn nicht allein lässt. Ein sterbender Mensch sollte noch einmal das bekommen, worauf er Lust hat. Und wenn es nur ist, im Winter eine Erdbeere aufzutreiben, an der er lutschen kann. Diese Art der Begleitung fand jedoch nicht statt. Sterben war eine Bedrohung, ein Tabu. Das ist es bis heute. Bei den Ärzten war es meist genauso: Leben zu erhalten, war wichtiger, als sterben zu lassen. Die Hausärzte kamen zu uns, wenn jemand Atemnot hatte – und zack, ab ins Krankenhaus. Das war normal, in einigen Fällen sicher auch richtig, aber oft hatte es schlicht zur Folge, dass ein Mensch auf seinem letzten Weg alleine war.

Mein Mann hat sich nach unserem gemeinsamen Studium in eine ähnliche berufliche Richtung aufgemacht wie ich: Er war zuerst noch einige Jahre Leiter der Beschäftigungstherapie in Riehl, hat sich dann aber entschlossen, es als Einrichtungsleitung zu versuchen. Das war sein Ding: Er hat schnell Fuß gefasst und für ein paar Jahre eine recht große Altenpflegeeinrichtung geleitet – mit gutem Erfolg. Wie das Leben so spielt, lernte er dort eine ältere Dame kennen, die als Ehrenamtliche gearbeitet und ihn sehr geschätzt hat. Sie besaß ein hübsches Haus in Köln-Sülz. Die beiden verstanden sich gut, unterhielten sich über dies und jenes – scheinbar auch darüber, dass wir uns in unserer Wohnung in Niehl eigentlich wohlfühlten, uns aber auch etwas Größeres vorstellen konnten. Eines Tages klingelte unser Telefon daheim, besagte Dame war dran: „Spitzerchen, ich habe ein Haus für euch!" In ihrer Nachbarschaft stand ein Haus zur Vermietung, sie kannte die Eigentümer und fand es wohl nett, uns als Nachbarn zu haben. Das war ein richtiger Glücksgriff. Dieser Teil von Sülz ist ein beliebtes Wohnviertel, und dort war es schon vor 30 Jahren schwer, ein Haus zu finden, und dann noch so ein nettes Häuschen mit Garten. Also zogen wir um – und dort leben wir bis heute.

Katastrophen

oder:
Wie Überschwemmungen und Feuer an die Substanz gehen

Das erste Hochwasser in der Kölner Südstadt kam im Dezember 1993, zwei Tage vor Heiligabend. Und es kam von jetzt auf sofort: Innerhalb weniger Stunden war die Altstadt überflutet. Die Flut zog sich auch Richtung Süden über die Rheinufer. Meine Einrichtung lag fußläufig nur gut 100 Meter vom Fluss entfernt. Der Rhein würde schnell bei uns sein, wenn es so weiterging. Wir hatten eine Tiefgarage, über Absicherungen durch Schotten und so weiter hatten wir noch gar nicht nachgedacht. Im Radio verfolgten wir die Nachrichten und waren uns einig, dass das ein Problem für uns werden könne. Also fingen wir an, die Gerätschaften im Keller weiter oben auf die Regale zu stellen. Das war eher eine Vorsichtsmaßnahme, wirklich aufgeregt waren wir noch nicht. So um die Mittagszeit fuhr dann die Feuerwehr mit einem Großaufgebot vor. Ein verantwortlicher Feuerwehrmann redete sehr eindringlich mit mir und sagte, es müsse sofort evakuiert werden. Er warnte davor, dass bei einer Überflutung der Strom ausfallen könne, dann eventuell auch die Heizung, die ja elektrisch gesteuert war. Und sie hätten keine Zeit, Sandsäcke zu füllen. Das hörte ich mir aufmerksam an, und ich erinnere es, als wäre es heute – meine Antwort war: „Nur über meine Leiche." Das war mein Wortlaut. Der Feuerwehrmann stand fassungslos vor mir. Aber für mich war es unvorstellbar, dass meine BewohnerInnen in irgendwelche Unterkünfte verteilt werden würden. Die wären überall gelandet, hätten nicht mehr ihre gewohnte Umgebung, ihre Vertrauenspersonen gehabt. Vielleicht habe ich es nicht aushalten können, meine Verantwortung abzugeben, vielleicht hatte ich die Sorge, meine alten Herrschaften nicht wieder zusammenzubekommen. Ich wollte den Laden unbedingt zusammenhalten und habe dem Feuerwehrmann gesagt: „Wir tun alles, was nötig ist, aber lassen Sie mir die Chance, das hier zu stemmen." Er hat sich darauf eingelassen.

Ich habe sofort einen Krisenstab gebildet. Die Sicherung der BewohnerInnen stand an erster Stelle, sie hatten oberste Priorität. Die Feuerwehrleute kamen und haben losgelegt, und ich habe alle MitarbeiterInnen dazu verdonnert, mit anzupacken. Zusammen haben wir Sandsäcke befüllt und aufgeschichtet. Dann stieß das Rote Kreuz zu uns. Als erstes haben wir versucht, die Einfahrten zu Haus und Tiefgarage zu sichern. Am frühen Nachmittag war es trotzdem so weit: Wasser drang ins Haus ein. Die Tiefgarage war bereits vollgelaufen, und nur zwei Brandschutztüren aus Stahl hielten die Wassermassen von den restlichen Kellerräumen fern. Die gesamte Haustechnik, also auch Stromanschlüsse und Heizung, befanden sich im Keller, außerdem die Lager- und Kühlräume. Mit ein paar MitarbeiterInnen bin ich in den Keller hinabgestiegen, um zu retten, was noch zu retten war. Am zweiten Tag, wir waren wieder mitten in unserer „Rettungsaktion", flogen die beiden Brandschutztüren mit einem ohrenbetäubenden Knall nach innen aus der Wand, und eine Welle braunen Wassers schwappte herein. Die Türen hatten dem Druck von außen nicht mehr standgehalten, und das Wasser flutete in unglaublicher Geschwindigkeit die Kellerräume. Die Türen der Kühlräume wurden aufgedrückt, und alle Lebensmittel, die wir für Heiligabend eingekauft hatten, schwammen uns entgegen. Zusammen mit Feuerwehrleuten und HelferInnen watete ich durchs Wasser und versuchte, zumindest ein paar Dinge zu retten. Ich wollte einen Karton mit Inkontinenzeinlagen herausziehen, ließ ihn aber wieder fallen – man macht sich keine Vorstellung davon, wie schwer die sind, wenn sie sich mit Wasser vollgesogen haben. Die Kellerräume füllten sich schnell und vieles ging verloren. Erst am folgenden Tag wurde uns unser Glück bewusst: Hätten wir näher an den Stahltüren gestanden, als diese explosionsartig aus den

Wänden gerissen wurden, wären wir sicher tot gewesen. Wir hatten wohl mehrere Schutzengel.

Am Tag vor Heiligabend flogen auch sämtliche Sicherungen raus, der Strom war weg – und nun hatten wir ein richtig ernstes Problem. Ich habe mit anderen Einrichtungen telefoniert, noch mehr HelferInnen zusammengetrommelt. Uns wurden Decken gebracht. Ich fand jemanden, der eine Wärmepumpe aufstellen konnte. Damit war dieses Thema geregelt. Wir haben Gaskocher rangeschafft, angefangen, Eintöpfe zu kochen. Die absolut notwendigen Dinge waren abgehakt, die Hektik ließ nach. Die Mahlzeiten wurden kurzerhand umgeplant, an Heiligabend würde es dann eben Erbsensuppe mit Brötchen geben und am ersten Weihnachtstag Auflauf. Was man mit wenigen Mitteln umsetzen konnte. An der Rückseite des Gebäudes hatten wir noch eine Einfahrt, wir kamen also noch raus und einkaufen konnten wir auch noch. Vorne stand das Wasser bis an die Tür. Die mobileren BewohnerInnen, die sonst gewohnt waren, ihre kleinen Gänge im Viertel zu machen, blieben alle drinnen. Auf einem Gang in der ersten Etage sah ich eine demente Bewohnerin, die still aus dem Fenster in die Fluten schaute. Ich stellte mich neben sie und schaute mit ihr nach draußen. Nach einem Moment der Stille wandte sie sich zu mir und sagte: „Wat es dat joot, dat mer hee nit wohne."[4]

An Heiligabend saßen wir alle zusammen, BewohnerInnen und MitarbeiterInnen. Wir hatten kein Licht, nur eine schwache Notbeleuchtung und viele, viele Kerzen. Für mich war es ein einzigartiges Weihnachtsfest, einer der bewegendsten Momente meines Lebens. Die BewohnerInnen saßen in kleineren oder größeren Grüppchen zusammen im großen Speiseraum, Angehörige sind zu Besuch gekommen. Wir haben zusammen Weihnachtslieder gesungen. Ein unglaubliches Erlebnis: Weihnachten in Gummistiefeln mit Erbsensuppe. Es herrschte ein Zusammenhalt, den ich

---

4   „Wie gut, dass wir hier nicht wohnen."

nicht beschreiben kann. Es muss kriegsähnlich gewesen sein, trotzdem war die Resonanz der BewohnerInnen und ihrer Angehörigen überwältigend. Ich hatte mit heftigen Vorwürfen gerechnet: „Was haben Sie da aufs Spiel gesetzt? Warum haben Sie nicht anders reagiert?" Stattdessen sagten mir die BewohnerInnen, sie hätten schon schlimmere Situationen erlebt. Sie waren so froh, dass sie alle zusammenbleiben, im Haus bleiben konnten. Die Angehörigen und auch die EhrenamtlerInnen sahen das genauso. Ich war stolz auf das, was wir geschafft hatten. Es war richtig gewesen, in dieser Situation zusammenzubleiben … und mutig. Als mir die Kühlraumtür entgegenflog, dachte ich für einen Moment, das war's, wir ersaufen. Aber wir haben es gepackt.

Es waren unfassbar arbeitsintensive Tage. Zu allem „Über-Fluss" kam noch meine Tradition, am ersten Weihnachtstag die gesamte Familie samt Patenkindern zum Essen einzuladen. Man hätte mir sicher verziehen, das einmal ausfallen zu lassen. Aber auch das habe ich noch fertiggebracht. Dann war ich schnell wieder unterwegs zur Einrichtung, denn am Wochenende gab es keine Lieferanten. Damals war es noch nicht üblich, dass die Bäcker an Sonn- und Feiertagen öffneten. Am Hauptbahnhof habe ich Brot und Brötchen besorgt, damit die BewohnerInnen etwas zum Frühstück hatten. Ab dem zweiten Weihnachtstag zog das Wasser wieder ab. Was blieb, war das hochgespülte Grundwasser, und das war richtig fies und hinterließ unglaublich viel Dreck. Jetzt bekamen wir auch einen Überblick darüber, was im Wirtschaftsbereich alles beschädigt war. Die Brötchen waren abgeliefert, und ich fuhr heim, der zweite Weihnachtstag konnte beginnen. Aber schon bald hielt mich nichts mehr zu Hause, und kurz nach Mittag fuhr ich wieder in die Einrichtung. Ich war kaum in die Gummistiefel geschlüpft, da kam von links meine Sekretärin dazu, im nächsten Moment meine Pflegedienstleitung von der anderen Seite. Dann die Küchenmannschaft. Die Haustechniker. Ich konnte es kaum glauben: Nach und nach kamen alle zusammen, wie per

Telefonkette organisiert, aber das war es nicht. Es war völlig unverabredet. Handys gab es auch noch nicht für jeden. Alle traten an, um aufzuräumen. Das war eine Wahnsinnsstimmung, ein unglaubliches Wir-Gefühl. Sogar der Geschäftsführer des Kreisverbands kam hinzu. Alle haben geschaut, dass das Haus wieder in Ordnung kommt. Es gab keine Vorwürfe, weder vom Geschäftsführer noch von den BewohnerInnen. Viele waren auch nicht dement, die haben schon realisiert, was los war. Aber für sie war es nicht schlimm, dass Weihnachten so anders verlief als sonst. Sie hatten auch keine Angst vor dem Wasser, der Pflegebereich lag eh in den oberen Etagen.

Anfang 1995, nur ein gutes Jahr später, kam das zweite Hochwasser. Es kündigte sich schon früher an – und damit kamen auch die Ängste. Doch diesmal waren wir wesentlich besser aufgestellt, wir konnten viel schneller reagieren. Schon allein, weil die Tiefgarage geschottet war. Wir hatten aus dem ersten Hochwasser gelernt und Vorsorge getroffen: Beim Wiederaufbau der Heizung und der Stromversorgung wurden die Leitungen anders gelegt. Das hatte ich sofort mit meinen Haustechnikern durchgesprochen, die hatten wunderbare Empfehlungen für mich. Das ist wohl recht ordentlich gelungen: Es gab Strom und damit Licht, Kochen war weiterhin möglich. Die BewohnerInnen sind wieder im Haus geblieben, aber dieses Mal war es weniger dramatisch, wenngleich trotzdem heftig. Das Wasser stand höher als beim letzten Mal, bis an die Fenster im Erdgeschoss. Und es stand ein paar Tage. Gott sei Dank, lag der Eingang an der Gebäuderückseite erhöht, sodass man immer rein und raus konnte. So sind wir gut durch dieses Hochwasser gekommen.

Was wieder hervorragend funktioniert hat, war der Zusammenhalt unter den KollegInnen. Und wir wurden aus anderen Kölner Einrichtungen angerufen: „Was können wir tun? Können wir euch helfen? Wo sollen wir anpacken?" Viel war diesmal nicht nötig. Aber die Hilfsbereitschaft war wunderbar. Genauso hielt ich es dann in späteren Jahren, wenn in einer anderen Einrichtung schlimme Ereignisse passierten.

Der nächste Schock kam im Advent 1998, um zwei Uhr morgens klingelte daheim das Telefon, ein Pfleger war dran: „Frau Röhlich, Frau Röhlich, kommen Sie, es ist etwas Schlimmes passiert, es brennt, es brennt ..." Ich sprang sofort in Hose und T-Shirt, ungewaschen, ab ins Auto und fuhr los in Richtung Südstadt. Ich hatte gerade die Rheinuferstraße passiert, wollte in den Severinswall einbiegen, da sah ich am Ende der Straße schon die Feuerwehr mit Blaulicht. Ich parkte das Auto auf dem Seitenstreifen und rannte los. Am Eingang kamen mir zwei Feuerwehrleute entgegen: mit zwei Bewohnerinnen, die bereits tot waren.

Ich kann nicht in Worte fassen, wie mir zumute war. Es herrschte ein unfassbarer Trubel, die Feuerwehr hatte das Regiment übernommen und angefangen, alle BewohnerInnen im Obergeschoss zu evakuieren. Da flogen Sachen aus den Fenstern, die BewohnerInnen kamen mit ängstlichem Blick nach unten. Ich habe als Erstes versucht, die MitarbeiterInnen zu trösten. Es war mitten in der Nacht, es waren nur wenige da. Inzwischen war es drei oder vier Uhr, das Feuer war unter Kontrolle. Zwei Zimmer waren betroffen, eben die Zimmer der beiden verstorbenen Damen. Später erfuhr ich die ganze Geschichte: Eine Bewohnerin hatte ein Tannengesteck mit Kerzen, das war damals noch erlaubt. Das habe ich auch gerne zugelassen, weil sich einige BewohnerInnen dann besonders wohlfühlten. Außerdem war Adventszeit, Kerzen gehörten dazu. Dieses Tannengesteck fing also Feuer. Die Bewohnerin hatte noch versucht, mit Mineralwasser zu löschen, aber das reichte nicht. Eine starke Rauchentwicklung war die Folge, noch nicht einmal offene Flammen. Aufgefallen ist es erst, als eine Pflegekraft es gerochen hat. Wir hatten zwar Brandmelder, aber die haben nicht reagiert – vielleicht, weil es nur rauchte und keine große Hitze entstanden war. Der Rauch füllte das erste Zimmer und durch eine Durchgangstür noch ein zweites. Beide

Bewohnerinnen erlitten starke Rauchvergiftungen, an denen sie starben.

In der Nacht, vor dem Haus, wusste ich das alles noch nicht. Zu diesem Zeitpunkt wollte ich nur für meine MitarbeiterInnen, für meine BewohnerInnen da sein. Aus irgendeinem Grund standen bei meiner Ankunft auch schon die ersten ReporterInnen vor der Tür. Vielleicht hatten sie den Polizeifunk abgehört. Und ich dachte mir, oh Gott, das musst du jetzt auch noch irgendwie hinkriegen. Ich bin an sie herangetreten und habe gebeten – wohl auch ziemlich deutlich –, dass sie uns Zeit geben sollten. Wir würden uns einen Überblick verschaffen und uns später treffen, um sieben oder acht Uhr, dann würde ich berichten. Das war meine intuitive Lösung für den Moment, ich hatte keine Erfahrung mit solchen Szenarien. Darauf haben sie sich eingelassen, niemand ist aufdringlich herumgehuscht oder hat die Arbeiten behindert. Meinen Chef habe ich sofort verständigt. In den frühen Morgenstunden kam der Pfarrer aus der Kirchengemeinde dazu und hat die MitarbeiterInnen und mich getröstet. Er war einfach nur da, wie ein Fels in der Brandung. Das war so wohltuend, ich hatte einen Halt. Mein Chef stand hinter mir. So bin ich um sieben Uhr vor die Kameras getreten und habe Presse und Fernsehen informiert. Ich hatte wieder die Vorstellung, groß in der Boulevardpresse zu stehen: zwei Tote, Einrichtungsleitung hat dies und jenes versäumt. Aber die Berichterstattung war in keiner Weise reißerisch.

Natürlich war es ein furchtbares Ereignis, dennoch ist mir dabei Gutes widerfahren. Der katholische Pfarrer kam zu uns, der evangelische auch. Viele kamen, um uns zu helfen, gerade am Anfang. Das war gut und wichtig. Aber dann – Nachsorge war nicht wirklich vorhanden. Nur der Pfarrer, der uns in der Nacht so wunderbar unterstützt hatte, blieb für die MitarbeiterInnen und BewohnerInnen ansprechbar, einige haben das auch genutzt. Den Rest musste ich selbst organisieren. Seit meiner Heimleiterausbildung habe ich dem Thema Supervision viel Bedeutung beigemessen. Das tat mir gut, und ich habe sie seither häufiger genutzt, besonders in schwierigen Situationen, was mir auch in meinem späteren Berufsleben sehr geholfen hat. Auch für meine MitarbeiterInnen habe ich Supervision organisiert. Die drei jungen Männer, die in der Nacht Dienst getan hatten, habe ich immer wieder mal persönlich angesprochen und versucht, sie gut zu begleiten. Sie sollten es aufarbeiten können. Es gibt nur wenige Menschen, mit denen man sich wirklich über solche Vorfälle austauschen kann. Ich selbst habe es auch versucht, aber das Feuer verfolgt mich bis heute. Wenn spät abends oder nachts das Telefon klingelt, sitze ich senkrecht im Bett. Ich kannte solche Situationen, ich hatte viele Bereitschaftsdienste. Dabei gab es auch dramatische Geschichten, auch Suizide. Das Gravierendste bei dem Brand war der Moment, als mir die Feuerwehrleute mit den zwei Toten entgegenkamen. Dafür gibt es keine Worte. Ich fühle bis heute, wie leid mir die BewohnerInnen und MitarbeiterInnen taten. Und ich habe noch den Anruf im Ohr: „Frau Röhlich, kommen Sie schnell!" Dieser Schreck begleitet mich heute noch. Wenn es dann keine Angebote gibt, keine Betreuung, keine Nachsorge, fühlt man sich sehr im Stich gelassen. Darum habe ich auch für meine MitarbeiterInnen immer Hilfsangebote und Unterstützung organisiert, damit sie belastende Erlebnisse besser verarbeiten konnten. Wir haben so schnell wie möglich Supervision für sie angeboten und bezahlt. Wenn es gewünscht war, stand ich selbst für Gespräche zur Verfügung. Es war mir ein Bedürfnis, dass die Mitarbeitenden damit einen Umgang finden: „Was macht das mit dir, wenn du in so einer Situation die Verantwortung hattest?"

Doch dann wurde alles anders

oder:
Wie eine Pflegereform vieles verändert – nicht nur zum Guten

Ich hatte die Einrichtung 1984 übernommen, und die nächsten zehn bis zwölf Jahre dort habe ich als meine beste Zeit in der Pflege erlebt. Es gab unglaubliche Freiräume, wir konnten selbstständig handeln, Projekte ins Rollen bringen und nach unseren eigenen hohen Maßstäben arbeiten. Wunderbar. 1995 schließlich wurde die Pflegeversicherung eingeführt. Zuvor hatten wir viel Autonomie, wenn es darum ging, BewohnerInnen aufzunehmen. Die Kosten wurden damals noch von den SeniorInnen selbst oder von deren Familien getragen. In den meisten Fällen reichten die Einkünfte oder das Ersparte dafür allerdings nicht aus, sodass die Sozialhilfe die Kosten übernahm. Die Belastung der Sozialhilfeträger geriet dadurch deutlich an ihre Grenzen.

ⓘ Pflegeversicherung

Vor Einführung der Pflegeversicherung gab es bereits rund 1,7 Millionen pflegebedürftige Menschen. Da diese Zahl stieg und die Finanzierung der Pflege meist von der Sozialhilfe getragen werden musste, beschloss die Bundesregierung 1994 die Einführung der Pflegeversicherung. Zum 1. Januar 1995 wurde diese ergänzend zur Kranken-, Unfall-, Renten- und Arbeitslosenversicherung als die fünfte Säule des deutschen Sozialversicherungssystems eingeführt. Versicherungspflicht besteht für jede Person, die Mitglied der gesetzlichen Krankenversicherung oder einer privaten Krankenversicherung ist.

Um die „Pflegekasse" zu füllen, mussten die Versicherten zunächst in die Pflegeversicherung einzahlen; erste Leistungen für die häusliche Pflege wurden dann zum 1. April 1995 übernommen. In den darauffolgenden Monaten standen dann auch die Mittel für die Übernahme weiterer Pflegeleistungen zur Verfügung. Leistungen der Pflegeversicherung werden nur auf Antrag der jeweils versicherten Person erbracht.

Mit dieser Einführung gewann die Dokumentation der Pflege neue Aufmerksamkeit und wurde zur Pflicht. Insbesondere geht es um die Beobachtungen, Besonderheiten und Veränderungen, welche zur bewohnerorientierten Pflegeplanung notwendig sind. Zusätzlich wurden die Arbeit und der Dienst am Menschen dadurch sicherer und für Dritte nachvollziehbar.

Bis zur Einführung der Pflegeversicherung wurde der Pflegebedarf durch den Hausarzt festgestellt: Ein Mensch war entweder gering, erhöht oder schwer pflegebedürftig – das waren die drei genutzten Pflegestufen. Die Betroffenen, meist eigentlich deren Angehörige, suchten sich dann selbst einen Platz in einer Pflegeeinrichtung und klärten die Kosten mit dem Heim. Falls nötig, wurde die Kostenübernahme dann beim Sozialhilfeträger beantragt. Die Pflegeeinrichtungen erhielten bei der Anmeldung ein Attest des Hausarztes, das den Pflegebedarf aus ärztlicher Sicht bezeichnete. Leider spiegelten diese Atteste häufig nicht den tatsächlichen Zustand der Betroffenen wider. Oft wurde die Bedürftigkeit überzeichnet, um sicherzustellen, dass ein Mensch auch wirklich aufgenommen wurde. Oder Krankheitsbilder wurden beschönigt, etwa bei demenziellen Erkrankungen, damit die Einrichtung nicht vor einer Aufnahme zurückschreckte. Wenn im Attest eine „zeitweise Desorientierung" angegeben war, wussten wir bei der Aufnahme noch nichts über das tatsächliche Ausmaß. Unser Ansatz war indes, vor der Aufnahme ein möglichst klares Bild von den zukünftigen BewohnerInnen zu bekommen. Wir haben die InteressentInnen im Krankenhaus oder zu Hause besucht und ausführlich mit ihren ÄrztInnen und Pflegenden gesprochen. Damals hatten wir noch die Zeit dazu.

Dann änderte sich das Begutachtungssystem: Von nun an legte

der Medizinische Dienst der Krankenversicherung, der MDK, die Pflegestufe fest. Dieser hatte eine völlig andere Perspektive auf unsere Arbeit. Auf einmal mussten wir gegenüber dem MDK dokumentiert nachweisen, was alles für die entsprechende Person benötigt werden würde. Und Pflegekräfte waren nicht unbedingt darin geschult oder gewillt, sich gut zu verkaufen. Das war bislang auch nicht nötig gewesen. Der Pflegebedarf musste festgelegt werden, das war extrem wichtig. Nicht nur für die Antragstellung, auch für unsere personelle Ausstattung – je höher der Pflegegrad, desto mehr MitarbeiterInnen konnten wir einsetzen. In der Folgezeit wurde es sehr unruhig in der Belegschaft. Um den Pflegebedarf nachzuweisen, musste das Personal plötzlich unglaublich viel, präzise, nachvollziehbar und lückenlos dokumentieren. Das mussten wir erst lernen: „Was muss alles schriftlich festgehalten werden? Was verrichte ich alles an der BewohnerIn? Wie viel Zeit brauche ich dafür?" Es sollte noch einige Jahre dauern, bis die Dokumentation zur Gewohnheit wurde.

ⓘ Pflegestufen / Pflegegrade

Die Pflegebedürftigkeit eines Menschen wurde nach der Einführung der Pflegeversicherung noch lange Zeit in drei möglichen Pflegestufen ausgedrückt: „erhebliche", „Schwer-" oder „Schwerstpflegebedürftigkeit". Zusätzlich konnte auf jeder Stufe eine „eingeschränkte Alltagskompetenz" festgehalten werden. Dabei wurden vor allem körperlich bedingte Beeinträchtigungen gesehen, die sich in den Pflegestufen niederschlagen. Bei der Ermittlung der richtigen Stufe kam es auf den genauen zeitlichen Hilfebedarf einer Person an, gemessen in Minuten.

Erst mit Inkrafttreten des zweiten Pflegestärkungsgesetzes 2017 wurden die genannten Stufen in fünf „Pflegegrade" umgewandelt und der Pflegebedürftigkeitsbegriff wurde neu definiert. Nun wurden auch geistige und psychische Beeinträchtigungen stärker berücksichtigt; bei der Ermittlung des richtigen Pflegegrades kam es nun viel stärker auf den individuellen Hilfebedarf des jeweiligen Menschen an, mit dem er seinen Alltag alleine zu bewältigen hat. Vom Pflegegrad ist abhängig, ob und in welchem Umfang Leistungen gewährt werden. Leistungsstrukturen der bereits zuerkannten Pflegestufen wurden in einem festgelegten Schema in die neuen Pflegegrade überführt, für genehmigte Leistungen gab es einen „Bestandschutz".

Nach den gesetzlichen Rahmenbedingungen ist pflegebedürftig, wer eine körperliche, geistige oder psychische Behinderung oder eine gesundheitliche Belastung nicht selbstständig kompensieren kann. Die Pflegebedürftigkeit muss voraussichtlich auf Dauer, mindestens aber sechs Monate bestehen und eine gewisse Schwere aufweisen. Um die Pflegebedürftigkeit festzustellen, werden tägliche Verrichtungen aus sechs unterschiedlich gewichteten Kategorien berücksichtigt: Mobilität, kognitive und kommunikative Fähigkeiten, Verhaltensweisen und psychische Problemlagen, Selbstversorgung, Bewältigung krankheitsbedingter Anforderungen und die Gestaltung des Alltagslebens.

Darüber hatten wir uns selbstverständlich schon vorher Gedanken gemacht. Wir mussten ja selbst Personal und Tagesabläufe planen. Für die nächste Schicht wurde immer fixiert, wie es den BewohnerInnen psychisch und körperlich ergangen war und welche Abweichungen oder Veränderungen wir wahrgenommen hatten. Dokumentiert haben wir immer. Aber nicht in der Breite, die nun gefordert war. Vor allem nicht mit dieser Menge an Dokumentationsblättern. Jeder Handgriff musste nicht nur getan, sondern geplant, durchgeführt, verschriftlicht und mit Unterschrift abgesichert werden. Das nahm eine unglaubliche Dimension an – und verbrauchte viel Zeit, die für die eigentliche Pflegearbeit dann fehlte. Das System geriet durcheinander. Wir mussten viel schulen und noch mehr Fortbildungen ins Haus holen, bis diese Art zu denken und zu handeln – pflegen und alles dokumentieren – den MitarbeiterInnen in Fleisch und Blut überging. Das war nicht leicht. Man kann sagen, und aktuelle Statistiken bestätigen das, dass ca. 25 bis 40 Prozent der Dienstzeit für die Planung und Dokumentation der Arbeit draufgehen.

Um es auf den Punkt zu bringen: Der MDK wurde als „Feind" wahrgenommen. Als der Dienst jedoch auf- und ausgebaut wurde, haben viele Pflegekräfte die Arbeit an der Basis quittiert und sind zum MDK gewechselt. Das kann man sogar verstehen: Ohne wirkliche Anerkennung, mit Schicht-, Wochenend- und Feiertagsdiensten, einem nicht sehr üppigen Gehalt und dann auch noch diesem Wahnsinn an Dokumentation und Prüfverfahren, war ein Wechsel schon attraktiv. Für uns hat das die Situation aber weiß Gott nicht entspannt. Uns fehlten KollegInnen in der Pflege, während die Wechsler dann die „feine Arbeit" gemacht haben – und uns auch noch kontrollieren durften. Das ist bis heute ein schwieriges Thema.

ⓘ Medizinischer Dienst der Krankenversicherung (MDK)

Die Medizinischen Dienste der Krankenversicherung, kurz MDK, bestehen seit 1989 und dienen als sozialmedizinische sowie pflegefachliche Dienste, die Beratungen sowie Begutachtungen durchführen. Insbesondere unterstützen sie die Kranken- und Pflegekassen in allen medizinischen sowie pflegerischen Belangen. Auf der Basis des Solidaritätsprinzips soll den Versicherten der Kranken- und Pflegekassen die bestmögliche Versorgung geboten werden. Bundesweit existieren 15 eigenständige MDK, welche für je ein Bundesland bzw. für Hamburg und Schleswig-Holstein gemeinsam (als „MDK Nord") zuständig sind.

Der zuständige MDK trägt mit seiner Begutachtung und Beratung dazu bei, dass die Versicherten eine zu gleichen Bedingungen und unter objektiven sowie medizinischen Kriterien festgestellte, optimale Versorgung erhalten. In diesem Gesamtzusammenhang führen Fachärztinnen und Fachärzte sozialmedizinische Beratungen und Begutachtungen durch. Pflegefachkräfte prüfen die Voraussetzungen für eine Pflegebedürftigkeit und geben eine Empfehlung für einen Pflegegrad – und damit zur Art und zum Umfang der notwendigen Pflegeleistungen.

Im Auftrag der Pflegekassen prüft der MDK, ob Pflegeheime und ambulante Dienste die vereinbarten Qualitätsstandards einhalten. Darüber hinaus sind Fachkräfte des MDK als wissenschaftliche BeraterInnen in Grundsatzfragen für die Krankenkassen tätig.

Gegenwärtig wird der MDK umstrukturiert, um transparenter und unabhängiger von den Krankenkassen arbeiten zu können. Seit Anfang 2021 werden die einzelnen Dienste sukzessive in „Medizinischer Dienst" (MD) umbenannt und sollen fortan als Körperschaften öffentlichen Rechts fungieren.

Was wir schon die ganze Zeit versucht hatten und was mir intuitiv wichtig war zu erheben, bekam nun ein hochoffizielles Korsett an Anforderungen. Klar war es uns wichtig, über eine ehemalige Köchin zu wissen, dass sie immer um fünf Uhr morgens aufsteht. Oder dass jemand gewohnt ist, mittags nichts zu essen, dafür am Nachmittag. Wir wollten den Menschen immer entgegenkommen, auch wenn es einen Rattenschwanz für den weiteren Tagesablauf bedeutet hat. Jetzt mussten wir in vierzehn Bereichen fundiert planen und dokumentieren: Biografie, Ernährung und Kleidungswünsche sind da nur die naheliegendsten. Die Pflegekräfte mussten jetzt alle „Aktivitäten und existenziellen Erfahrungen des Lebens", die sogenannten AEDL, erheben, Ziele für Verbesserungen formulieren und Maßnahmen festlegen, die kurz-, mittel- und langfristig in Richtung Ziele führen. Gab es ein Problem, sollte man dieses erkennen, bearbeiten und zu gegebener Zeit prüfen, ob es wirklich gelöst ist – oder ob weitere Maßnahmen nötig sind. Das ist eine Absicherung und sehr wichtig, gar keine Frage. Aber diese Erhebungen kosten sehr viel Zeit. Und es ist nicht für jeden leicht, besonders für diejenigen KollegInnen, die nicht so gut Deutsch sprechen. Seit vielen Jahren arbeiten meist unterschiedlichste Nationen unter einem Dach. Jemand kann sich vielleicht nicht so gut ausdrücken wie andere, überlässt dann die Dokumentation lieber den KollegInnen. Das machen die einmal mit, vielleicht auch ein zweites Mal, beim dritten Mal gibt es dicke Luft. So entstehen unheimlich viele Spannungen.

Mein Resümee zu den Veränderungen ist klar: Ich will auf keinen Fall in Frage stellen, dass wir unsere Arbeit nachvollziehbar darstellen sollten. Wir arbeiten mit öffentlichen Mitteln, wir müssen kontrolliert werden. Und auch gut argumentieren können. Aber die Personalbemessung und die Rahmenbedingungen für MitarbeiterInnen, diesen Part auch noch zu bewerkstelligen, haben sich den neuen Anforderungen nicht angepasst. Der zusätzliche Aufwand wird aus meiner Sicht bis heute keineswegs auskömmlich berücksichtigt. Es gab wohl mal leichte Anhebungen, leichte Verbesserungen bei den Personalstunden. Im nächsten Schritt kamen dann aber wieder höhere professionelle Anforderungen. Das ist schön und richtig, wird aber bei der Personalbemessung eindeutig nicht genügend anerkannt.

Die Quintessenz daraus? Es gibt immer weniger Zeit für die BewohnerInnen. Das ist einer der Gründe dafür, dass immer mehr Pflegekräfte nur kurz im Beruf verweilen. Weil sie unzufrieden sind, ausgebrannt, nicht mehr können. Weil viele, insbesondere Frauen, die Doppelbelastung nicht mehr tragen können. Das kam auch früher schon vor. Ich sprach bereits davon, dass in den 1980er-Jahren eine neue Generation junger Menschen in den Beruf kam. Sie hatten wie ich die „neue" Pflege gelernt und wollten auch arbeiten, aber eben so, wie sie es sich vorstellten. Mit klaren Vorgaben und Strukturen hatten sie zum Teil eher wenig am Hut. Diese Pflegekräfte waren schneller frustriert, konnten vielfach nicht so gut durchhalten. Seitdem es die Pflegeversicherung gibt, erlebe ich das viel deutlicher: Dass sich junge Menschen etwas anderes unter dem Beruf vorgestellt haben. Dass sie von der Realität überfordert, ernüchtert, enttäuscht sind. Und das Handtuch werfen.

Damals begann die Bürokratisierung der Altenpflege. Dokumentieren, Nachweise führen und rechtliche Absicherungen wurden wichtiger als die zu Pflegenden. Individuelle Bedürfnisse zu erkennen, den einzelnen pflegebedürftigen Menschen im Mittelpunkt zu sehen – das wurde immer schwieriger. Ab Mitte der 1990er-Jahre wurden neben den Pflegekräften auch MitarbeiterInnen im „Sozialen Dienst" eingestellt. Diese sollten sich um die Tagesstruktur der BewohnerInnen kümmern. Schön. Aber die müssen im Prinzip dasselbe leisten, alles dokumentieren zu Kommunikation, Aktivitäten ... Und auch hier ist der Personalschlüssel so unzureichend und der administrative Aufwand so groß, dass objektiv zu wenig Zeit da ist. Daher ist die durchgängige Klage der BewohnerInnen bis heute: „Wir sind zu viel alleine." Und von Angehörigen: „Wir zahlen doch 5000 Euro, warum ist meine Mutter so oft alleine? Warum tut sich da nichts?" Das ist mir immer wieder aufgefallen. Vor dem Beginn der Pflegeversicherung war es viel öfter möglich, sich mal zu den BewohnerInnen zu setzen, mal zusammen nach draußen zu gehen. Damals oft auch noch mit Zigarette. Manche ganz gewitzten PflegerInnen haben am liebsten mit den BewohnerInnen auf den Zimmern geraucht. Damit nicht auffällt, wie viele Raucherpausen sie machen. Das kann man kritisieren, klar – aber immerhin verbrachten sie Zeit mit den Alten.

Die BewohnerInnen selbst haben diese Veränderungen in unserem Arbeitsalltag zum Teil gar nicht mitbekommen – wer nach 1995 kam, kannte es nicht anders. Aber ich habe es mitbekommen. Die BewohnerInnen waren viel zu lange sich selbst überlassen. Sie saßen dann auf den Fluren, besonders gerne vor den Aufzügen. Das ist in manchen Einrichtungen bis heute ein Anziehungspunkt für die Menschen. Weil sich da etwas bewegt, weil sich da etwas tut. Da kann man mal etwas sehen, etwas sagen. Ich habe das so bedauert. Für mich war es ein starkes Indiz dafür, dass sie nicht genug Anreize haben und es zu wenig Gruppen- und/oder Einzelangebote gibt. Wenn Sie in eine Altenpflegeeinrichtung kommen, achten Sie ruhig mal auf den Bereich am Aufzug. Dieser Ort wird Ihnen einiges über die Einrichtung verraten. Für mich ist das bis heute wie ein Kompass. Wenn ich aus dem Aufzug steige und werde schon links und rechts von einer Delegation begrüßt, dann hakt etwas: Jemand ist krank, die Besetzung ist zu eng ... In der Südstadt haben wir uns das mal gezielt als Projekt vorgenommen: „Wie bekommen wir die BewohnerInnen von den Fluren weg?" Im ersten Moment muss man das akzeptieren, man kann sie ja nicht einfach verscheuchen. Darum ging es auch nicht. Wir wollten das sanft aufweichen, sie an diesem Ort abholen und ihnen genau dort ein Angebot machen, wenn auch mit geringem Aufwand. So haben wir den Abendausklang eingeführt. So hat sich immer abends zwischen Abendessen und Bettruhe eine Mitarbeiterin bzw. ein Mitarbeiter vom sozialen Dienst auf den Weg gemacht. Hat mit den Leuten den Tag besprochen, auch mal ein Likörchen oder etwas anderes verteilt. Hat etwas Leben, etwas Schönes in die träge Stille gebracht. Diese Aktion wurde gut angenommen. An unserem Dokumentationsaufwand hat es natürlich nichts geändert.

Seit Beginn der Professionalisierung des Altenpflegeberufs wird ein sogenannter ganzheitlicher Blick auf den Menschen gelehrt. Zwar befinden sich die BewohnerInnen in einer Pflegesituation, aber sie haben noch andere, eigene Bedürfnisse. Das muss bedacht werden, das sollte jede Pflegekraft im Auge haben. Trotzdem ist die Pflege, wie sie konkret im Alltag stattfindet, immer funktioneller geworden. Es gibt jetzt hoch qualifizierte Fachkräfte, die ein tolles Berufsbild erlernt haben – sie sind aber einen Großteil ihrer Zeit damit beschäftigt, den Pflegeprozess darzustellen. Die praktischen Aufgaben – Essen anreichen, Waschen, Ankleiden und so weiter – übernehmen verstärkt die Pflegehilfskräfte. Das widerspricht jedoch der Idee der Ganzheitlichkeit, wie ich sie verstehe. In diesem Zusammenhang ist auch das Konzept der Bezugspflege entstanden: Eine bestimmte Pflegekraft sollte immer für ein und dieselbe Person zuständig und ansprechbar sein. Das ist ein schönes Konzept, das schreibt man sich gerne auf die Fahne: Für diese vier oder fünf BewohnerInnen ist „Frau Sowieso" die Bezugspflegerin. Nur leider muss „Frau Sowieso" am Computer sitzen und tippen. Wer von den PflegehelferInnen dann die einzelnen Verrichtungen übernimmt, ist eine andere Frage. Das läuft meist sehr viel funktionaler ab. Eigentlich ist das Ganze eine Mogelpackung. Die Fachkräfte machen den Prozess, das Theoretische, die Absicherung. Und das, was man unter der Betrachtung des „ganzen Menschen" versteht, machen sie immer weniger. Willkommen zurück bei „satt und sauber".

Time-out

oder:
Man muss auch einfach mal einen Gang runterschalten

Puh, das waren viele Veränderungen, die viel Stress bedeuteten. Beim Lesen ist es wahrscheinlich auch nicht leicht, da am Ball zu bleiben. Darum muss ich gerade mal innehalten und von ein paar schönen Erlebnissen berichten. Eigentlich war das auch immer meine Idee, um mir die Dinge nicht über den Kopf wachsen zu lassen: ganz bewusst zu unterbrechen, mir die freien Zeiten auch wirklich freizuhalten. Das habe ich mit festen Abendritualen gemacht. Ich habe mich gerne verabredet, bin ausgegangen, zum Essen. In Konzerte, klassische Musik, aber auch Schlager. Oder ins Theater, in die Oper. Das sind Erfahrungen, die ich sehr zu schätzen gelernt habe. In meiner Familie besaß Kultur keinen großen Stellenwert, nur meine Lieblingstante hat mich dafür begeistert. Mit meinem ersten Mann kam das Thema auch nicht auf, ihn hat das eher nicht interessiert. Mit Jens war das möglich und auch sehr schön, wir haben viele Dinge gemeinsam entdeckt. Ich bin einer Theatergemeinde beigetreten, habe auch gerne gesungen. Mitunter habe ich Abonnements abgeschlossen, um mich ein bisschen zu meinen Auszeiten zu verpflichten. Ich halte mich gerne daran. Dabei kann ich sehr gut und sehr schnell regenerieren.

Das gilt auch für unsere Kurzurlaube. Ich habe über Jahrzehnte nicht länger als vier Tage am Stück Urlaub gemacht, erst in den letzten Jahren habe ich mich ein bisschen gesteigert – so auf maximal eine Woche. Gott sei Dank kann ich schnell runterkommen, und es mir dann auch richtig gut gehen lassen. Am liebsten fahre ich in Wellnesshotels, wo ich von vorne bis hinten verwöhnt werde. Das genieße ich. Dann noch ein gutes Essen, ein guter Wein – und ich bin die Königin der Welt. Es ist nicht so, dass ich im Hotel gar nicht mehr an die Arbeit denke. Das gab es immer wieder mal, dass ich mir ein Projekt mit in den Urlaub genommen habe. Aber dann habe ich mich gezielt zwei, drei Stunden auf dem Zimmer damit hingesetzt und geschrieben. Aber dann schließe ich es für mich ab, auf dem Massagetisch beschäftigt es mich dann nicht mehr. Oder ich gehe wandern – leider viel zu selten –, dann ist mein Kopf auch frei. Urlaub ist Zeit für mich. Vielleicht ist das auch wieder so eine kleine Kompensation: Reisen war etwas, das meine Eltern nicht gut zulassen konnten. Wir sind wenig verreist, und auch erst spät. Bei meinem ersten Urlaub, wir verbrachten eine Woche in Oberfranken, war ich schon zwölf. Später fuhren wir manchmal nach Sylt, das war mein Highlight des Jahres. Davon hätte ich mehr vertragen können. Na ja, jetzt konnte ich es mir selbst holen. Aber zurück zum Thema …

Sicherer als ein Atomkraftwerk

oder:
Vertrauen ist gut, Kontrolle ist besser – aber bitte in Maßen

Die nächste sehr spürbare Veränderung in der Pflegelandschaft waren die zunehmenden behördlichen Kontrollen. Seit den 1990ern existieren immer mehr Behörden und Gremien, die die Altenheime kontrollieren. Bei uns Pflegenden gab es schon bald ein geflügeltes Wort dafür: eine Einrichtung, die das alles absolviert, ist sicherer als ein Atomkraftwerk. Aber der Reihe nach …

Der erste Akteur ist die Heimaufsicht. Heute heißt sie offiziell die „zuständige WTG-Behörde", es geht um das „Wohn- und Teilhabegesetz". Es erscheinen regelmäßig KontrolleurInnen, meist unangemeldet mit nur kurzem Vorlauf, prüfen die Einrichtung nach den Vorgaben des WTG, sprechen mit den BewohnerInnen und der Belegschaft und geben anschließend einen Bericht dazu ab. Darauf muss man mitunter antworten, Rückmeldungen geben. Dann gibt es den MDK, der macht auch Begehungen, prüft nach vorgegebenen Kriterien Aufbau, Ablauforganisation und Ergebnisqualität. Diese Begehungen enden in einem Bericht – und wenn vor Ort manches nicht so nachvollziehbar gewesen oder nicht schriftlich fixiert worden war, enthält der Bericht Maßnahmen. Also eigentlich immer. Die muss man dann bearbeiten. Auch das Gesundheitsamt kommt kontrollieren. Die PrüferInnen checken zum Beispiel den hygienischen Zustand der Hauptküche, der Verteilerküchen auf den Etagen und der Pflegebüros. Wieder muss auf Berichte geantwortet werden. Dann kommt der Brandschutz regelmäßig ins Haus und befindet, wo in der Einrichtung Brandlasten sind. Das wird meist heiß diskutiert. Was darf in öffentlichen Bereichen stehen? Was in den Fluren? Wie sieht das Gesamtkonzept aus? Ist der Notfallplan schlüssig? Um nur ein paar Themen anzureißen … Und dazu gibt es wieder einen Bericht. Dann muss die Trinkwasserversorgung geprüft werden, das macht das Umwelt- und Hygieneamt, nimmt Wasserproben. Ist etwas nicht in Ordnung, muss man auch das wieder beheben und nachweisen. Auch die von zu Hause mitgebrachten Gegenstände der BewohnerInnen müssen einwandfrei sein. Was einem Menschen zu Hause wichtig war, sollte ihm auch in der Einrichtung möglich sein. Sei es, sich auf dem Zimmer mit dem Wasserkocher selbst einen Kaffee kochen zu können. Aber wir sind verantwortlich dafür, dass dieser Wasserkocher dem Sicherheitsstandard entspricht. Das macht in der Regel der Hausmeister, geht einmal im Jahr eine große Runde, nimmt Geräte in Listen auf, kontrolliert diese, zieht einige aus dem Verkehr, muss mit den BewohnerInnen ins Gespräch gehen. Wir müssen das nachweisen können. Dann die Medizinprodukte. Dafür ist die Bezirksregierung zuständig, sie prüft alle eingesetzten Hilfsmittel, Lifter, Sauerstoffgeräte und so weiter. Wieder folgt ein Bericht, dieses und jenes war nicht ganz korrekt, muss behoben werden. Und damit endet die Liste noch lange nicht. Selbst das Veterinäramt führt Begehungen durch. Diese behördlichen Kontrollen sind aus meiner Sicht absolut wichtig und richtig. Selbstverständlich kann es nicht angehen, dass das Trinkwasser keimbelastet oder ein Sauerstoffgerät undicht ist. Aber es geht so viel Zeit dafür drauf, die vielen Gänge zu begleiten und die Berichte zu bearbeiten. Außer der Leitung sind immer auch die Beauftragten für den gerade kontrollierten Bereich aus ihrer Arbeit gerissen: Wenn spontan die Medizinproduktekontrolle kommt, reiße ich die Medizinproduktebeauftragten aus ihrer Arbeit. Wenn die WTG-Behörde kommt und nachfragt, warum dieses und nicht jenes Inkontinenzprodukt eingesetzt wird, muss mich wenigstens die Wohnbereichsleitung begleiten. Die wird dann auch aus ihrem Alltag geholt. Wenn der MDK kommt, müssen die Pflegefachkräfte ran, um für den Pflegeprozess geradezustehen. Bei diesen Kontrollen stehen eigentlich alle unter Spannung, von der Leitung bis zur Pflegehilfskraft – und allen geht Zeit verloren, vor allem den BewohnerInnen.

ⓘ Wohn- und Teilhabegesetz (WTG)

Im Jahr 2006 trat eine als Föderalismusreform bekannte Grundgesetzänderung in Kraft, die die Verhältnisse und Kompetenzen zwischen Bund und Ländern in verschiedenen Bereichen (Gesetzgebung, Bildung, Umwelt) neu geregelt hat. Auch die Gesetzgebungszuständigkeit des Bundes im Heimgesetz wurde auf die Länder übertragen. 2014 trat zum Beispiel in Nordrhein-Westfalen das „Wohn- und Teilhabegesetz" (WTG) in Kraft, das im Jahr 2019 grundlegende inhaltliche Änderungen erfahren hat. In anderen Bundesländern wurden vergleichbare Gesetze erlassen.

Ziel des WTG Nordrhein-Westfalen ist unter anderem die Gestaltung von Rahmenbedingungen für ältere oder pflegebedürftige Menschen in Wohn- und Betreuungsangeboten. Die BewohnerInnen sollen unter anderem ein möglichst selbstbestimmtes Leben führen können, vor Gefahren für Leib und Seele geschützt werden, in ihrer Privat- und Intimsphäre geachtet werden und eine bedarfsgerechte, qualifizierte Betreuung erhalten.

Das Gesetz regelt beispielsweise gemeinsame Anforderungen an alle Wohn- und Betreuungsangebote, die Qualitätssicherung, sachliche und personelle Anforderungen an Einrichtungen, Mitwirkung und Mitbestimmung der NutzerInnen von Einrichtungen, die Zusammenarbeit der Behörden und die Sanktionierung von Verstößen.

Ich sage es noch einmal, damit es keine Missverständnisse gibt: Ich bin der festen Überzeugung, dass Kontrollen stattfinden müssen. Aber es gibt ein Missverhältnis zwischen Zeit und Nutzen. Dabei wäre es schon hilfreich, die Prüfungen zu bündeln, so könnten MDK und Heimaufsicht zusammen kommen. Oder auch der Brandschutz. Damit man mit gutem Gewissen in den Urlaub fahren kann. Es gibt gar nicht wenige Pflegedienstleitungen, auch Heimleitungen, die richtiggehend Angst haben: „Was, wenn ich wegfahre, und dann kommen die?" Da will man dabei sein, man muss ja die Arbeit vertreten. Das war mir immer wichtig, ob beim MDK oder bei anderen Prüfungen, diese selbst zu begleiten. Das war auch gut so, denn so konnte ich in oberster Verantwortung doch viele Situationen retten oder auffangen. Strittiges klären, meinen MitarbeiterInnen Rückhalt geben, Vertrauen vermitteln, sie dem Druck nicht allein überlassen. Neben dem Zeitfaktor sind Kontrollgänge für viele auch ein großer Kraftfresser. Man muss schon stabil und sehr selbstbewusst sein, um da anzutreten.

Ich erinnere mich insbesondere an die erste Kontrolle, kurz nach der Einführung der neuen Strukturen. Es muss 1996 gewesen sein. Der MDK marschierte auf für seine fortan jährlich stattfindenden Besuche. Es sollten Aufbau und Ablauforganisation der gesamten Einrichtung erhoben werden. Damit hatten wir uns im Vorfeld schon lange befasst, damals nannten wir es noch „Hauskonzept". Es war kein Geheimnis, was alles abgefragt werden sollte. Ich hatte mich gemeinsam mit meiner Pflegedienstleitung gut vorbereitet, wir hatten unsere Handbücher mit festgeschriebenen Abläufen und konnten diese auch gerne vorlegen. Wir würden auf alle Fragen rasch reagieren können, entsprechend entspannt waren wir. Und was die Qualität unserer Pflege anging, war ich sogar sehr entspannt. Weil ich als Leitung sehr eng mit den Wohnbereichsleitungen und dem Pflegedienst zusammengearbeitet habe. Wenn es irgendwo Probleme gab, haben wir die sehr schnell und sehr eng besprochen. Auch schon zu Zeiten, bevor das modern wurde. Eine Delegation von drei Personen besuchte uns, angeführt von einer Ärztin. Ich habe alle freundlich begrüßt, was auf wenig Resonanz stieß. Die Ärztin war zwar nicht unfreundlich, aber ihren griesgrämigen Blick behielt sie bei. Hoppla, dachte ich mir. Ich habe ihnen Getränke angeboten, Kaffee, Wasser, vielleicht sogar ein Brötchen. Das haben sie alles abgelehnt. Nein, sie hätten ihren eigenen Tee, eigenes Wasser dabei. Keine gute Ausgangslage, schien mir. In erster Linie sollten die Pflegekräfte präsent sein, aber ich habe den Rundgang von Anfang bis Ende begleitet, um mitzubekommen, wie das lief. Das war abenteuerlich. Wir kamen in einen Bereich mit dementen BewohnerInnen, gingen bis zum Speiseraum. Die Ärztin wollte sich wohl aus erster Hand vom Wohlergehen der BewohnerInnen überzeugen. Noch halb in der Tür stehend, ohne ein Wort der Vorstellung oder Begrüßung, beugte sie sich zu einem Herrn hinunter, der am ersten Tisch saß und gerade frühstückte: „Na, wie geht's Ihnen denn?" Der blickte stumm zu ihr herüber, stand auf – er war gut zwei Köpfe größer als sie, ein richtiger Brocken –, ging einen Schritt auf sie zu, packte sie unter den Armen und stellte sie zurück auf den Flur. Ich habe innerlich „hurra" geschrien. Ich fand das so unangemessen, so distanzlos, wie sie sich da reindrängte. Er fühlte sich wohl gestört, völlig zu Recht. Wahrscheinlich hätte er auch gar nichts Relevantes antworten können. In der Zwischenzeit hörte ich schon über die Buschtrommeln von meinen Pflegekräften: „Oh Gott, Frau Röhlich, was die da fragen, die sind so unfreundlich." Das muss nicht alles der Realität entsprochen haben, aber so haben wir das wahrgenommen, einschließlich Leitung. Der gesamte Auftritt wirkte auf uns wie: „Wir hier oben zeigen euch da unten jetzt, wie gute Pflege geht." Und das Ergebnis war niederschmetternd. Es gab in dem Bericht keine Noten oder Ähnliches, dafür eine ellenlange Liste mit Maßnahmen, was alles dringend verändert und nachgebessert werden müsse. Es gab eigentlich nichts, das nicht beanstandet wurde. Wir waren erschüttert. Unsere Arbeit wurde schlicht umfassend in Frage gestellt. Dem habe ich selbstverständlich widersprochen, meine Kritikpunkte belegt. Ich bin auch mit zwei Kolleginnen zur Pflegekasse nach Essen gefahren, habe mich dort mit denen auseinandergesetzt. Letztlich wurde vieles anerkannt, was ich noch entkräften und nachweisen konnte. Das Ergebnis war nun ein anderes. Aber das zu erreichen, kostete Zeit und Nerven. Eine Kontrolle wie diese habe ich zum Glück nicht noch einmal erlebt. Bei den späteren Begehungen gab es immer wieder auch berechtigte Kritik, gar keine Frage. Mal war ein Dienstplan nicht eindeutig, mal ein Kommunikationsweg nicht nachvollziehbar. Das kann auch bei gutem Willen in einem so großen Betrieb mal untergehen – wo gehobelt wird, fallen eben Späne. Auf solche Dinge muss hingewiesen werden, dann können wir sie beheben. Was regelmäßig bis heute kritisiert wird, ist die Pflegedokumentation. Die Pflegekräfte sind angehalten, jede einzelne Tätigkeit in einem sogenannten Regelkreis zu begründen: Es soll ein Ist-Zustand erhoben werden, zum Beispiel hat eine Bewohnerin eine nässende Wunde. Dazu sollen Ziele formuliert werden, die Wunde soll abheilen und sich schließen. Um das zu erreichen, sollen passende Maßnahmen festgelegt werden, etwa Wundversorgung und Anpassung der Lagerung. Schließlich soll es eine Evaluation geben, also zu bestimmten Zeitpunkten soll kontrolliert werden, ob das Ziel mit den geplanten Maßnahmen erreicht wird oder ob etwas anderes versucht werden soll. Im Alltag bleibt es manchmal dabei, dass notiert wird: Wundversorgung, leichte Besserung. Damit ist eigentlich alles gesagt. Ich finde es auch menschlich, wenn MitarbeiterInnen nicht jedes Mal an alle Prüfschritte denken. Aber den hohen Ansprüchen an die Pflegedokumentation genügt das nicht. Was nicht geschrieben steht, wurde womöglich nicht gemacht, jedenfalls kann es nicht nachvollzogen werden.

Nach Einführung der Pflegeversicherung 1995 war der Zeitaufwand das alles entscheidende Maß. Es wurden Minutenwerte dafür berechnet, wie lange ein Mensch in verschiedenen Bereichen Hilfe brauchte: für Körperpflege, Essen und Trinken, Anziehen, Ausziehen, Behandlungspflege ... Anhand dieser minutiösen Rechnung wurde dann entschieden, in welche Pflegestufe jemand eingruppiert werden konnte. Dabei wurde aber das Thema Demenz aus meiner Sicht und der vieler KollegInnen eindeutig zu wenig berücksichtigt. Viel von dem, was ein dementer Mensch in der Pflege braucht und was ihm guttut, kann man nicht sinnvoll in Minuten messen oder verständlich in Worte fassen. Schon allein der Bereich der Kommunikation: Manche dementen BewohnerInnen müssen immer wieder angesprochen, beruhigt und motiviert werden, über den ganzen Tag, wieder und wieder. Tatsächlich aber liefen sehr demente und damit sehr pflegeintensive Menschen in den recht niedrigen Pflegestufen 1 oder 2. Das beständige Ansprechen, Motivieren, Beruhigen, In-die-Spur-bringen war dadurch in keiner Weise abgebildet. Das Personal hatte also deutlich mehr Zeitaufwand, als letztlich bezahlt wurde, weil es nicht ausreichend dokumentiert werden konnte. Das beste Beispiel dafür ist mein persönlicher Held: der Herr, der gerne ungestört frühstücken wollte. Er war sehr kräftig, konnte alle Handgriffe machen, die so anfielen. Augenscheinlich hatte er keine nennenswerten Beeinträchtigungen. Aber er musste viel Ruhe haben und viel Zuspruch und Motivation bekommen. Außerdem hatte er sich auf eine bestimmte Kollegin eingeschossen. Von ihr hat er die Zusprache angenommen. Die anderen konnten genauso lieb und nett mit ihm sprechen wie sie, er hat trotzdem kaum auf sie reagiert. Und es gibt noch viel mehr Unwägbarkeiten mit dementen BewohnerInnen. Vielleicht hat jemand geschlabbert und muss saubergemacht werden. Vielleicht hat jemand eingenässt und muss umgezogen werden. Das kommt sehr viel häufiger vor als bei anderen BewohnerInnen, bei denen man vielleicht einen Katheter setzen und das mit ihnen besprechen kann. Solche Besonderheiten fanden so gut wie keine Berücksichtigung.

Die Rechnerei mit den Minuten war eigentlich ein Versuch, den Pflegeaufwand gerechter zu bemessen. Wenn aber dann eine Anfrage kam und nur der ärztliche Fragebogen vorlag, konnte man nicht unbedingt einschätzen, wie dement eine Person war. Schon gar nicht, wenn man sie noch nicht kennengelernt hatte. Es blieb auch weiterhin unser Wunsch, die BewohnerInnen vor der Aufnahme einmal zu besuchen, um uns einen Eindruck zu verschaffen. Dabei hätten wir auch eine erste Idee davon bekommen, welche Verbesserungen mit professioneller Unterstützung noch denkbar waren. Das fiel jetzt, mit dem deutlich zunehmenden Zeitdruck, flach. Aufnahmen waren kaum noch planbar – man wusste nicht, wie beeinträchtigt die neuen BewohnerInnen waren. Stellte sich dann heraus, dass der Aufwand doch größer war als gedacht, bekam man für die Menschen nur noch schwer eine höhere Einstufung. Weil es die Kriterien dafür nicht gab oder weil es von den Mitarbeitenden in der ersten Zeit in der Einrichtung nicht deutlich genug dokumentiert worden war – warum auch immer. Dann stand man als Leitung häufiger vor schwierigen Entscheidungen: Sollen wir lieber einen dementen Menschen aufnehmen oder jemanden, dessen körperlicher Pflegebedarf offensichtlicher ist? Rein wirtschaftlich gesehen waren die Letzteren deutlich interessanter. Auch mit Blick auf die MitarbeiterInnen und ihre Auslastung. Gerecht aber war anders. Es gab eindeutig eine Schieflage.

Tue Gutes und rede darüber

oder:
Wie die Medien zu uns ins Haus kamen –
bis die BewohnerInnen genervt waren

Mir war es immer ein Anliegen, Wortbeiträge zu leisten zum Thema Altenpflege. Ich wollte um Anerkennung werben, das Berufsbild vorstellen, die Rahmenbedingungen ansprechen. Den aktuellsten dieser Beiträge halten Sie gerade in Ihren Händen. Die Veränderungen um 1996 gaben bereits reichlich Anlass, auf Rahmenbedingungen hinzuweisen. Im Kölner Beritt habe ich schon früh in Gremien die Stimme erhoben, auch gegenüber den Medien. Leider wurde so gut wie immer, falls überhaupt über sie berichtet wurde, schlichtweg negativ über Altenheime berichtet: Die BewohnerInnen würden vernachlässigt, die Pflege sei schlecht, die Menschen seien verwahrlost, ihre Eigenständigkeit würde ihnen aberkannt ... Mitunter hatten sie recht. Viele RedakteurInnen schienen sich vor allem auf reißerische Themen zu stürzen, wollten dann einen Bericht aus der Praxis daran aufhängen. Und so sammelte ich einige Erfahrung im Umgang mit Medien – mit den Kölner Zeitungen, dem Spiegel, vereinzelt war ich im Fernsehen. Von den örtlichen Blättern kamen entweder Katastrophennachrichten oder die allerlangweiligsten Meldungen: Wie schön doch das Sommerfest mit Kaffee und Kuchen und Tanz gewesen wäre. Zwischen diesen beiden Extremen gab es wenig. Dem wollte ich etwas hinzufügen, einen modernen, realistischen Blick – daher habe ich immer wieder JournalistInnen zu uns ins Haus eingeladen. Sie konnten uns einen Tag lang begleiten, die Altenarbeit kennenlernen und darüber schreiben, wie sie wirklich ist.

In den späten 1980er-Jahren kam Rudolf Scharping auf uns zu, der spätere Bundesverteidigungsminister, damals noch Landesvorsitzender der SPD in Rheinland-Pfalz. Er hatte sich das Thema Personalmangel auf die Fahnen geschrieben und wollte sich ein Bild vom Alltag in der Altenpflege machen. Perfekt – ohne zu zögern, sagte ich zu. Er kam standesgemäß im Anzug, mit einem Tross von Begleitern, und verbrachte ein paar Stunden bei uns. Er sah sich alles ausführlich an, hörte zu. Leider konnte er keine ganze Schicht lang bleiben, so wie es mein Wunsch gewesen war. Ein anderes Mal hatte der Spiegel mal wieder etwas besonders Schlimmes aus dem Pflegebereich zu berichten. Das habe ich in einem Leserbrief kommentiert, und zu meiner Überraschung rief mich ein Redakteur deswegen an. Ein sehr renommierter, schon etwas älterer Journalist, der dem Thema Altenpflege scheinbar sehr negativ gegenüberstand. Den habe ich auch eingeladen. Da saß ich nun, angespannt, aufgeregt: Kommt der jetzt wirklich? Was kommt dabei raus? Bin ich ihm rhetorisch gewachsen? Kann ich uns in einem guten Licht zeigen? Ist unsere Arbeit am Ende so spannend für seine LeserInnen wie für mich? – Also wieder: Traust du dir das zu? Er kam tatsächlich, im Pullover, nicht im

Anzug. Und er war wirklich ein harter Brocken, aus seiner Sicht waren die BewohnerInnen alle ganz arm dran. Er hat dann eine volle Schicht bei uns verbracht, wir haben unglaublich viel diskutiert. Am Ende war ich mit der Berichterstattung hochzufrieden. Es war kein riesiger Beitrag geworden, aber immerhin: Es ging um den Wandel und darum, dass Pflege im Heim nicht immer so schlecht ist wie ihr Ruf.

Immer wieder hat RTL angefragt, da hatte ich zunächst deutliche Vorbehalte. Der Anlass war üblicherweise, dass in anderen Einrichtungen etwas vorgefallen oder passiert war. Das Anliegen war in der Regel, die Pflegeeinrichtungen anzuprangern. Dazu habe ich dann doch gerne Stellung genommen. Über die Jahre habe ich mich immer wieder zum Bild der Pflege in der Gesellschaft oder zum Thema Anerkennung der MitarbeiterInnen in der Pflege geäußert. Am spannendsten war eine Livesendung des ZDF mit Diskussionsrunde 1996, es sollten Pflegeexperten aus verschiedenen Verbänden zum Thema „MDK" sprechen. Als die Einladung kam, wusste ich noch nicht so recht ... Aber auf meinen Mann war Verlass, er hat mir Mut gemacht. Mittags wurde ich mit Limousine und Fahrer in Köln abgeholt, zum Sender gebracht. Ich hatte richtig Lampenfieber. Zuerst gab es ein Vorgespräch, in dem die Themenbereiche etwas näher vorgestellt wurden, die später diskutiert werden sollten. Damit kannte ich mich aus, ich wurde etwas ruhiger. Dann ging es in die Maske, Schminken, Frisieren, das ganze Gedöns. Als die Sendung begann, hatte ich immer noch heiße Wangen. Aber ich glaube, ich habe mich gut geschlagen. Vorher wurde extra betont, die Teilnehmenden sollten erst von ihren Sesseln aufstehen, wenn das explizit gesagt würde. Leider stand ich noch so unter Strom, dass ich das am Ende nicht mehr wusste – und so konnte mich das Livepublikum nach der Verabschiedung der Moderatorin, beim letzten Kameraschwenk durchs Studio, aufstehen sehen. Das war unangenehm, aber mit meinen Inhalten war ich zufrieden: Zu dieser Zeit, 1996, gab es schon viel „gute Pflege", viele gute Einrichtungen – lange, bevor der MDK seine Arbeit aufnahm. Die ersten Ansätze für die Art von Pflege, wie ich sie vertreten habe, lagen bereits in den 1970ern. Damals wurde erstmals aktiv in eine neue Richtung gedacht, der Mensch in den Fokus genommen. Nicht nur in der Altenpflege, auch in der Krankenpflege, in der Psychiatrie, sicher auch in den Kinderheimen. Es gab wunderbare Ideen, die Umsetzung brauchte wie immer etwas länger. Die Dinge, die schon längst angestoßen waren, hatten doch Anerkennung verdient.

Wir hatten oft Kamerateams im Haus. Das lag neben meinem Hang zur Öffentlichkeitsarbeit sicher auch daran, dass sowohl der Träger, die Arbeiterwohlfahrt, als auch die Einrichtung selbst, das Arnold-Overzier-Haus, mit „A" anfangen. Wir standen in den „Gelben Seiten" ganz oben und das eine oder andere Team wollte sich wohl die Arbeit leicht machen, darum kamen sie eben zu uns. Ende der 1980er-Jahre fing das an und eine Zeit lang war wahnsinnig viel los. Einerseits total spannend, andererseits hatten die BewohnerInnen zunehmend genug von den Kameras, sie waren zu Recht genervt: „Luur ens, do filmen se widder."[5] Das brachte zu viel Unruhe in den Tag, das ging nicht dauerhaft so. Darum habe ich die Besuche durch Medienleute wieder reduziert.

Ein Plateau ist erreicht

oder:
Wie ich kein richtiges Studentinnenleben hatte –
und mein Kind laufen lassen konnte

Im Jahr 1996 startete ich an der Katholischen Fachhochschule, der KFH, mein zweites Studium: Pflegemanagement. Schon der Titel hat mich gereizt: Was heißt das denn? Ich manage doch schon

---

5 „Schau mal, da filmen sie wieder!"

meinen Laden, ich mache doch schon die Pflegeorganisation, was ist da so anders? Ich habe mich gefragt (und das hört sich jetzt vielleicht arrogant an): Gibt es etwas, das ich noch nicht weiß? Wo kann ich noch Input bekommen? Was gibt es noch außer dem, was ich schon mache? Selbstverständlich gab es hier neuen Stoff. Weil es viele verschiedene Fachdisziplinen gibt, die ins große Thema „Pflegemanagement" reinspielen, viele Theorien, die mir noch nicht geläufig waren. Und es war wieder einmal wunderbar. So viel theoretischer Input, so viel Austausch, eine unglaubliche Bereicherung. Was anderen vielleicht dröge vorkommt, war genau meins: Überlegungen zum Pflegebegriff – was ist das eigentlich? Wie lässt sich Pflegebedürftigkeit überhaupt definieren? Das ist zum Teil erst in den letzten Jahren konkreter gefasst worden. Mit welchem Selbstverständnis gehe ich in die Arbeit am Menschen? Dann gab es psychologische und soziologische Ansätze. Dann ging es darum, dass man das Thema Pflege interdisziplinär angehen kann. Intuitiv habe ich das schon immer versucht, ohne zu ahnen, welchen unfassbaren theoretischen Hintergrund es dafür gab. Ich habe an der KFH neues Werkzeug an die Hand bekommen. Manche Themen waren auch sehr theoretisch, was eigentlich gar nicht meins ist. Kybernetik[6] sollten wir im Unterricht lernen, das war für mich immer ein Thema aus der Physik. Ich musste mich darauf einlassen – und es hat mich umgehauen. Ein Verständnis dafür zu bekommen, wie sich Systeme zusammenfinden, wie sie sich regulieren, wie man sie nachjustiert. Und ich dachte: Wow, das hast du schon gemacht! Das hat mir eine gute Portion Selbstbewusstsein mitgegeben. Dann gab es einige betriebswirtschaftliche Themen, bei denen ich aber nicht so in die Tiefe gegangen bin. Das war wichtig, klar, aber nicht mein Kerninteresse.

---

6   Ursprünglich Wissenschaft der Steuerung von Maschinen und Systemen durch Rückkopplung und Kommunikation von Elementen, seit ca. 1960 wurden zunehmend soziale Systeme (Unternehmen, Gruppen) kybernetisch beschrieben. Sie ist Teilbereich der „Systemtheorie", aus der u. a. die Systemische bzw. früher Familientherapie hervorgegangen ist.

Was noch anders für mich war: Mit Anfang 40 war ich schon eine ältere Studentin, vielleicht sogar die Älteste. Bei den Jüngeren, überwiegend BerufsanfängerInnen in Leitungsfunktionen, genoss ich einen gewissen Status. Ihnen konnte ich viel in meiner Einrichtung zeigen. Meine KommilitonInnen waren sehr angetan davon, die Entwicklungen in meinem Haus zu beobachten. Das habe ich immer gerne gemacht. In diesem Studium habe ich aber auch meine Grenzen erfahren. Ich hatte meine Einrichtung zu verantworten, die musste laufen. Dabei hatte ich noch Glück: Es gab nur zwei Vormittage in der Woche, an denen Präsenz gefordert war, die restlichen Veranstaltungen fanden am Wochenende statt. Meine Einrichtung lag in der Südstadt, die KFH im Agnesviertel, am nördlichen Rand der Innenstadt, das war eine machbare Distanz. Ich konnte immer schnell hin und her fahren, und in der Pause war ich wieder in der Einrichtung – ein riesiger Kraftakt. Meine KommilitonInnen kamen aus anderen Stadtteilen oder Städten, blieben dann in der FH, konnten das auch genießen. Sie hatten ein StudentInnenleben. Das war für mich leider nicht möglich, was mich ein wenig neidisch machte. In der Südstadt, nicht weit von meiner Einrichtung, liegt die Fachhochschule für Sozialpädagogik. Da habe ich die StudentInnen in den Cafés sitzen gesehen, wenn ich durchs Viertel düste und dachte mir: „Das willst du eigentlich auch mal. Abhängen, bis in die Nacht diskutieren!" Die hatten echt Glück, einfach so da sitzen zu können.

Ehrlich gesagt, dachte ich, ich schaffe das Studium nicht. Präsenzzeiten, Klausuren, dann noch die eine oder andere Beratung … Ich habe mich lange damit auseinandergesetzt, was wäre, wenn ich es nicht zu Ende brächte? Die Zeit war knapp, die Inhalte oft zu theoretisch. Öfter habe ich mich gefragt: Musst du dir das jetzt anhören? In Gedanken war ich schon wieder im Haus, ich war unruhig. Meinem Chef gegenüber hatte ich auch ein schlechtes Gewissen. Der hatte dem Studium zwar zugestimmt, aber ich dachte trotzdem, ich schaffe auf der Arbeit zu wenig. Und im Studium bringe ich auch zu wenig. Ich kam immer ein bisschen zu spät in die Veranstaltungen oder ging ein bisschen früher als die anderen. Das blieb nicht unbemerkt, vor allem ein Professor konnte sich diese Kommentare nicht verkneifen: „Ach, Frau Röhlich! Schön, dass Sie auch wieder da sind." Der hat mich schon sehr beäugt. Bei ihm habe ich letztlich meine Diplomarbeit geschrieben – noch dazu in Betriebswirtschaft. Ich habe ihn mir bewusst ausgesucht, vielleicht, um es ihm zu zeigen. Aber auch, weil er fachlich echt klasse war. Schließlich habe ich es gut zu Ende gebracht. Ich hatte noch zwei Kolleginnen, die auch etwas älter waren. Wenn die nicht gewesen wären, hätte ich es wohl nicht beendet. Das erste Studium in Vechta mit meinem Mann war dagegen eher ein Wochenendvergnügen.

Zu allem Überfluss lief nebenher auch noch eine Weiterbildung. Seit den frühen 1990er-Jahren war das Thema Qualitätsmanagement im Umlauf. Dafür hatte ich mich kurzerhand auch noch angemeldet. Mit einer Zusage für das Studium hatte ich im ersten Durchgang gar nicht gerechnet, und plötzlich hatte ich zwei Zusagen. Weiterbildung und Hochschule würden über mehrere Monate gleichzeitig laufen. Ich habe beides parallel angetreten – und es war zu viel. Außerdem habe ich schnell gemerkt, Qualitätsmanagement ist so gar nicht mein Ding. Es wurde mir schnell zu anstrengend zuzuhören. Und es ließ sich nicht so einfach umsetzen. Dennoch war es hilfreich für mich zu wissen, worum es geht, wie es funktioniert, wie diese Leute ticken. Die Logik dahinter kommt aus der Industrie, aus technischen Prozessen. Für alles gibt es eine Norm, ISO-9000-hastenichgesehen ... Die Weiterbildung hat mir nähergebracht, präzise Ziele für Entwicklungen zu formulieren. Wir haben schon früh angefangen, alles zu verschriftlichen, aber eher so, wie ich mir das vorstellte. Nicht so präzise in den Zielen und Maßnahmen und schon gar nicht in der Evaluation. Es ist schon wichtig für eine Einrichtung, jemanden zu haben, der das alles auf den Punkt bringt. Ich habe eine Menge gelernt, was auch hilfreich war, was die Abläufe etwas professioneller gemacht hat. Aber mein Herz hat nicht dafür geschlagen. Das tut es bis heute nicht.

ⓘ Qualitätsmanagement

Grundsätzlich werden unter dem Begriff Qualitätsmanagement alle organisatorischen und technischen Maßnahmen zusammengefasst, die der Schaffung und Erhaltung von Ausführungsqualität dienen. Das Organisationsprinzip, nach dem Arbeitsabläufe sowie Prozess- und Organisationsstrukturen festgelegt sind, wird allgemein als Qualitätsmanagementsystem (QM-System) bezeichnet.

Im Gesundheitswesen beinhaltet das QM-System PatientInnen-, MitarbeiterInnen- und Prozessorientierung, die Prüfung der internen Strukturen sowie präventives Fehler- und Risikomanagement und die kontinuierlichen Verbesserungen dieser Aspekte. Der Begriff der Qualität wird im Gesundheitswesen unterteilt in Struktur-, Prozess- und Ergebnisqualität.

Unter Strukturqualität fallen neben personeller Ausstattung und Qualifikation der tätigen Personen auch die Ausstattung der Räume und die technischen Voraussetzungen. Die Prozessqualität betrachtet die Abläufe in einer Organisation und definiert die Qualitätsziele. Um die Prozesse beurteilen zu können, ist es notwendig, dass die Ziele definiert sind und auch entsprechend gemessen werden.

Erst durch gesetzliche Forderungen ist der Begriff Qualitätsmanagement seit den 1980er-Jahren zum Thema im Gesundheitswesen und damit auch in der Altenpflege geworden. Im Rahmen der Einführung der Pflegeversicherung 1995 ist die Qualität in der Pflege in das öffentliche Bewusstsein gerückt. Durch Qualitätsprüfungen der Medizinischen Dienste der Krankenversicherungen und der Heimaufsichten wurden zum Teil unbefriedigende Ergebnisse deutlich und führten letztlich 2001 zur Verabschiedung des „Gesetzes zur

Qualitätssicherung und zur Stärkung des Verbraucherschutzes in der Pflege" – Kurztitel „Pflegequalitätssicherungsgesetz" (PQsG) –, das zum 1. Januar 2002 in Kraft gesetzt wurde.

Nach der Jahrtausendwende dachte ich immer häufiger: Das Haus ist bestellt. Ich hatte viel Arbeit investiert, die Einrichtung war auf einem guten Weg. Auf eine Weise hatte „mein Kind laufen gelernt". Und irgendwo in mir schlummerte der Gedanke: „Vielleicht ist noch einmal Zeit für eine Veränderung." Dabei spielten sicher auch die damaligen gesetzlichen Änderungen eine Rolle. Mit dem „Pflegeleistungs-Ergänzungsgesetz" von 2001 setzte sich die Grundhaltung durch, dass Heimaufnahmen möglichst vermieden werden sollten. Früher war es sehr viel eher möglich, einen Antrag auf Unterbringung in einer Pflegeeinrichtung zu stellen. Schon bei den Begutachtungen im Krankenhaus oder bei einem Menschen zu Hause drängte der MDK darauf, dass andere Lösungen gefunden würden. Es gab ja mittlerweile ambulante Dienste, und viele alte Menschen konnten zu Hause betreut werden, auch demente, mit einer Kombination von Angehörigen und Pflegedienst. Das finde ich grundsätzlich auch richtig, die gewohnte Umgebung ist ein hohes Gut. Aber für die stationären Einrichtungen hat sich die Arbeit dadurch enorm verändert: Es kamen eben genau die Menschen zu uns, für die es zu Hause nicht mehr ging. Der Schweregrad und der Pflegeaufwand derer, die schließlich wirklich in eine Einrichtung kamen, stiegen deutlich an. Seit 1997 war es auch kaum noch möglich, unsere Belegung selbst zu steuern. Von den Plätzen, die wir anbieten konnten, waren immer mehr mit schweren, aufwändigen Fällen belegt. Es ging viel mehr um Behandlungspflege, Druckstellen, Wunden, Lagerungs- und Mobilitätsprobleme, und von uns wurde eine höhere Fachlichkeit gefordert. Nur für die anderen Themen – Essen, Kleidung, Vorlieben – blieb immer weniger Zeit.

Im Prinzip ist es bis heute so. Die Finanzierung wird immer schwieriger, die Kassen werden immer leerer, und es wird sehr genau geprüft, ob eine stationäre Unterbringung auch wirklich nötig ist. Dann kam – ebenfalls seit der Jahrtausendwende – die Kurzzeitpflege dazu. Menschen konnten zum Beispiel nach einem Krankenhausaufenthalt vorübergehend aufgenommen werden und wieder nach Hause in eine ambulante Betreuung wechseln, sobald das möglich war. Hierdurch verschob sich die Gewichtung in den Einrichtungen noch ein Stück weiter. Ich sage es noch einmal, denn ich möchte wirklich nicht, dass ein falscher Eindruck entsteht: Ich bin davon überzeugt, dass ein Mensch so lange wie möglich in der Häuslichkeit bleiben sollte. Genauso habe ich es mit meinen Eltern gehandhabt, das war auch ihr Wunsch. Dieser Bereich musste gestärkt werden, das ist klar. Aber klar ist auch, dass das die Situation in den Pflegeeinrichtungen verändert hat. Die Arbeit wurde schwerer, die Erfolgserlebnisse für die MitarbeiterInnen wurden seltener. Viele Verrichtungen bekam man nicht mehr hin. Das Thema Sterben wurde wichtiger als noch ein paar Jahre zuvor. Ein immer größerer Teil der Bewohnerschaft hatte Schmerzen, litt, stand kurz vor dem Tod. Die Fluktuation nahm zu. Damit muss man als Pflegekraft erst einmal lernen zurechtzukommen. In diesem Zusammenhang wurde für mich das Thema Palliativpflege immer wichtiger. Ich habe versucht, die richtigen Ärztinnen und Ärzte für dieses Thema ausfindig zu machen, Kooperationen anzuknüpfen, Fortbildungen ins Haus zu holen. Wir brauchten Rüstzeug dafür – damit wir einen sterbenden Menschen nicht nur in seiner letzten Lebensphase begleiten, sondern das auch gut machen konnten. Das musste mehr in Augenschein genommen werden. Manche KollegInnen konnten sich gut darauf einstellen, anderen lag das Thema nicht.

Das Arbeiten wurde mit den neuen Rahmenbedingungen, gelinde gesagt, weniger lustvoll. Wir wurden immer weiter eingeengt. Wenn ich an meinen Anfang in der Einrichtung im Jahr 1984 denke, wow, was wir da alles machen konnten. Nichts schien unmöglich. Dann kam das Korsett. Aber ich blieb weiterhin dabei.

Erstens, weil ich mir keine andere Arbeit für mich vorstellen konnte. Und zweitens, so glaube ich, hat es mir viel Kraft und Energie gegeben, immer wieder den Mund aufzumachen. Wenn ich den Eindruck hatte, etwas läuft nicht mehr gut, es wird mir zu bunt, habe ich mich an die Verantwortlichen gewandt. Manchmal musste ich bei meiner Geschäftsführung fragen, ob das okay sei. Die habe ich auch versucht, dafür einzunehmen. Ich wollte immer in den Austausch gehen, die Diskussionen vorantreiben. Und ich habe auch immer wieder erlebt, dass das zu einem Umdenken führte. Ich hatte Hoffnung.

Kapitel 4:

Märchenschlösser

Der Geruch des Geldes

oder:
Wie anders es doch auf dem freien Markt zugeht

Parallel zu meiner Leitungsstelle hatte ich noch eine genehmigte Nebentätigkeit: Ich habe Beratung angeboten und gelegentlich Analysen für andere Träger durchgeführt, bundesweit und auch in Österreich. Einer dieser Träger war das Unternehmen eines Immobilieninvestors, der bundesweit alte Burgen und Schlösser aufkaufte und instand setzte. Einige davon hat er als Senioreneinrichtungen ausgestattet und selbst als privater Träger betrieben. „Wohnen im Schloss" war seine Maxime, alles war ein bisschen aufgemotzt und sehr profitorientiert. Im Rahmen einer Weiterbildung lernte ich den Geschäftsführer einiger dieser Einrichtungen kennen, der mich abwerben und als Geschäftsführerin gewinnen wollte. Jemand sollte bei ihnen auf die Qualität schauen, Entwicklung reinbringen – scheinbar wollte sich das Unternehmen fundierter aufstellen. Doch die Ordnungsbehörden hatten sie schon auf dem Schirm und Sanktionen verhängt. Der Träger stand ungemein unter Druck, Professionalität einzukaufen. Immer wenn eine neue Einrichtung eröffnet wurde, versuchte der Geschäftsführer es wieder bei mir: „Ich kriege Sie noch." – „Diesmal kriege ich Sie." Doch für mich war das keine Option, weil ich von dem Betrieb insgesamt keinen guten Eindruck hatte. Es stand keine

Haltung, keine Philosophie dahinter. Was dort als Pflege verkauft wurde, war für meine Begriffe nicht wirklich ernstzunehmen.

Der Geschäftsführer hat mich jedenfalls nicht angeln können. Aber er hatte Kontakt zu einer großen Versicherungsgesellschaft, die im Kölner Umland investieren wollte. Zuerst sollte ein historisches Schloss zum Luxushotel umgebaut werden, dann ist ihnen wohl die Idee gekommen, den riesigen Schlosspark auch noch zu bewirtschaften und dort Wohnen anzubieten. Zu diesem Zeitpunkt hatten sie noch nicht einmal die Zielgruppe festgelegt, es ging bislang eigentlich nur um den gehobenen Wohnanspruch und die historische Lage. Gut betucht sollte die Zielgruppe jedenfalls sein. Die grobe Idee war, ältere Menschen zu gewinnen, die ihre Besitztümer aufgeben, aber trotzdem ihren Lebensabend in einer großen Wohnung, einer gehobenen Immobilie verbringen wollten: in hochpreisigen, luxuriösen Stadthäusern – Villen könnte man sie auch nennen. Dann kam eine weitere Idee hinzu, wie wäre es mit viel beschäftigten, gut verdienenden Jüngeren? Das ginge dann in Richtung Mehr-Generationen-Wohnen. Man könnte doch ein Rundum-Sorglos-Paket an Serviceleistungen dazu schnüren, nach der Arbeit sollten die Leute nach Hause kommen können und sich um nichts mehr kümmern müssen. Sie sollten vor Ort einkaufen und essen gehen können, es sollte ein Schwimmbad und Massagemöglichkeiten geben, alles am Ort, alles unter einem Dach. Mein Bekannter aus der Fortbildung brachte mich ins Spiel als jemanden, der offen ist für neue Wege und Ideen. Ich sei mit der Materie vertraut, ich könne doch die Idee mit ihnen gemeinsam entwickeln. Ich wurde angefragt, den konzeptionellen Part zu übernehmen. Das hatte mit Pflege auf den ersten Blick nicht mehr so viel zu tun. Allerdings sollte es eine „Wohnform für alle Lebenssituationen" sein, und eben auch Wohnen bis ans Lebensende. Dazu kam mir schnell die Idee, es müsste doch einen kleinen Pflegebereich geben, mit ein paar Betten. Und einen Dienst vor Ort, der Pflege in den Wohnungen leisten könnte, rund um die

Uhr. Ging es in der Wohnung nicht mehr, könnten die BewohnerInnen auf die Pflegestation wechseln, ganz nach Bedarf. Plötzlich wurde das Jobangebot reizvoll. Solch ein Konzept gab es bisher noch nicht. Die Chance lag auf dem Silbertablett vor mir. Ich musste nur zugreifen.

Es war faszinierend: Plötzlich war ich auf dem freien Markt gelandet, Geld spielte für die Auftraggeber keine Rolle – was mir wahnsinnig viel Freiraum gab. Ich durfte in alle Richtungen denken. Also habe ich mit ihnen in den Gremien gesessen, habe Ideen skizziert. Ich war eine andere Bezahlung gewohnt, eben die von Kommunen und Wohlfahrtsverbänden. Da gab es festgelegte Budgets, das Korsett war finanziell immer eng. Wo ich jetzt hinkam, war nichts groß genug, nichts teuer genug. Einschließlich der Honorare. Die Gesellschaft hat mir dann ein Angebot gemacht, da habe ich erst einmal geschluckt – aber konnte auch nicht Nein sagen. Ich war schon ein bisschen überfordert, misstrauisch: Was meinen die eigentlich? Sind die ehrlich? Ich dachte mir, die sind von einem anderen Schlag, die ticken halt anders. Mit dem vielen Geld könnte man doch alles hinbekommen, was wir uns so vorstellten. Klar, es war das totale Kontrastprogramm zu allem, was ich bisher gemacht hatte. Aber ich fand die Idee spannend und bin im Jahr 2000 als Beraterin eingestiegen.

Zunächst haben wir die Zielgruppen definiert. Einerseits waren da die SeniorInnen, die luxuriös leben wollten, mit Pflege und allen möglichen Services, „Wohnen bis zum Schluss". Dann wollten wir junge Leute mit dabeihaben. Auch für junge Menschen mit Behinderungen könnte das Konzept passen. Und dann für die Vielbeschäftigten, da haben wir am ehesten an Piloten gedacht, ein Flughafen lag jedenfalls in der Nähe. Kämen die nach Hause, sollten sie sich um nichts mehr kümmern müssen. „Full Service" mit Catering, Reinigung, Einkaufen, Geschenke besorgen, Theaterkarten buchen ... Die BewohnerInnen sollten alle möglichen Serviceleistungen in Anspruch nehmen können, und zwar rund um die Uhr. Das war der Slogan. Selbstverständlich mussten sie ein gutes finanzielles Polster haben, nur so konnte das funktionieren. Aber letztlich war alles denkbar, alles möglich. Es wurde immer wieder umgeplant. Erst war die Bebauung viel großzügiger geplant, es sollten gar nicht so viele Häuser in dem Park stehen, es sollte weitläufig sein. Plötzlich sollten mehr Häuser gebaut werden, die Dollarzeichen standen den Investoren in den Augen. Dann sollten noch hochwertigere Materialien verwendet werden. Schon während der ersten Überlegungen wurde die Werbetrommel gerührt. Die ersten Wohnungen waren schon verkauft, noch bevor das Konzept stand. Es war eine andere Welt für mich. Geld schien keine Rolle zu spielen.

In einen meiner Kurzurlaube habe ich das Konzept mitgenommen, nochmal überarbeitet, fertiggestellt. Dann vorgetragen vor den Investoren. Das war gar nicht leicht, es war ein anderer Schlag Menschen, vor denen ich mich bewähren musste. Aber es wurde angenommen, nur Einzelheiten sollten noch modifiziert werden. Fortan war ich Teil des Projektsteuerungsteams – das war ungemein spannend. Ich hatte mit Ingenieuren und Architekten zu tun. Ich stand in der Öffentlichkeit, habe mit dem Bürgermeister gesprochen, mit dem Landrat. Es kam mir fast unwirklich vor. Einmal in der Woche fand ein Planungstreffen statt. Das war anstrengend, aber eben auch hoch spannend. Und ich habe eine Menge dazuverdient. Das Projekt sollte 2002 an den Start gehen. In dieser Zeit stand auch das Thema an, wer das Ganze später leiten solle. Wieder kam ich ins Gespräch: „Können Sie das nicht?" Das war die nächste Herausforderung. Ich habe mit mir gerungen. Mich darauf einzulassen hieße, eine unglaublich sichere Position zu verlassen: Ich war 18 Jahre bei meinem letzten Träger, davor zwölf Jahre bei der Stadt angestellt gewesen. Das machte insgesamt 30 Jahre in sehr sicheren Bezügen. Ich hatte seriöse Arbeitgeber, ich wusste immer, am Monatsende bekomme ich mein Geld. Und ich war praktisch unkündbar. Doch am Ende überwog mein Gefühl, auf meinem Posten ist alles gut bestellt, ich könnte sozusagen einem „neuen Baby" zum Laufen verhelfen. Aus diesem Grund hatte ich auch ursprünglich bei dem Wohnparkprojekt angefangen. Außerdem war ich schon Mitte 40, „nicht mehr frisch". So habe ich zugestimmt. Neben mir gab es noch einen betriebswirtschaftlichen Geschäftsführer, einen rührigen Kollegen aus den Reihen der Versicherung. Ich wurde operative Geschäftsführung.

Apropos „Baby": Das Thema Kinderwunsch war zu diesem Zeitpunkt abgeschlossen. Eigentlich wollte ich immer Kinder haben, allerdings nicht mit meinem ersten Mann – obwohl er bestimmt gerne welche gehabt hätte. Die Erwartung stand immer mit im Raum – so machte man das halt in der Ehe. Manchmal fragte jemand von der Verwandtschaft nach: „Wo bleibt denn der Nachwuchs?" Ich denke, mit Kindern hätte ich den Absprung aus der Ehe nicht geschafft. Und ich hatte gute Argumente: „Das ist jetzt zu viel, das passt jetzt nicht." Ich hatte in Riehl die Etappen genommen, das hatte sich angeboten, ich habe es mitgenommen und hätte mir nicht vorstellen können, daneben noch ein Kind zu haben. Ich wollte es nicht wie meine Eltern machen, die beide immer in Vollzeit gearbeitet hatten. Wenn schon Kinder, dann ganz – oder zumindest in einer anderen Form, als wir damals aufgewachsen waren, nicht als Schlüsselkinder sich selbst überlassen. Die erste Ehe war vorbei, die zweite geschlossen, nun konnte ich es mir wieder vorstellen. Mein Mann ist zwar bei Kindern sehr beliebt, und er wird auf Feiern immer von ihnen belagert. Aber er ist nicht wirklich vernarrt in Kinder. Von sich aus hat er nie klar einen Kinderwunsch geäußert. Ich stand mit meiner neuen Leitungsstelle umso mehr auf dem Standpunkt, das schaffe ich nicht gleichzeitig, das kann ich nicht auch noch managen. Ich hatte mir als Deadline gesetzt, bis Ende 30 habe ich ein Kind. In der Südstadt hatte ich eine Sozialarbeiterin im Team, die war 42 und bekam noch ein Baby. Wow, dachte ich mir, das geht also noch, und habe meine Deadline auf 42 hochgesetzt. Im Rückblick muss ich schon sagen, ich war ein bisschen bescheuert. Die 42 kam und ging und mit dem riesigen Wohnparkprojekt vor der Brust hätte es erst recht nicht gepasst. Somit war das Thema irgendwann von biologischer Seite zu Ende. Der Wunsch ist immer da gewesen, dumm nur, dass es die Pille gab. Vielleicht hätte ich es gewuppt, wenn es denn so gekommen wäre. Einerseits hatte ich viel zu tun, andererseits habe ich mich nicht getraut. Außerdem war mir meine Eigenständigkeit immer sehr wichtig, das ist sie bis heute. Ich habe viel zu gerne gearbeitet, um davon wirklich Abstriche zu machen. Vielleicht hätte es funktioniert, vielleicht wäre es anders geworden, als ich befürchtet habe. Aber das finde ich leider nicht mehr heraus.

Abschied aus der Südstadt

oder:
Wie ich endgültig den Verstand verloren habe

Der Abschied aus der Südstadt fiel mir nicht leicht. Ich musste sehr mit mir ringen, um das zu kommunizieren. Zuerst war mein Chef an der Reihe. Auch meinen MitarbeiterInnen musste ich es sagen, was wirklich schmerzhaft für mich war. Ich hatte das Gefühl, ich lasse meine Leute im Stich. Manche haben mir das auch so gesagt, allerdings mit einem Augenzwinkern. In Riehl war es mir lange nicht so schwer gefallen zu gehen – ich hatte ja schon eine längere Durststrecke hinter mir gehabt. Hier fiel es mir unendlich schwer. In den ersten Jahren bin ich auch nicht wieder ins Haus gegangen. Ich weiß nicht genau, warum. Ob mir das Herz zu sehr geblutet hätte? So war es immer, nachdem ich einen Ort zurückgelassen hatte. Einerseits wollte ich mich nicht aufdrängen, den neuen Leitungskräften nicht auf die Füße treten. Aber ich wollte auch gar nicht wirklich sehen, was sich da veränderte. Vielleicht hätte es mich zu sehr geschmerzt.

Anfang 2002 bin ich also als Geschäftsführung in den Wohnpark gewechselt. Damit war es offiziell, ich wollte das Projekt nun auch meinen Eltern zeigen. Ich habe sie ins Auto gesetzt und bin mit ihnen zur Baustelle gefahren. Meine Mutter war fassungslos: „Doris, das schaffst du nicht! Das geht nicht! Das ist zu groß!" Und es gab wahrlich viel zu sehen auf der Baustelle: Es sollten elf Villen werden, darauf verteilt 120 Wohnungen zur Miete bzw. zum Kauf. 60 bis 120 Quadratmeter, Penthäuser, alles Mögliche. Ein großzügiges Schwimmbad. Ein Massagebereich. Café. Friseur. Restaurant. Kaminzimmer. Bibliothek. Veranstaltungsräume für Konzerte. Ein riesiges Ensemble, auch unterirdisch verbunden. Mittendrin meine kleine Mutter, die nicht aufhören konnte, den Kopf zu schütteln. Sie hatte schon mehrfach den Verdacht, ich spinne ein bisschen. Aber diesmal hatte sie nicht den Rest eines Zweifels: Ihre Tochter hatte endgültig den Verstand verloren.

Noch dazu waren wir deutlich im Bauverzug. Ich bin offiziell am 1. März eingestiegen, die Eröffnung sollte am 1. April sein. Es kam und kam nicht zum Ende. Wir hatten eine tatkräftige Mannschaft vor Ort, die Tag und Nacht geschuftet hat. Kurz vor Abschluss war klar, es würde verdammt eng werden, Accessoires zu besorgen. Also Bilder, Vasen, Leuchter – und es waren unendlich viele Räume. Ich habe dann einen Händler in Venlo gefunden, zu dem ich hingefahren bin und in einer Art und Weise eingekauft habe, die ich mir selbst nicht hätte vorstellen können: Ich bin durch die Hallen geschritten, habe mal nach links, mal nach rechts gezeigt: „Hiervon zehn, davon 20, davon 50." „Haben Sie noch mehr Paletten von dem da?" Der Verkäufer lief mit seinem Klemmbrett nebenher, hat alles notiert. Drei Tage vor der Eröffnung rollte ein riesiger Laster vor mit dem ganzen Zeug. Wir haben noch gewischt und geputzt, dann mit vereinten Kräften abgeladen und die Sachen in den fertigen Räumen verteilt. Es war unglaublich intensiv, wir hatten einen Drive, den kann man nicht beschreiben. Wir haben geschafft, was viele nicht mehr geglaubt hatten: Wir konnten den Termin einhalten, wir haben pünktlich eröffnet. Klar gab es noch Unzulänglichkeiten, es waren noch nicht alle Übergänge fertig. An diesen Stellen haben wir ein bisschen „drüber dekoriert" und es nach und nach richtig gemacht. Wir konnten öffnen. Und es sah nett aus.

Im Vorfeld musste ich auch die Mitarbeiterschaft rekrutieren. Immer mit dem Gedanken: „Der Service steht an erster Stelle." Darum bin ich im Hotelleriebereich auf die Suche gegangen. Besonders ein Hotel in Köln hatte in dieser Hinsicht einen Namen. Es hieß, da würden einem die Wünsche von den Augen abgelesen. Mir gelang es, die stellvertretende Direktorin abzuwerben. Dann einen Koch mit einer kompletten Küchenmannschaft. Servicekräfte für den Empfang. Für die Telefonie. Pflegekräfte natürlich auch. Es war eine andere Dimension. Ich konnte auch andere Gehälter anbieten, als ich es gewohnt war. Ich fand mein Team wunderbar, vor allem den Koch. Wir haben zusammen Rezepte ausprobiert, eine fantastische Karte zusammengestellt. Ich koche leidenschaftlich gerne, ich weiß gerade nicht, wie oft ich das erwähnt habe. Dann hatte ich den Akquisebereich zu verantworten. Das war etwas völlig anderes, als BewohnerInnen in eine Pflegeeinrichtung aufzunehmen, ich musste potenzielle KandidatInnen richtig umwerben. Dafür hatte ich eine außergewöhnlich gute PR-Agentur an der Hand. Die haben meine Ideen in schöne Worte gefasst, Flyer erstellt. Ich habe auf so vielen Hochzeiten gleichzeitig getanzt. Am Anfang bin ich selbst zu den Interessierten nach Hause gefahren. Mein erster Erfolg in der Akquise waren ein alter und sehr kritischer Universitätsprofessor und seine Frau, eine nicht minder kritische Ärztin. Die beiden fanden die Idee gut, so zu wohnen, aber es gab noch viele Bedenken. Mir ist gelungen, sie zu überzeugen. Sie haben sich darauf eingelassen, waren dann richtige Multiplikatoren für die Idee. Wir haben auf dem Gelände kleine Konzerte organisiert, zur Akquise, und der Herr Professor hat mit mir für das Wohnkonzept geworben, sich mit den Interessenten unterhalten, ihnen das Gelände gezeigt. Meine Arbeit war facettenreich. Vielfältig. Intensiv. Kreativ. Und Geld war da. Wie schon gesagt, alles war möglich.

Es kristallisierte sich schnell heraus, dass vor allem Ältere an unserer Idee interessiert waren – die Jüngeren stellten sich nicht so richtig ein. Die eine oder den anderen konnten wir gewinnen, sogar einen Piloten, das würde aber eindeutig nicht unsere Hauptklientel werden. Also haben wir unsere Akquise angepasst. Thema war immer wieder, dass älteren Herrschaften ihre großen Häuser zu anstrengend wurden. Sei es wegen körperlicher Gebrechlichkeit, sei es wegen beginnender Demenz. Die Vorstellung, in eine schicke Wohnung mit Service zu ziehen, war da schon reizvoll. Mit unserem ambulanten Dienst könnte man dann bei Bedarf eine gute Pflege erhalten. Ich war in einen völlig anderen Bereich gewechselt, aber das Thema Pflege blieb präsent. Wenn auch nicht so vordergründig. Ich denke da an einen alten Herrn, einen ehemaligen Fabrikanten. Er war nach einem Schlaganfall wesensverändert, ist oft sehr zornig geworden. Seine Frau war verängstigt, wenn er plötzlich grantig auftrat, so anders, als sie ihn kannte. Er hat auch bei uns viel Unruhe ins Team gebracht, sich beschwert, hatte so seine Attacken. Aber wir haben es hinbekommen, dass er sich bei uns einlebte, ein bisschen ruhiger wurde. Es war ein Modell, wie sich Pflege noch entwickeln könnte. Tatsächlich konnte ich es mir gut für mich selbst vorstellen, in so einer Umgebung alt zu werden. Für meine Eltern hätte ich es mir auch vorstellen können. Dass ein Mensch so lange wie möglich zu Hause bleibt, dass die Pflege ins Haus kommt, dass es Unterstützung beim Kochen gibt, bei der Hauswirtschaft. Das hat sich ansatzweise entwickelt in den 1990er-Jahren, auch für weniger Betuchte. So sehr ich auf die Pflegeversicherung schimpfe, sie hat auch manches möglich gemacht. Mit dem Luxus, der uns vorschwebte, hatten die Kassenleistungen allerdings nicht viel zu tun. Die garantierten das Nötigste: Pflege und ein bisschen Entlastung. Aber ich habe mir auch gedacht: Wenn man sich das leisten kann, ist es doch eine legitime Sache. Ideal für mich wäre ein Haus in der Stadt, zusammen mit ein paar guten Freunden, ein paar Dinge und Dienste dazuzukaufen und so lange wie möglich zu Hause zu sein.

Schneller Aufstieg und tiefer Fall

oder:
Warum das Kapitel „Märchenschlösser" so kurz ist

Das Projekt war angelaufen, eigentlich auch recht erfolgreich. Aber doch deutlich langsamer, als man zum Beispiel die Zimmer in einem Altenheim besetzen kann. Das war ungewohnt für mich. Bei meinen Interessenten mussten Entscheidungsprozesse stattfinden, große Anwesen aufgelöst werden, das brauchte seine Zeit. Mir war klar, wir brauchen viel Öffentlichkeitsarbeit, Medienkampagnen, mussten überregional werben. Unser Konzept gab es bis dahin noch nicht, später wurde es in Bayern kopiert. Aber für diese Klientel waren wir wirklich die ersten. Es ist gelungen, mit der Zeit haben wir uns ein gutes Image erworben. Aus anderen Bundesländern kamen MieterInnen und EigentümerInnen zu uns. Wir wuchsen langsam, aber stetig. Nur zog sich während der Finanzkrise die große Versicherungsgesellschaft als Betreiberin immer weiter aus dem Projekt zurück. Die wollten sich auf ihre Kernprodukte konzentrieren, Versicherungen, und alles Übrige nach und nach abstoßen. Von 2002 bis 2004 habe ich drei Vorstandswechsel miterlebt. Bei meinem Projekt wechselte der Geschäftsführer für den Finanzbereich. Jeder Wechsel diente dem Ziel der Versicherung, sich weiter rauszuziehen. Und vor allem:

den Geldhahn weiter zuzudrehen. Nach dem Übermaß an Geld, mit dem wir gestartet waren, gab es jetzt drastische Vorgaben, Einsparungen im Personalbereich, in der Öffentlichkeitsarbeit und in der Akquise vorzunehmen. Es war nicht mehr möglich zu expandieren. Die Mittel wurden nach und nach gestrichen. Dann kam vonseiten des Vorstands die Idee auf, das ganze Konzept zu ändern. Es sollte nur noch um Wohnen und ein bisschen Service gehen – bei Weitem nicht mehr in der Dimension, mit der wir angetreten waren. So wurde das den Leuten anfangs nicht kommuniziert. Die haben ihre Existenzen zurückgelassen und mehr erwartet als das, was jetzt kommen sollte. Völlig richtig, ich hatte ihnen ja unsere Idee ehrlichen Herzens vermittelt. Ich musste kämpfen – das war klar.

Es war ein Kampf wie David gegen Goliath. Der neue Geschäftsführer neben mir ist angetreten als Sanierer. Ein junger Mann, ehemaliger Wirtschaftsprüfer. Der hatte den Auftrag, mich einzuordnen, mir beizubringen, was alles nicht mehr ging. Das ist ihm nicht gelungen. Was waren das für Auseinandersetzungen: Dies geht nicht, jenes ist egal, ich muss das abbauen, ihr müsst mit weniger klarkommen ... Die Absicht war klar. Streichen, streichen, streichen. Mörderisch. Ich dachte, den muss ich überzeugen. Ich hatte die Vorstellung, wenn der mit mir „an der Front" ist, den Betrieb mal erlebt und versteht, wird ihm schon anders. Er sollte verstehen, wie viel für die SeniorInnen von den Einsparungen abhing. Aber ihm wurde nicht anders. Er blieb, wie er war – aalglatt und eiskalt. Ein Jahr haben wir zusammengearbeitet. Danach ist er für ein Jahr als Schäfer auf eine Alm gegangen. Ob ich dazu beigetragen habe, weiß ich nicht. Aber ich war schon ein harter Brocken für ihn. Dann bin ich mehrfach in die Konzernzentrale gefahren, habe mir Termine mit den obersten Chefs geben lassen. Immerhin war ich die Geschäftsführerin. Bis zum Vorstandsvorsitzenden wollte ich, mit weniger habe ich mich nicht zufriedengegeben. Auf diesen Termin musste ich eine ganze Weile warten. Schließlich war es so weit: Ich kam in ein riesiges Sekretariat, mit klopfendem Herzen. Dann hat die Dame mich vorgelassen in ein noch größeres Büro, groß wie ein Klassenzimmer – für eine einzige Person. Da saß nun der Vorstandsvorsitzende. Mit einer Körpersprache, die absolute Gleichgültigkeit ausdrückte. Ich legte los, berichtete von dem Projekt, wie ich das erlebt habe, wie wir den SeniorInnen gegenüber dastehen mit den vielen gebrochenen Leistungsversprechen, wie erfolgreich es doch eigentlich angelaufen war, welche Erfolge noch möglich wären mit entsprechendem Budget ... Pustekuchen. Ohne seine Sitzhaltung zu verändern, teilte er mir mit, dass ich mich völlig unnötig auf den Weg gemacht hätte. Es sei alles schriftlich mitgeteilt worden, man habe sich von versicherungsfernen Geschäftsfeldern zurückgezogen, dem gebe es nichts hinzuzufügen. Außerdem hätte ich doch das Angebot erhalten, weiter das Projekt zu leiten. Das hatte ich tatsächlich: Ich bekam die Option, das Ganze mit wenig Personal weiterzuführen. Ich wäre dann so etwas wie eine bessere Hausdame gewesen. Das gibt es in guten Hotels, dass jemand kommt und die Gäste fragt, wie es ihnen geht, was sie sich so wünschen. Die Art des Vorstandsvorsitzenden fand ich so kühl, so herablassend – das hatte ich bisher noch nicht erlebt. Ich glaube, das Gespräch hat nur eine Viertelstunde gedauert. Danach habe ich mich in mein Auto gesetzt – und Rotz und Wasser geheult. In diesem Moment habe ich für mich beschlossen: Das kann ich nicht, das will ich nicht. Ich werde nicht die „Frühstücksdirektorin" oder was auch immer spielen. Dafür bin ich nicht angetreten. Auf der Fahrt zur Zentrale dachte ich noch, ich schaffe das, das Projekt könnte doch noch Bestand und Zukunft haben. Aber das hatte es nicht.

Am schwersten war es für mich, den MieterInnen und EigentümerInnen die Veränderungen zu vermitteln. Immerhin war ich diejenige, die ihnen all die schönen Leistungen in Aussicht gestellt, die sie überzeugt hatte. Ich habe mich so mies gefühlt, ich konnte nicht mehr in den Spiegel schauen. Ich musste ihnen in die

Augen blicken und mitteilen, dass es vieles, was ich ihnen am Anfang persönlich versprochen hatte, so nicht geben würde. Dieses Gefühl geht mir auch heute noch nach. Vor allem gegenüber dem Professor, der sich so engagiert hatte. Mit großem Bedauern musste ich auch einige MitarbeiterInnen entlassen, Leute, die ich angeworben hatte. Die ich begeistert habe für die Idee. Und die sich jetzt anders orientieren mussten. Aber es führte kein Weg daran vorbei. Ich habe so offen kommuniziert wie möglich, habe Runden einberufen und mitgeteilt, was die Vorhaben sind und wie ich selbst davon betroffen bin. Was ich selbst daran schrecklich finde. Das habe ich schon glaubhaft vermitteln können, aber es hat nichts geändert. Die Menschen hatten ihren Lebensmittelpunkt aufgegeben, waren jetzt hier – und die Leistungen wurden heruntergefahren. Das Wohnen wurde etwas billiger, die Mieten wurden gesenkt, die Käufer erhielten einen Teil des Kaufpreises zurück. Statt Service gab es dann irgendwelche Mitgliedskarten, die Leute hätten soundso oft im Jahr Schwimmbad und Sauna besuchen können – beides gehörte zur Anlage. Sie bekamen ein paar Brocken hingeworfen, das hatte sich mein Sanierer-Kollege ausgedacht. Es war schrecklich. Die MitarbeiterInnen hatten auch den Drang, mit dem Vorstand zu sprechen. Das habe ich natürlich unterstützt. Aber es war sinnlos, zu den Leuten in der Konzernzentrale gab es kein Durchkommen mehr. Es war die schlimmste Zeit meines bisherigen Lebens.

Für mich fühlte sich diese Entwicklung an wie ein Scheitern. Es hatte viele Vorbehalte von der Familie, von FreundInnen und KollegInnen gegeben. Ob ich mir das zutraue, ob ich das wirklich machen wolle? Ob das nicht eine Nummer zu groß für mich sei? Und ich habe sie eingeladen, sie sollten es sich ansehen, wollte ihnen meine Begeisterung verständlich machen. Nun war der Moment da, an dem ich allen sagen musste: „Ja, ich kann das nicht. Ich muss die Waffen strecken." Am Ende musste ich einsehen, es ging nicht mehr. Ich habe dann gekündigt. Eine Abfindung war im

Sparplan nicht mehr vorgesehen, ich hätte auch gar keine gewollt. Trotz der Kündigung bin ich jeden Tag hingefahren, habe bis zu meinem Vertragsende nicht einen Tag gefehlt. Dann habe ich mich bei den BewohnerInnen verabschiedet, einzeln. Das waren einige, die Häuser waren mittlerweile recht gut gefüllt. Wir hatten Erfolge erzielt, hatten uns einen Namen in der Region gemacht, wurden wahrgenommen. Die Zeitungen haben immer wieder mal Artikel über uns gebracht. Die Idee kam gut an. Vielleicht war es zu früh dafür gewesen. Unsere Nachahmer in Bayern haben nicht so schnell das Feld geräumt, aber die hatten auch nicht so ein konsequentes Konzept wie wir. Mit Pflege, die ernstgemeint ist. Konkurrenz hin oder her, wenn ich mich nicht unerträglich verbiegen wollte, musste ich gehen. Mit mittlerweile Ende 40. In einer Zeit, als viele junge Menschen auf den Arbeitsmarkt kamen. Da hieß es, mit 50 braucht man es gar nicht mehr zu versuchen. In all den Jahren zuvor hatte ich immer eine gute Performance abgegeben, hatte Glück, Sicherheit. Ich habe nie einen Gedanken an so etwas verschwendet. Und plötzlich musste ich zum Arbeitsamt.

Ganz unten

oder:
Wie ich mich verkroch –
aber mich mit ein bisschen Anschub wieder aufgerappelt habe

Ich weiß es noch wie heute: Es war nicht weit von unserem Haus bis zum Arbeitsamt. Ich bin mit meinem Auto hingefahren, war gerade ins Parkhaus gerollt – und habe prompt ein anderes Auto gerammt. Ich war derartig daneben, am Boden, kreuzunglücklich – und dann kam noch ein Unfall obendrauf. Vielleicht war es ein Zeichen, so, als hätte mein Auto mir gesagt: „Doris, pass auf dich auf!" Ich stieg aus und klemmte einen Zettel mit meinem Namen und meiner Telefonnummer unter den Wischer des anderen Wagens. Es war hässlich im Eingangsbereich. Verschmutzt, schmuddelig, die Leuchtstoffröhren flackerten oder waren ganz kaputt. Das gesamte Gebäude war bedrückend, dunkel, die Gänge waren lang und eng. Ein Moloch aus Beton und PVC-Böden in städtisch Grau, es roch nach diesem ganz typischen Behördenmief. Immerhin durfte ich in den Bereich für Akademiker, in dem es noch einigermaßen erträglich war. Der Bereich für die „Otto-Normal-Arbeitssuchenden" lag direkt daneben – und was ich da gesehen habe, kannte ich noch gar nicht. Die Wartebereiche waren völlig überfüllt, voller Menschen, die Flure auch, in endlosen Schlangen standen sie dort und warteten. Viele sprachen kein Deutsch, haben mit Händen und Füßen versucht, sich dem Personal verständlich zu machen. Am Empfang saß eine Dame, die war einfach nur schnoddrig und genervt zu den Leuten. Hat ihren Blick nicht gehoben, einfach einen nach dem anderen abgewatscht. Unfreundlich, unflätig. Das führte zu Weinen, zu Geschrei. Ich stand zwar nicht in dieser Schlange, aber das ging mir zu weit. Ich bin zu ihr rüber marschiert und habe sie angesprochen: „Meine Güte, können Sie das nicht ein bisschen freundlicher sagen?" Jetzt hob sie ihren Blick, schnaubte mich an: „Machen Sie das hier erst mal!" Dieser Flur war ein Pulverfass. Ich fragte mich: „Geht das bei mir auch so weiter? Werde ich auch so abgeschmettert?" Schließlich wurde ich aufgerufen. Ich kam dann zu einer Arbeitsvermittlerin, die zwar freundlich, aber auch sehr sachlich war. Ich sollte gar nicht viel über mich erzählen. Sie sagte mir geradeheraus, in meinem Alter würde es schwierig werden, eine Leitungsposition zu finden. Wenn überhaupt, müsste ich überregional suchen. Sie hat mir keine Hoffnung auf eine Anstellung gemacht. Es gab zu diesem Zeitpunkt sehr viele Arbeitslose. Dazu kam, wie gesagt, der Trend, dass viele Firmen meinten, ältere MitarbeiterInnen nicht mehr zu benötigen. So also sahen meine Vermittlungschancen aus. Ich habe mich so geschämt, kam mir so klein vor. Mein

Projekt, an dem mir viel gelegen hatte, das mein nächstes „Baby" werden sollte, war gescheitert. Ich hatte die BewohnerInnen verraten und verkauft. Ich brauchte mich nicht zu bewerben, niemand würde mich wollen. Und ich saß in diesen Katakomben, vor MitarbeiterInnen, deren Köpfe kaum hinter ihren Aktenbergen hervorragten. Man sah auf den ersten Blick, wie viel die zu tun hatten und dass man störte, wenn man nur ins Büro trat. Jedenfalls habe ich das so wahrgenommen.

Ich neige Gott sei Dank nicht zu Depressionen, aber in dieser Situation habe ich mich verkrabbelt. Ich habe nicht mehr an mich geglaubt, mich richtig nutzlos gefühlt. Es gab auch nichts für mich zu tun außer ein paar Terminen beim Arbeitsamt. Also eigentlich schon: Ich hätte mich meiner Kontakte besinnen, mein Netzwerk aktivieren können. Mein Mann hat mich immer wieder versucht anzustoßen: „Mensch, lass es uns mal bei dem versuchen. Oder bei dem." Aber ich hatte gar keine Motivation dazu. Ich konnte es mir nicht vorstellen, jemanden anzurufen und zu sagen: „Hey, ich habe gerade keine Arbeit, kann ich bei euch was machen?" Es ging nicht. Ich habe mich nicht getraut, mich zu zeigen. So vergingen drei oder vier Monate. Es war gruselig. Normalerweise gehe ich Probleme immer schnell an. Ich analysiere, was möglich ist, was funktionieren könnte, was schiefgehen könnte. Aber ich kam nicht in die Puschen, war auch emotional daneben. Wenn mein Mann nicht bei mir gewesen wäre – ich hätte nicht gewusst, wie ich da wieder rauskomme.

Das Arbeitsamt war wie ein Schreckgespenst für mich. Bei einem der nächsten Termine bohrte meine Vermittlerin dann in Richtung Selbstständigkeit. Ich hatte doch im Lebenslauf stehen, ich hätte mal freiberuflich als Beraterin gearbeitet – wie wäre es denn damit? Zuerst konnte ich mir das gar nicht vorstellen. Ich müsste Klinken putzen bei meinen Kontakten. Dann erzählte sie mir, man könne vorher Seminare besuchen zum Thema Existenzgründung, es gäbe eine Förderung für Gründer, man könne die

Wartezeit sinnvoll nutzen. Es wäre doch eine gute Idee, das mit der Beratung zu vertiefen. Sie hat mich ein bisschen auf die Schiene gebracht. Mein Mann war voll dabei, hat mir Mut gemacht, das zu versuchen. So habe ich schließlich angefangen, mir Informationen zu suchen: Wie gründet man eine kleine Gesellschaft? Was bietet die Industrie- und Handelskammer an? Was muss man beachten, wie geht man da ran? Ich stieß auf Netzwerktreffen für Frauen, da ging ich hin. Die anderen Damen waren ungefähr in meinem Alter, engagiert, dynamisch, kamen mit ganz verschiedenen Lebensläufen daher. Manche versuchten ihren zweiten Anlauf ins Berufsleben nach längerer Kinderpause. Andere waren aus mehreren Tätigkeiten gekündigt worden, auch in kurzen Zeitabständen. Da ging es um befristete Verträge und Probezeiten. So kann es dann auch laufen, wenn man sich nicht so richtig etabliert auf einer Stelle. Das war schon ein bisschen erschreckend. Eines musste ich mir eingestehen: Ich war 30 Jahre lang in sehr sicheren Verhältnissen gewesen. Und ich Vollidiot habe das aufgegeben für … Ja, letztlich auch für den Mammon. Zuerst konnte ich meine üppige Bezahlung nicht gut aushalten, aber bald fand ich sie schon gerechtfertigt. Ich war ja auch Tag und Nacht im Einsatz. Ich habe das Geld genommen und mich auf eine Weise davon einnehmen lassen. Dennoch glaube ich, würde ich mich wieder so entscheiden. Denn es ging mir nicht nur ums Geld. Es war die Chance, in der Pflegelandschaft etwas Neues auszuprobieren. Die ersten Erfolge kamen ja rasch. Es war eine Erfahrung, die mich stärker gemacht hat. Und es war ein Lehrstück. Nun kannte ich alle Seiten der Trägerlandschaft: kommunale Einrichtungen, Wohlfahrtsverbände, klitzekleine Private, sehr große Private … Es gab kein Segment, das ich nicht von innen gesehen hatte. In dieser Zeit haben mir auch immer wieder Freundinnen und Freunde gesagt: „Mensch, Doris, du musst doch nicht mehr arbeiten." oder „Das hast du doch nicht mehr nötig." Ja, es stimmte, mein Mann verdiente gut. Aber ich habe gerne, leidenschaftlich gerne gearbeitet.

Am allerbesten war der Ausspruch: „Lass es dir doch mal gut gehen!" Dagegen musste ich mich zur Wehr setzen. Ich wusste sehr genau, wann es mir gut geht: Wenn ich eine Aufgabe hatte.

Ein paar Termine auf dem Amt und beim Frauennetzwerk brauchte es noch, bis ich ein schlüssiges Konzept entwickelt hatte. Den Gründerzuschuss konnte ich tatsächlich bekommen. Ich rappelte mich wieder auf – und habe doch meine Kontakte aktiviert. Ich habe den Herrn angerufen, der mich damals für diese Schlösser- und Burgensache anwerben wollte. Und den Kollegen, mit dem ich in der ersten Zeit das Wohnparkprojekt geleitet hatte. Der brannte eigentlich auch für das Thema „Wohnen im Alter". Wir haben uns immer geschätzt. Er war im Rahmen des Sparkurses recht früh abgesägt worden, dafür wurde er immerhin noch großzügig abgefunden. Später hatte er sich als Rechtsanwalt im Inkassobereich ein neues Standbein geschaffen. Gelegentlich hat er selbst in solche Projekte investiert, dadurch hatte er gute Kontakte zu Banken. Diese Kreditinstitute wollten mitunter selbst in Seniorenimmobilien investieren. Dafür brauchten sie jemanden, der diese für sie bewertete: operative Bewertungen, wie ist die Qualität? Was muss sich ändern? Als Entscheidungsgrundlage, lohnt es sich, da zu investieren? Und zack, plötzlich konnte ich mit seiner Hilfe Aufträge generieren. Ich war so dankbar, als ich wieder loslegen konnte. Gleichzeitig kam wieder mächtig Angst auf: Ich würde schon wieder in einer anderen, einer unbekannten Welt unterwegs sein.

Mein Bruder und ich vor unserem Haus in Warin (1958)

Einschulung in Riehl (1960)

Ordensschwester der Vinzentinerinnen mit Flügelhaube (1960-er)

Eines der ehemaligen Kasernengebäude (ca. 1977)

Das Gelände der Riehler Heimstätten damals ... (späte 1920-er)

... und heute: Hauptsitz der Sozial-Betriebe-Köln (2017)

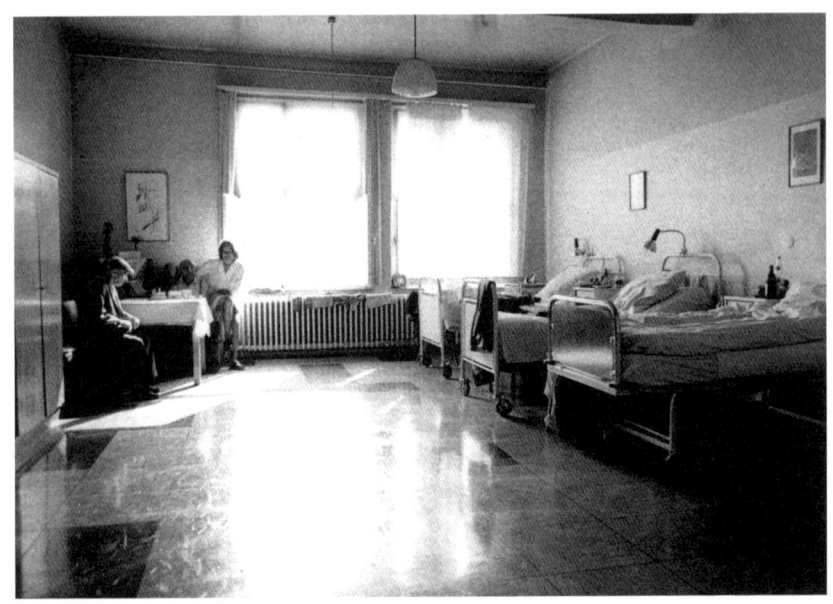
Klassisches Vierbettzimmer mit „Insassen" (1960-er)

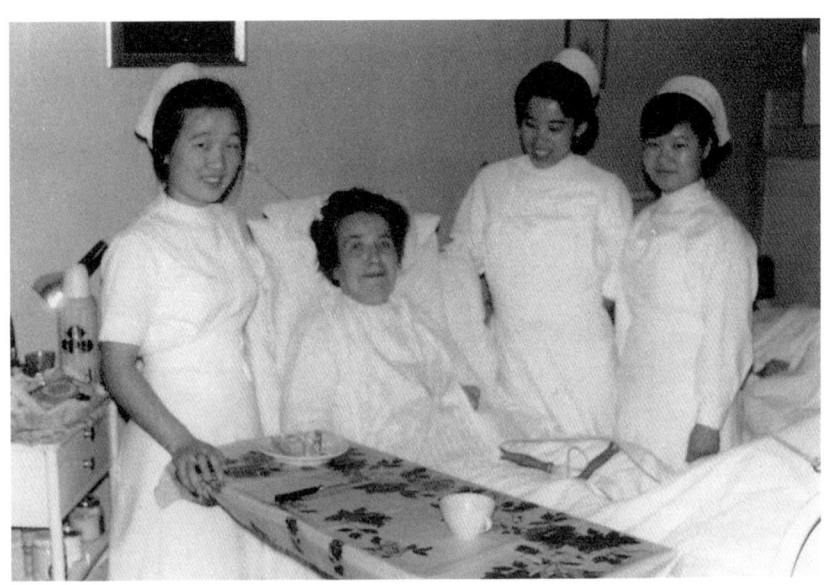
Aus Korea angeworbene Pflegekräfte (1970-er)

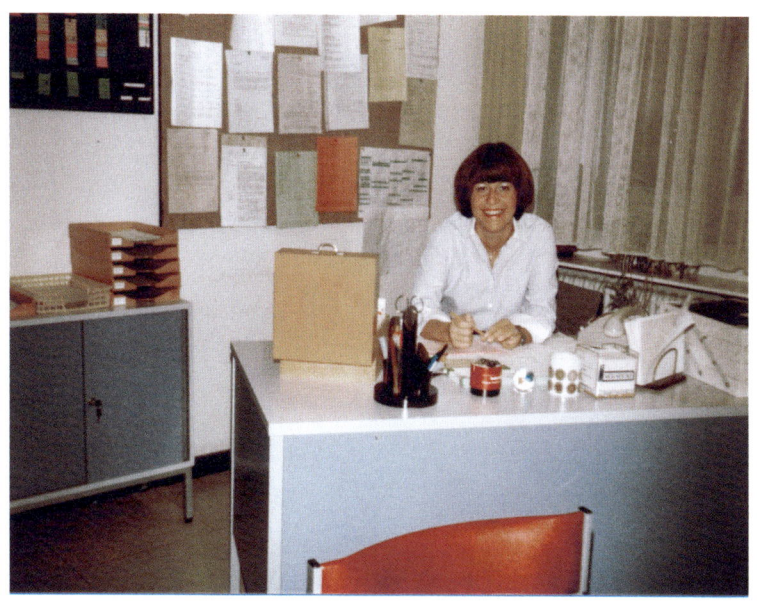
Mein erstes eigenes Büro als Pflegedienstleitung (1980)

Mein erster Eindruck vom Arnold-Overzier-Haus, bis zur Eröffnung sollte es noch etwas einladender werden (1984)

Karneval – die berühmte „fünfte Jahreszeit" in Köln – wird auch im Altenheim gerne gefeiert (1980-er)

Beim Spargelschälen mit Bewohnerinnen (1990)

Die überschwemmten Straßen in der Kölner Südstadt (1995)

Sandsäcke gegen die Fluten (1995)

Gemeinsames Aufräumen nach der Flut (1995)

BewohnerInnen und Pflegekräfte machen gemeinsam auf die Probleme aufmerksam, die seit Einführung der Pflegeversicherung auftraten (1997)

Abwertung eines Berufsstands

PFLEGE Zu „Folter-Inspektion in Heimen" (Ausgabe vom 12. 6.)

Fernab der Realität

Mit Betroffenheit und Empörung haben wir als diakonische Träger von Senioren- und Pflegeeinrichtungen in Köln den Artikel aufgenommen. Wir sind es zwar gewohnt, Berichte über vermeintlich skandalöse Zustände an unseren Arbeitsstätten zu lesen, aber die Verbindung des Begriffs Folter mit Pflegeheimen ist eine Steigerung, die wir nicht hinnehmen können, suggeriert sie doch, dass Kontrollen nötig seien, um vorsätzliche Gewalt gegenüber pflegebedürftigen Menschen zu ahnden. Unsere Tätigkeit erfordert nicht nur pflegerisches und medizinisches Wissen, sondern auch ein gutes Gespür für Menschen. Wen wundert es, wenn bei der ständigen Abwertung des Berufsstandes immer weniger junge Menschen in der Altenpflege arbeiten möchten? Wenn die Nationale Stelle zur Verhütung von Folter ihre Definition auf Alten- und Pflegeheime ausweitet, entsteht neben dem Generalverdacht auch der Eindruck, dass „freiheitsentziehende Maßnahmen" in Pflegeeinrichtungen die Regel wären. Das entspricht nicht der Realität: Ihr Einsatz wird kritisch geprüft, in unseren Einrichtungen tendiert er gegen null. Für uns ist unverständlich, warum weitere Prüfungen erforderlich sein sollen, denn Pflegeeinrichtungen werden bereits gründlich kontrolliert. Die mediale Erregung erschöpft sich allzu oft in einer Stigmatisierung, statt sich ernsthaft mit den Belastungen, Fehlerquellen und Verbesserungsmöglichkeiten in der Pflege zu beschäftigen. Die Frage nach vorsätzlicher Folter in Heimen verhindert eine substanzielle Debatte über Forderungen der Pflegebranche.

DORIS RÖHLICH-SPITZER, CLARENBACHWERK, KÖLN

Leserbrief als Reaktion auf einen besonders drastischen Zeitungsartikel (2013)

Auftritt in der Kölner Innenstadt beim bundesweiten Aktionstag zur Altenpflege (2014)

Die Senioren des Altenheims Haus Andreas des Clarenbachwerks in Müngersdorf feierten Nouruz, das persische Neujahrsfest. Für den Leiter Mohammed Pourmirzaie gehört das unter anderem zum Ansatz der kultursensiblen Pflege.

Nouruz – Neujahr im Frühling

Altenheim des Clarenbachwerks feierte altes persisches Fest

Von NICOLE ZIESE

MÜNGERSDORF. Im Altenheim Haus Andreas des Clarenbachwerks in Müngersdorf wird das neue Jahr gefeiert. Draußen scheint die Sonne und viele Blumen blühen bereits. Drinnen im Speise- und Festsaal essen, singen und tanzen die Bewohner, darunter viele Iraner, gemeinsam mit Familie, Freunden und den Beschäftigten des Altenheims. Sie feiern „Nouruz", das Neujahrsfest des ehemaligen Großpersischen Reiches. Seit fast 4000 Jahren feiern die Nachfahren des ehemaligen Großpersischen Reiches Neujahr am Tag des kalendarischen Frühlingsanfangs. „Wir haben eine deutsch-iranische Woche veranstaltet. Das Nouruz-Fest ist der krönende Abschluss", erklärt Mohammed Pourmirzaie, Leiter von Haus Andreas. Pourmirzaie arbeitet seit 33 Jahren im Clarenbachwerk. Als Leiter des Altenheims hat er sich die kultursensible Pflege zur Aufgabe gemacht. Seit fünf Jahren wird das Nouruz-Fest veranstaltet. „Wir möchten für die Menschen, die aus anderen Kulturkreisen stammen, Brücken bauen und ihnen hier auch ein Stück Heimat bieten", erklärt er. Und so feiern die, die Kindheit und Jugend im Iran, auf dem Balkan und den anderen Ländern des ehemaligen Großpersischen Reichs erlebt haben, in der neuen Heimat ihr Neujahrsfest. Und die anderen Bewohner feiern mit Nouruz oder feiern ganz einfach ein Frühlingsfest.

Das Essen an diesem Tag setzt sich aus traditionellen Nouruz-Speisen zusammen. Es gibt Reis mit Fisch, Gemüsepfannkuchen, persische Süßigkeiten und Gebäck. „Ich bin zufrieden", urteilt Mohamed Nadjl, der ehemalige Fotograf, der vor 30 Jahren aus dem Iran nach Deutschland kam. Er freut sich, seine Muttersprache sprechen zu können, genießt die iranische Küche und stellt doch klar: „Ich bin Deutscher geworden."

Am Nachbartisch sitzt das

Charmant: Der Auftritt der iranischen Kulturtänzerin begeisterte alle. (Foto: Ziese)

Ehepaar Gisela und Prof. Volker Jacobshagen mit Tochter und Schwiegersohn. Die Eheleute haben bis vor einem Jahr noch in Berlin gelebt und können sich nicht schlecht mitteilen, daher spricht Tochter Mechthild Ossenbrunner: „Die beiden sind gerne hier. Und mein Vater hat Herrn Pourmirzaie am Anfang noch erzählt, dass er in seiner Zeit als Professor der Freien Universität Berlin mehrere iranische Studenten hatte." Dann erklingt iranische Musik und Schohre, eine iranische Kulturtänzerin, beginnt den Saal zu durchtanzen. Chinor kann ihren Augen nicht entziehen, so dass schon bald Bewohner, Angehörige und Mitarbeiter zu tanzen beginnen. Dann überlässt Schohre die Bühne Anouar Belkaid, der auf dem traditionellen Saiteninstrument Ud spielt.

Nach und nach kehrt der Weg zurück zu ihren Zimmern kommen sie an der Nouruz-Festtafel. Haft Sin bedeutet Sieben S, denn in der Zeit vor Nouruz wird eine Tafel mit mindestens sieben Dingen gedeckt, die in der persischen Sprache mit dem Buchstaben S beginnen. „Es kann Knoblauch, Apfel, Knoblauchöl, Eier und vieles Mehr. Das ist ein Wenig wie bei den Christen Weihnachtsbaum bei den Christen", erklärt Phokphoon.

INTERVIEW

Angebot wird angenommen

Mohammed Pourmirzaie, Leiter des Altenheims Haus Andreas, der selbst vor 35 Jahren aus dem Iran nach Deutschland kam, spricht mit Nicole Ziese über den Ansatz der kultursensiblen Pflege.

Sie positionieren sich als ein Altenheim mit kultursensibler Pflege. Wie kam es zu diesem Schwerpunktsetzung?
Vor ein paar Jahren fragten mich befreundete Iraner, ob wir hier im Haus nicht etwas für iranische Senioren anbieten könnten. Ich wollte weder einen kulturellen, noch einen politischen Schwerpunkt setzen und so haben wir die Idee der kultursensiblen Pflege entwickelt. Diese bezieht sich natürlich nicht nur auf die iranische Kultur.

Gibt es Richtlinien zur kultursensiblen Pflege in Altenheimen?
Nein, wir sind auch keine kultursensible Einrichtung zertifiziert. Nachdem wir bereits zehn Jahren an dem Thema arbeiten und bei unseren Partnern für die Sensibilisierung für dieses Thema bekannt sind, haben wir im vergangenen Jahr in einer einjährigen Projektphase ein Konzept zur kultursensiblen Pflege entwickelt. Hierzu ist ein Filmmaterial, der auf unserer Internetseite zu sehen ist.

Wie leben Sie kultursensible Pflege im Alltag?
Das Personal in unserem Haus spricht 14 Sprachen, so dass wir Menschen aus vielen Kultur- und Sprachkreisen eine Kommunikation in der Muttersprache ermöglichen können. Unser Pflegepersonal kennt sich mit den verschiedenen Bräuchen und Ritualen aus.

Wo ist die kultursensible Pflege aus Ihrer Sicht noch ausbaufähig?
Wir wünschen uns mehr Kontakt zu Kulturvereinen, die bei uns Spielrunden, Konzerte oder Lesungen veranstalten. Für unsere deutschen Bewohner gibt es viele Angebote. Für unsere Bewohner mit Migrationshintergrund könnten es mehr sein.

Wie ist die Einstellung zum Thema Altenheime in den Familien mit Migrationshintergrund?
Im Iran und in der Türkei gab es vor 20 Jahren keine Altenheime. Der Umzug in ein Altenheim ist für jeden Menschen ein Einschnitt. Für Senioren mit Migrationshintergrund ist dies besonders gravierend. Sie verlieren ihr Zuhause zum zweiten Mal. Entsprechend hoch sind die Vorbehalte. Die Kinder tun sich schwer, diesen Schritt zu gehen.

Und wie sind die Reaktionen der deutschen Bewohner auf die Einflüsse anderer Kulturen?
Anfangs gab es Bedenken, gerade was das Essen angeht. Heute fragen auch unsere deutschen Bewohner nach, wo das Fladenbrot bleibt, wenn wir das mal nicht anbieten.

Artikel über unsere iranische Neujahrsfeier im Rahmen der „kultursensiblen Pflege" (2014)

Die Richtkrone hängt planmäßig

Der Richtkranz mit den roten Bändern hängt: Vorstandsvorsitzender Ernst Fey (v.l.), Geschäftsführerin Doris Röhlich-Spitzer und Geschäftsführer Hans-Peter Nebelin des Clarenbachwerks vor dem Rohbau.
Foto: at

Der Rohbau des neuen Gebäuderiegels, die Verbindung der beiden Türme Stephanus und Paulus des Clarenbachwerkes, wurde pünktlich fertiggestellt und mit einem Richtfest gefeiert.

Müngersdorf (at). Mit einem Zitat aus „Der kleine Prinz" von Antoine de Saint-Exupéry: „Man kann nicht in die Zukunft schauen, aber man kann den Grund für etwas Zukünftiges legen, denn Zukunft kann man bauen", hielt Joachim Schüler, Kamü Projektbau, eine Rede auf dem Richtfest.

Unter anderem wurden 1.700 Kubikmeter Beton und 300 Tonnen Stahl für die Tragekonstruktion im und über dem Speisesaal verarbeitet. Die Verantwortlichen des Clarenbachwerkes zeigten sich mit dem Ergebnis zufrieden. Auch die Lindenthaler Bezirksbürgermeisterin Helga Blömer-Frerker lobte ebenfalls die Bauherren und -arbeiter, die Geschäftsführer Doris Röhlich-Spitzer und Hans-Peter Nebelin sowie den Vorstandsvorsitzendem Ernst Fey und seinen Vorstandskollegen des Clarenbachwerkes. Blömer-Frerker betonte dabei, wie wichtig es ist, den Bewohnern ein neues, schönes Zuhause zu geben.

Mit dem Neubau entstehen über 80 Pflege- und Wohnplätze, darunter komfortable Zimmer nach den neuesten Standards. Zusätzlich entsteht ein neuer Garten-und Innenhof. Neben einem neuen Eingangsbereich, Gemeinschaftsräumen und Wohnküchen, zieht auch die Altenpflegeschule des Clarenbachwerkes mit ein.

So genossen Zimmermann Gordon Wingen, Röhlich-Spitzer und Bauleiter Michael Leipertz vor dem Richtschmaus die Aussicht vom Rohbau unter der Richtkrone des Gebäuderiegels, während Hans-Peter Nebelin vor dem Neubau seine Rede hielt. Bis zur Eröffnung im kommenden Herbst gibt es noch viel zu tun. Jetzt geht es an den Innenausbau. Den Handwerkern wünschten die Festgäste das gleiche erfolgreiche Händchen bei der Gestaltung ihrer Arbeit.

Eines meiner fünf Richtfeste beim Clarenbachwerk (2018)

Als „Ruheständlerin" habe ich jetzt Zeit, den Kölner Straßenkarneval zu genießen (2019)

Bei der Vorbereitung auf meinen nächsten Beratungsauftrag (2021)

Kapitel 5:

Selbstständig

Die Bank gewinnt immer

oder:
Unterwegs in den feinen Kreisen –
nur der Fahrer muss draußen warten

Diese Bankenwelt war etwas Eigenes, eine ganz andere Kultur. Ich musste mich korrekt, businessmäßig zurechtmachen. Meine Auftraggeber waren überwiegend junge männliche Banker. Diesen vitalen, vor Energie nur so sprühenden Herren in Schwarz oder Dunkelblau gegenüber habe ich mich unendlich alt gefühlt. Das hat schon mental etwas mit mir gemacht. Ich dachte mir, hier muss ich richtig Flagge zeigen, gut sein von A bis Z. So stürzte ich mich ins Feld. Ich fuhr in viele Einrichtungen, ließ mir alles zeigen, fragte nach, beobachtete. Dann wurde zeitnah ein Bericht von mir erwartet, den musste ich präsentieren. Dabei habe ich versucht, mit besonderen Konzepten zu überzeugen, mit Ideen, mit Beobachtungen, die mir wichtig waren. Aber den meisten meiner Zuhörer waren die Inhalte schlicht egal. Die interessierte das gar nicht, sie wollten nur Zahlen hören, eine klare Aussage pro oder kontra Investment. Meine Ausführungen haben die eher gelangweilt. Mir saß schon manchmal die Angst im Nacken: Was, wenn ich hier keine Akzeptanz finde? Was, wenn ich in diesem Rahmen auch nicht mehr arbeiten kann? Dabei habe ich durchaus Wertschätzung erfahren. Ich dachte, ich bekomme halt einen oder zwei Aufträge, dann sehe ich weiter. Aber es lief gut an, ich wurde immer wieder gebucht. Nur war es eine andere Welt: Einmal war ich mit einer Bank auf der Immobilienmesse in München, die hatten einen Messestand, den ich mitbetreut habe. Dort liefen ausschließlich junge Leute rum. Immer aktiv, immer beschäftigt. Zu der Zeit kam gerade der Hype um Handynutzung und Laptops auf. Da ist mir zum ersten Mal bewusst geworden, wie sehr man als junger Mensch im Berufsleben „im Hamsterrad" stecken kann. Eine unglaubliche Schnelllebigkeit, hier noch ein Termin, da noch ein Termin und überhaupt. Dazu kam die Unverbindlichkeit. Die Herren waren immer freundlich, aber dann, zack, wieder weg. Und von diesen Leuten, jung, karrierehungrig, agil, Banker, Immobilienmenschen war eine ganze Messehalle voll. Es war ein Ameisenhaufen. Ich habe mich in dieser Sphäre nicht wohlgefühlt.

Mein vermeintliches Scheitern beim Wohnparkprojekt hing mir noch deutlich nach. Einer der Eigentümer, die wir angeworben hatten, war der Onkel meines Mannes. Er war ein wohlhabender Mann, hatte ein größeres Anwesen in Düsseldorf. Ich habe ihn für die Idee gewonnen, in eine dieser Stadtvillen umzusiedeln. Ich hatte ein schlechtes Gewissen und konnte ihn lange Zeit nicht mit meinem Mann zu Hause besuchen. Er ist dann zu uns gekommen, und ich war froh, als er kam. Aber es dauerte noch lange, bis die Scham nachließ. Immer konnte ich es nicht vermeiden, das Gelände zu betreten: Wir hatten zwei Ärztehäuser auf dem Areal angesiedelt. Die Ärztinnen und Ärzte hatte ich akquiriert, sechs Praxen insgesamt – darunter auch mein Zahnarzt. Ich bin bei ihm in Behandlung geblieben. Das ging aber nur, weil ich mit dem Auto in die Tiefgarage und dann mit dem Aufzug direkt in die Praxis fahren konnte. Mehr wäre nicht gegangen. Also schnell meinen Termin hinter mich bringen, in den Aufzug, wieder raus aus der Tiefgarage und mich meinen neuen Aufgaben widmen.

Ich nahm Fahrt auf, es kamen noch zahlreiche Aufträge von Banken rein. Ich war wieder in meinem Fahrwasser, besuchte

Konferenzen, Tagungen, knüpfte eigene Kontakte – der Erfolg meiner kleinen Beratungsfirma sprach sich herum. Dann ging es flugs: Ende 2004 wurde ich von meinem Kontaktmann in der Welt der Schlösser und Burgen weiterempfohlen an einen anderen, recht vermögenden Herrn, der unternehmerisch schon in verschiedenen Disziplinen aktiv und erfolgreich war, jetzt aber im Bereich stationärer Altenpflege Fuß fassen wollte. Er hatte, wie auch der Unternehmer mit den Schlössern, vier Burgen gekauft, die nun als Senioreneinrichtungen vermarktet wurden. Die Frage nach der Qualität stand im Raum, ich sollte eine Potenzialanalyse dieser vier Einrichtungen machen. Okay. Aber leider wurde schnell klar, dass auch hier keine wirkliche Philosophie dahintersteckte. Das hat sich natürlich ausgewirkt auf die Art und Weise, wie gepflegt wurde, auf die Belegung, auf die Teams. Das habe ich ihm deutlich in einem persönlichen Gespräch als Ergebnis zurückgemeldet: Es müsste sich einiges ändern, damit diese Einrichtungen gut liefen. Das mündete darin, dass er mich fragte, ob ich das nicht selbst machen könne. Ich dachte, ich höre nicht richtig, aber es ging tatsächlich um einen Zweijahresvertrag als operative Geschäftsführung. Um die Einrichtungen in Gang zu bringen. Um neue Ansätze für die Häuser zu entwickeln und neue Leitungsteams zu bilden. Das war eine Überlegung wert. Denn das Beratergeschäft ist bisweilen eine einsame Sache. Und ich mochte eigentlich immer lieber mit Menschen arbeiten, im Team. Andererseits lagen die vier Häuser sehr verstreut, am Niederrhein, bei Paderborn, im Sauerland. Es war schon eine unglaubliche Fahrerei für die Analysen, das würde ich dann jeden Tag haben. Aber ich war wieder ich, war wieder in meiner Welt. Ja, ich konnte es mir vorstellen. Als das raus war, druckste er ein bisschen herum. Es gäbe da noch etwas, das ich wissen müsste. „Bitte", sagte ich. Er sagte, eigentlich würde er MitarbeiterInnen, die Leitungsfunktionen bekommen sollten, immer auch gerne zu Hause besuchen. „Wie bitte?", fragte ich. Er wollte wissen, wie ich so lebe, wie die private

Situation aussieht. Ich dachte erst, er mache einen Scherz. Aber dann habe ich ihm Neugier unterstellt, vielleicht wollte er einfach wissen, wie die häusliche Situation ist, ob ich aus geordneten Verhältnissen komme. Besonders hat ihn wohl der Ehemann interessiert. Es endete damit, dass ich eine Einladung ausgesprochen habe. Wir waren also verabredet. So kam er, begleitet von seiner Frau, zu Röhlich-Spitzers nach Köln-Sülz. Standesgemäß in der Limousine, mit Fahrer – der dann aber unendlich lange bei uns vor der Tür stehen und warten musste. Das fand ich schrecklich. Ich habe gekocht, und es wurde ein sehr interessanter, aber auch ungemein merkwürdiger Abend. Wir waren am Morgen von einem unserer Mini-Urlaube in Italien zurückgekommen, auf dem Rückweg hatte ich noch Lebensmittel eingekauft. Es gab Pasta, davor ein bisschen Antipasti. Seine Frau war beglückt von meinen Kochkünsten, sie wich mir nicht mehr von der Seite. Er interessierte sich eigentlich nur für meinen Mann, das Essen war für ihn wohl nebensächlich. Ich hatte in erster Linie ein Problem damit, dass der Fahrer da draußen saß. Ich wollte ihn eigentlich gerne hereinbitten oder ihm zumindest etwas zu essen nach draußen bringen, aber das war nicht gewünscht. Wie gesagt, eine merkwürdige Erfahrung. Den Chef selbst habe ich an diesem Abend kennengelernt als einen kernigen, sehr aufrechten, vielleicht schon despotischen Menschen. Aber da musste ich durch. Und ich habe die Prüfung bestanden, die Röhlich-Spitzers haben wohl einen ganz soliden Eindruck gemacht. Ich wurde operative Geschäftsführerin mit einem Zwei-Jahres-Vertrag.

Die Burgenkönigin

oder:
Wie ich vier Häuser gleichzeitig versorgte –
und fuhr und fuhr und fuhr

Ein paar Eindrücke vom Chef hatte ich schon: Er war ein Unternehmer der alten Schule. Seine Geschichte fand ich interessant, er hatte erst den Lebensmittelbetrieb seiner Eltern übernommen, daneben als One-Man-Show in der Logistik angefangen und nach und nach einen multinationalen Konzern mit mehreren Tausend MitarbeiterInnen aufgebaut. Das fand ich schon beeindruckend. Die Burgen kamen dann als neues Geschäftsfeld hinzu. Und in allen Bereichen hat er sich sehr als Unternehmer gesehen, wollte immer nah am Geschehen sein, alles wissen. Wohl in erster Linie, weil es ums Geld ging. Er hatte ein Netzwerk aus leitenden Mitarbeitenden, die auf mich genauso misstrauisch wirkten wie er auch. Managertypen, die kaum je gelächelt haben und wirklich alles hinterfragten. Ich erinnere mich besonders an einen Controller. Der schaute einerseits sehr genau auf die Zahlen. Klar, ist auch sein Job. Andererseits suchte er immer wieder das Gespräch, wollte alles Mögliche bestätigt haben: Ist es denn wirklich so, dass die Plätze belegt sind? Haben Sie dies bedacht und jenes? Ich musste immer wieder nachfassen und noch mal darlegen, ob die Dinge nun wirklich auf einem guten Weg waren. Einmal rief er an wegen einer Tankquittung. Einer unserer Hausmeister war mit dem Traktor auf dem Gelände unterwegs gewesen. Es handelte sich um ein riesiges Areal, die Burg war von Wald und Wiesen umgeben. Der Mann hat dann wohl innerhalb einer Woche zweimal Diesel getankt. Das könne doch wohl nicht sein, eigentlich müssten soundso viel Liter Diesel ausreichen, um soundso viel Quadratmeter Wiese zu mähen. Mir ist die Kinnlade runtergefallen. Aber es war sein voller Ernst. Das ging wohl auf den Chef persönlich zurück, der hat sich sämtliche Rechnungen zeigen lassen oder sich welche herausgepickt, so genau weiß ich das nicht. Jedenfalls hatte ich den Controller in dieser Sache mehrfach am Telefon, ich solle doch mal mit dem Hausmeister reden. Nicht, dass er sich heimlich Diesel für sein Auto abzapfe. Ich war angetreten, um Leitungsteams zusammenzustellen, den Verantwortlichen Zeit zu geben, um sich zu finden. Und nicht, um aus solchen Kleinigkeiten einen Dieselskandal zu machen. Dieses Beispiel zeigte: Es ging nur um Zahlen. Vor allem, wenn es um die Kosten der tatsächlichen Pflege ging, musste ich immer wieder dagegenhalten – Qualität kostet schließlich etwas. Ich hatte auch intensive Gespräche mit Angestellten zu führen, bei denen unzählige Überstunden aufgelaufen waren. Mit ihnen gemeinsam sollte ich einen Ausgleich finden, ohne sie endlos aus dem Betrieb zu nehmen. Und – das war mein Anspruch – ohne sie über den Tisch zu ziehen. Dann ging es darum, ob sie vielleicht auf ein paar Stunden verzichteten, dafür das restliche Geld aber sofort ausgezahlt bekämen. Das wurde alles eng überwacht, wieder hatte ich ständig den Controller oder den Chef am Telefon: „Was haben Sie erreicht? Wie viele Stunden sind es noch?" Der Chef war noch sehr in das Geschäft involviert, wollte sehr nah dran bleiben. Aber nicht aus dem Gedanken heraus, dass es gut werden solle. Eher, um alle Ausgaben zu verhindern, die nicht zwingend notwendig waren. Er hatte die Burgen wohl in der Hoffnung gekauft, damit schnell gute Rendite zu machen. Das war aber nicht möglich – die Immobilien waren deutlich heruntergewirtschaftet und vor allem stand keine wirkliche Philosophie dahinter. Die bislang getroffenen Personalentscheidungen rochen auch nicht gerade nach Nachhaltigkeit. So ist Wirtschaftlichkeit schwierig.

Jetzt rede ich schon eine Weile über Geld und das Management, die MitarbeiterInnen kamen in diesem Kapitel erst am Rande vor – was exakt die Prioritäten widerspiegelt. In der Belegschaft glaubte niemand mehr so richtig daran, dass sich noch etwas verbessern könne – es herrschte eine ganz ähnliche Stimmung wie bei meinem letzten Interimsauftrag in der Nähe von Neuss. Die Arbeitsbedingungen waren nicht gut, die Überstunden häuften sich, immer hat jemand Druck gemacht: Jetzt muss dies, jetzt muss das passieren, zack, zack. Das war nicht mein Ansatz. Ich komme eigentlich schnell mit Menschen in Kontakt und trete nicht auf wie jemand, der alle niedermachen will. Manche könnten vermuten, es komme jemand Externes und brächte Angst und Schrecken. Das ist bei Unternehmensberatungen leider nicht unüblich. Aber Angst und Schrecken hatte das Personal schon genug erfahren. Viel wichtiger war mir die Wertschätzung. Nah dran zu sein – nicht am Geld, sondern an den Menschen. Sie ins Boot zu holen, mit ihnen etwas zu entwickeln, zu verändern. Einfach, weil es notwendig war. Das haben die MitarbeiterInnen gemerkt und mir schnell zu verstehen gegeben, sie fänden es gut, dass ich da sei. Dass ich ein offenes Ohr für sie habe.

Es hat unglaublich viel Anstrengung gekostet, auf diesem Standpunkt zu beharren und nicht selbst unter Druck zu geraten. Und der Druck, der konstant von oben kam, war immens: „Die Zahlen müssen stimmen – warum geht das nicht schneller?" Es brauchte seine Zeit, aber ich war auch gut darin, Leute zu finden und in Gang zu bringen, die auch Lust hatten, mit mir die Dinge anzupacken, die anstanden. Das Image der Einrichtungen war äußerst schlecht, vor allem bezogen auf die Qualität der Pflege. Die Heimaufsicht ging bei uns ein und aus, ständig hing die Schließung oder ein Belegungsstopp wie ein Damoklesschwert über uns. Der zuständige Prüfer war ausgesprochen streng und hätte uns am liebsten geschlossen gesehen. Er war für einen Freitagmorgen angekündigt. Nachmittags wollte ich in Dortmund meinen Zug nach Hamburg erwischen, da war ich mit meinem Mann verabredet, wir wollten das Wochenende zusammen verbringen. Der Prüfer aber stocherte und suchte überall. Man merkte richtig, dass er etwas finden wollte. Ich wollte nur noch, dass er geht, damit ich endlich fahren konnte. Aber ich wollte auch, dass unsere Fortschritte anerkannt würden. Er wühlte und wühlte und am Ende fand er – wenig. Natürlich nicht nichts, man findet immer etwas. Aber eben deutlich weniger, als er erwartet hatte. Das hat er dann auch betont, er sehe die Einrichtung auf einem guten Weg. Nur meinen Zug hatte ich verpasst.

Die BewohnerInnen hatte ich in der ersten Zeit leider überhaupt nicht auf dem Schirm. Sobald dafür ein bisschen Luft war, fand ich aber schnell ein paar Sachen, die man für sie umstellen konnte. Es stand beispielsweise eine kleine, nette Villa auf dem Gelände herum – die bot sich an als Wohngruppe für Demente. Diese Gruppe hatte wie alle anderen auch in der großen Burg gewohnt, mit riesigen Etagen und langen Fluren. Da irrten sie umher, kamen oft nicht da an, wo sie hinwollten oder hingehörten. Waren schlicht überfordert. Ich konnte zwei MitarbeiterInnen gewinnen, die mit mir gemeinsam dieses neue „Baby" konzipiert und aus der Taufe gehoben haben. Die brannten richtig für die Idee, haben die kleine Villa behaglich eingerichtet, mit viel Farbe, mit Bildern, mit einfachen Gegenständen, die die BewohnerInnen auch mal in die Hand nehmen konnten. Das haben sie sehr schön hinbekommen. Man hat rasch den Unterschied gespürt: Es kam viel mehr Ruhe in die Bewohnerschaft. Bei dementen Menschen kann man oft schnell ablesen, ob sie sich wohlfühlen, sie haben dann ein ganz unmittelbares Strahlen in den Augen. Das stellte sich in ihrer neuen Unterkunft auch bald ein.

Ich bin in dieser Zeit unglaublich viel Auto gefahren, jeden Tag zwischen 200 und 400 Kilometer. Das war schon Hardcore. Aber so oft ich auch auf dem Hin- und Rückweg im Stau stand, so sehr genoss ich es, raus an den Niederrhein fahren zu können. Da konnte ich richtig die Jahreszeiten erleben, was man in Köln nicht so sehr mitbekommt. Man blickte über das flache Land, erst war es richtig karg, dann blühte es. Schon bald habe ich mich auf die Fahrten gefreut, habe meinen Blick über die endlosen Rapsblüten schweifen lassen, über die Maisfelder – das fand ich richtig schön. Dann habe ich schnell ausgekundschaftet, wo es guten Spargel gab, wo eine gute Landmetzgerei. Die Fahrerei konnte ich auch gut kulinarisch nutzen.

Die nächste Einrichtung lag in der Nähe von Paderborn. Das war eine Art Festung, sehr abgelegen und baulich wirklich erheblich sanierungsbedürftig. Da lebten schwer suchtkranke Menschen, es war im wahrsten Sinne des Wortes die „letzte Station", die man ihnen noch zugestehen konnte. Es war mir schon arg, das so zu sehen. Die Immobilie war heruntergekommen, und die Behörden hatten tatsächlich genehmigt, dass dort Menschen untergebracht wurden. Für diese Klientel sei das wohl ausreichend, werden sie gedacht haben. Und auch für die MitarbeiterInnen – sehr bodenständige Leute, um nicht zu sagen: wortkarg und misstrauisch. Insgesamt eine sehr resignierte Mannschaft, von der ich nichts anderes hörte als: „Das kann man doch gar nicht anders machen." – „Das ist so." – „Die sind so." Diese Einstellung musste ich erst einmal auf mich wirken lassen. Unter den Bedingungen vor Ort war es gar nicht unwahrscheinlich, dass MitarbeiterInnen so verhärten. Ich musste eine neue Leitung finden – wer würde sich das antun? Ich fand eine Einrichtungsleitung, aber sie war nicht wirklich meine erste Wahl. Ich war zuerst nicht glücklich darüber, wollte lieber etwas genauer hinschauen. Aber es war schwer, Personal zu finden, das überhaupt in der Einrichtung arbeiten wollte. Ich war dann zweimal die Woche dort und habe versucht, alle Stellschrauben ein bisschen anzuziehen: Ich wollte Aufbau und Abläufe moderner gestalten. Dann wollte ich baulich etwas tun, die Einrichtung in einen besseren Zustand bringen. Ich habe Fortbildungen ins Haus geholt, wollte einen zeitgemäßen Umgang mit BewohnerInnen und MitarbeiterInnen vermitteln. Ich habe Öffentlichkeitsarbeit gemacht, bin zum Bürgermeister in den Ort gefahren, habe die Einrichtung noch mal vorgestellt. Wollte einen Bekanntheitsgrad erreichen, ehrenamtliche Kräfte gewinnen – auch für diese Klientel, die mir mittlerweile ans Herz gewachsen war. Es war nicht leicht.

Zu den beiden Einrichtungen im Sauerland gibt es nicht so viel zu berichten, was nicht an den anderen Standorten schon aufgetaucht wäre. Beide waren abgelegen und auch nicht wirklich schön. Den Druck von oben gab es überall gleichermaßen. Im Paderborner Land und im Sauerland hat es mich wirklich Mühe gekostet, die Menschen für mich zu gewinnen. Sie wirkten sehr verhalten, um nicht zu sagen: ablehnend. Traten mir gegenüber argwöhnisch auf, und ich musste mir meinen Stand bei ihnen richtig verdienen. Das war ich als zugezogene Rheinländerin so nicht gewohnt. Vielleicht war an dem, was man so landläufig über „die Westfalen" sagt, etwas dran. Es heißt ja, sie seien zurückhaltend, vorsichtig, ehe sie jemanden akzeptieren – dann aber umso stärker. Am Ende ist es mir gelungen, und als sie einmal entflammt waren, haben die Westfalen wirklich alle notwendigen Veränderungen mitgetragen. Sie haben sich auf so viele Dinge einlassen können, haben sich zu guten, verlässlichen Leitungsteams zusammengefunden und sind gezielt Projekte angegangen. Vor allem stieg die Qualität der Pflege, die Berichte der Aufsicht wurden immer besser. Die Arbeit hatte sich gelohnt, aber es war – wie so oft – ein Kraftakt. Zudem fuhr ich täglich unzählige Kilometer. Zwischen Köln und dem Haus am Niederrhein lagen gut 100 Kilometer, zu den anderen Häusern waren es über 200. So oft es ging, bin ich zurück nach Köln gefahren, aber nicht immer. Häufig habe ich auch in einem der Häuser übernachtet, bin dann morgens weitergefahren zum nächsten.

Alles in allem ließen sich die Zustände auf den Burgen verändern. Mit der Zeit hatte der Betreiber wohl verstanden, dass sich unbedingt etwas ändern musste. Er war auf mich angewiesen. Und ich hatte zwei Jahre Zeit, in denen es mir weitestgehend gelungen ist, die richtigen Leute zu finden. Die auch Lust hatten, mit mir gemeinsam Sachen umzusetzen, die anstanden. Ich habe mein Ding gemacht, mich mit den Behörden abgestimmt, wo es denn am ärgsten brennt, die Maßnahmen entsprechend priorisiert. Ich habe offen mit den MitarbeiterInnen gesprochen, Teams gebildet oder umstrukturiert, Schwerpunkte neu verteilt, besucht, begleitet. Das war wieder meine Welt. Mit einer Kollegin aus dieser Zeit habe ich noch Kontakt. Sie war damals Qualitätsbeauftragte und ist später Einrichtungsleiterin geworden. Wir haben viel gemeinsam überlegt, überarbeitet, verändert. Trotz der kurzen Zeitspanne, es waren nur zwei Jahre, haben wir Welten zusammen bewegt. Aber ich wollte nicht länger bleiben. Die Fahrerei war schon sehr anstrengend und energiezehrend. Ich hätte auch nicht übersiedeln wollen. Dafür lebe ich zu gerne in Köln. Ich fahre immer gerne in die Welt hinaus, aber noch lieber komme ich wieder zurück. Hier ist mein Nest.

Intermezzo

oder:
Wie ich noch ein bisschen herumfuhr –
und ganz neue Dinge für mich entdeckte

Ich frage mich mittlerweile oft, was andere wohl darüber denken, was ich so alles gemacht, wie viele Dinge ich an mich gezogen habe. Das habe ich wirklich gemacht – aber ich habe auch verstanden loszulassen. Ich sprach schon davon, dass meine Einrichtung in der Südstadt irgendwann bestellt war. Dass „mein Kind laufen gelernt" hatte. So war es auch mit den vier Burgen. Die Richtung war gesetzt, ich konnte das Projekt ruhigen Gewissens laufen lassen. Ich hatte Zutrauen in meine MitarbeiterInnen und wusste, dass die neuen Teams die Verantwortung schon tragen könnten. Daher ließ ich meine Tätigkeit als Geschäftsführung Ende 2006 planmäßig enden.

Na gut, dachte ich mir, gehe ich eben wieder in die Selbstständigkeit. Das lief durchaus nicht reibungslos an. Zwei Jahre waren ins Land gegangen, und ich hatte meine Kontakte nur mäßig gewissenhaft gepflegt, war auch wieder zwei Jahre älter geworden. Aber den einen oder anderen Job konnte ich doch an Land ziehen. Ich habe in verschiedenen Weiterbildungsstätten bundesweit unterrichtet, viel zum Thema Pflegeorganisation vermittelt. Mein Fahrwasser bei den Bankern hatte ich auch noch nicht ganz verlassen, es gab immer wieder mal eine Potenzialanalyse, die ich durchführen durfte. Das war damals recht gefragt und hat auch ein Stück weit wirklich Spaß gemacht. Es lief immer gleich ab: Ich fuhr zu den Einrichtungen, war innerhalb kürzester Zeit von null auf hundert, analysierte, lieferte meinen Bericht ab, der dann bewertet wurde. Die Anspannung und der Druck waren hoch, die Ergebnisse mussten innerhalb kürzester Zeit geliefert werden. Aber ich war wieder in meinem Element und durchaus erfolgreich. Und ich bin viel herumgekommen, konnte unendlich viele Eindrücke sammeln – von Nord bis Süd durch die gesamte Republik. Ich habe sehr nette Hotels entdeckt und ausgezeichnete Restaurants. Wenn aus meinem Freundeskreis jemand verreist, habe ich meistens einen Geheimtipp parat. Ich glaube, ich habe die Gastronomie über all die Jahre sehr unterstützt. Habe Restaurants von günstig bis gehoben besucht, in allen Preisklassen. Ich bin so gerne eingekehrt, ich liebe das – in den Restaurants „runterzukommen". Meine Mutter hätte dazu gesagt: „Mensch, das kannst du doch viel billiger selbst kochen, zu Hause schmeckt es doch viel besser." Aber darum ging es nicht. Ich denke, es war eher eine Art Belohnung. Wenn ich wieder von einer interessanten Adresse gehört hatte, freute ich mich schon den ganzen Tag auf den Abend. Hatte ich dann mein Tagwerk erledigt, gab es einen schönen Abschluss und ich konnte abschalten. Das war auch deshalb schön, weil ich mich so gerne mit dem Personal unterhalte, mit den BetreiberInnen. Ich lobe das Essen, frage nach Feinheiten bei der

Zubereitung, wir fachsimpeln, sprechen über Rezepte. Das kann sehr unterschiedlich ablaufen, je nachdem, wie die BetreiberInnen ticken. In italienischen Restaurants ist der Kontakt meistens schnell da, in asiatischen auch. Wenn sie gut besucht sind, halte ich mich selbstverständlich zurück. Schon in Köln habe ich das gerne gemacht, aber durch das Leben auf Achse haben die Restaurantbesuche einen richtigen Schub bekommen. Ich wollte überall ausprobieren: Wie ist die Küche in Bayern? In Thüringen? In Sachsen? In Berlin? Am liebsten habe ich meine Restaurantbesuche allein gemacht. Klar, wenn ich allein unterwegs war oder mein Mann unter der Woche nicht in Köln war, hat es sich so ergeben. Mein Freundeskreis hat sich gewundert, von denen ging niemand allein essen, als Frau schon gar nicht. Aber das war mein Ausgleich, das habe ich genossen. Es war Zeit nur für mich.

Eigentlich konnte ich mit den vielen Aufträgen recht gut leben. Aber nach und nach habe ich noch etwas anderes für mich entdeckt. Es machte echt Spaß, selbst zu entscheiden: Wann nehme ich einen Auftrag an, wann nicht? Was kann ich auch mal ruhigen Gewissens ablehnen? Zum ersten Mal im Leben habe ich unter der Woche mit Freundinnen Geburtstag gefeiert. Ich konnte zum Kaffee vorbeikommen oder zum Frühstück. Mich mehr um private Dinge kümmern, die mir wichtig waren. Bei den Vorbereitungen für eine Feier helfen. In meinem Freundeskreis mehr dabei sein. Das habe ich sehr genossen. Es waren noch viele andere Sachen möglich, ich konnte beispielsweise unter der Woche in die Sauna gehen. Da war es nicht voll, das war mir völlig unbekannt. Es war richtig schön. Oder ins Kino gehen. Gegenüber vom Lichtspieltheater Odeon in der Südstadt gibt es ein Fischgeschäft. Es war Nachmittag, vier Uhr vielleicht. Da dachte ich mir: „Jetzt ein Fischbrötchen und ein Glas Wein, dann bin ich die Königin der Welt." Ich habe an der Theke im Kino gefragt, ob ich mein Brötchen mit nach drinnen nehmen könnte, das war möglich. Ich bestellte mir noch ein Glas Wein, setzte mich in den fast leeren Saal.

Der Film war so schön, ich hatte mein kleines Festmahl auf dem Schoß und es ging mir richtig gut. Ich erlebte einen Moment purer Freude. Daran fand ich Geschmack, einfach schöne Sachen zu machen. Vorher ging das nicht – wann denn auch? Ich hatte wenig Urlaub und den meisten an verlängerten Wochenenden. Diese Freiräume kannte ich noch gar nicht. Das war ein neues Lebensgefühl, in das ich mich ein bisschen verguckt habe: Ich konnte mit meiner Zeit frei umgehen, und es kam trotzdem noch etwas Geld rein. Ich war ein Stück weit befreit, das hat mir gefallen. Nur der Kontakt zu KollegInnen hat mir gefehlt, an die Einsamkeit des Beraterdaseins konnte ich mich nicht so richtig gewöhnen. Ich wollte lieber im Team arbeiten.

Mit diesen Gedanken trug ich mich, als mich Ende 2007 eine frühere Kollegin aus der Szene anrief, die sich zwischenzeitlich als Headhunterin einen Namen gemacht hatte: „Du, Doris, es wird 'ne Stelle frei, Geschäftsführung bei einem großen Träger im Kölner Westen. Kannst du dir das vorstellen?" Und ob ich das konnte.

Kapitel 6:

Müngersdorf

Zurück an die Spitze – na ja, nicht ganz

oder:
Wie schwer es mir fiel, den Dornröschenschlaf mit zu schlafen

Eine Leitungsposition in Köln. Wow – damit hatte ich nun gar nicht mehr gerechnet. Zweites „Wow": Ich mag Menschen, mag es mitzumischen, die vielen Facetten des Teamlebens. Beratung habe ich auch gerne gemacht, war aber nie mit derselben Leidenschaft dabei wie in Organisationen. 2008 sollte die Stelle besetzt werden, ich war schon 54. Es erschien mir wie ein kleines Wunder. Ich hatte in Köln eigentlich immer so meine Kontakte gehabt, kannte die Leitungen der anderen Einrichtungen aus den verschiedenen Gremien. So auch die Geschäftsführerin des Clarenbachwerks, damals der zweitgrößte Träger in der Kölner Altenhilfe. Aber von der Einrichtung selbst wusste ich noch gar nicht viel, sie war in der Außendarstellung eher still und verhalten. Die dortige operative Geschäftsführerin ist nach über 30 Jahren aus Altersgründen ausgeschieden, es wurde eine Nachfolge gesucht. Auch hier gab es zwei Geschäftsführungen, eben eine für das operative Geschäft, eine für die Finanzen. Das fand ich im Prinzip ideal, ich würde mich wieder voll auf den operativen Bereich konzentrieren können. Das könnte echt gut werden.

ⓘ Clarenbachwerk

Das Clarenbachwerk ist eine Pflegeeinrichtung, die ursprünglich aus einem Bauverein der evangelischen Clarenbach-Kirchengemeinde entstanden ist. Nach dem Zweiten Weltkrieg wurde das Clarenbachwerk Köln e.V. gegründet, um den Menschen in Not schnell Hilfe leisten zu können. Es sicherte im Jahr 1945 menschenwürdiges Wohnen und Leben.

Anfang der 1960er-Jahre wurden die bestehenden Häuser in Einrichtungen für alte Menschen umgewandelt. Hinzu kamen das Alten- und Pflegeheim Haus Andreas sowie die Häuser Stephanus und Paulus mit Seniorenwohnungen und Pflegeplätzen in Köln- Müngersdorf. In Braunsfeld nahmen das Anne-Frank- und das Paul-Schneider-Haus als Altenpflegeeinrichtungen ihre Arbeit auf. 1976 entstand dann, ebenfalls in Köln- Müngersdorf, das Altenkrankenheim Heinrich-Püschel-Haus mit 210 Plätzen. 1977 wurde das Altenzentrum Deckstein mit Seniorenwohnungen und 70 Pflegeplätzen eröffnet. Als erste Einrichtung ihrer Art in Nordrhein-Westfalen öffnete das Frida-Kahlo-Haus speziell für junge behinderte Menschen 1992 seine Türen.

Seit 2016 wurden das Altenzentrum Deckstein, das Heinrich-Püschel-Haus, das Haus Andreas sowie die Häuser Stephanus und Paulus saniert, modernisiert und erweitert – damit waren die Grundlagen für eine zeitgemäße und qualitätsorientierte Pflege geschaffen. Die baulichen Veränderungen entsprachen nicht nur den neuen gesetzlichen Anforderungen, vielmehr werden auch moderne Ansprüche an Wohnen und Arbeiten erfüllt.

Heute bietet das Clarenbachwerk ein umfangreiches Hilfsangebot wie Seniorenwohnen, Tagespflege, stationäre Pflegeplätze für junge und alte Menschen, die Unterstützung, Pflege und Betreuung benötigen. Seit Jahrzenten betreibt das Clarenbachwerk eine eigene Pflegeschule, um Qualifizierungen und Weiterbildung für die MitarbeiterInnen sicherzustellen.

Im Januar 2008 gab es ein Vorstellungsgespräch, wieder vor einem größeren Gremium. Bei diesem Termin erfuhr ich, dass es nicht um die Position der Geschäftsführung, sondern nur um die Bereichsleitung des Pflegedienstes gehen sollte. Ich würde die sechs Häuser, die zum Träger gehörten, pflegetechnisch leiten mit der Option, ein Jahr später in die Geschäftsführung aufzusteigen. Das fand ich im ersten Moment befremdlich, weil es anders in der Ausschreibung stand. Andererseits war das auch nichts Schlimmes, ich könnte in die Aufgabe hineinwachsen. Also habe ich das nicht weiter hinterfragt und wurde eingestellt.

Meine Vorgängerin arbeitete mich noch ein, eine wirklich freundliche und offene Persönlichkeit, die mir sehr gewogen war. Mit ihr bin ich bis heute freundschaftlich verbunden. Aber der Kollege, der für die Finanzen zuständig war, hatte allem Anschein nach kein großes Interesse an mir oder meiner Arbeit. Er war schon in seinen 60ern, ein Urgestein im Unternehmen. Unsere Büros lagen im Souterrain, vor den Fenstern lag ein abflachender Hang, drinnen war es etwas dunkel. In der Mitte befand sich unser Sekretariat, da saßen meine und die Sekretärin des Geschäftsführers zusammen. Die beiden Damen arbeiteten schon lange im Unternehmen und waren sehr erfahren. Die Tür des Kollegen stand eigentlich immer offen und trotzdem hatte ich kaum die Möglichkeit, mit ihm zu sprechen. Immer wenn ich etwas mit ihm abstimmen wollte, musste ich um einen Termin bitten, den ich oft nicht bekam. Er schien mich nicht in seiner Nähe haben zu wollen, manchmal hatte ich richtiggehend den Eindruck, er wolle mich kaltstellen. Anders kann ich das nicht beschreiben. Nun ja, seine Tür war offen, er saß in seinem Büro, so viel bekam ich mit. Aber es war kaum Bewegung da drinnen. Ab und zu klingelte das Telefon, sonst konnte ich nicht viel von seiner Seite hören. Einen PC habe ich in seinem Büro zwar wahrgenommen, so wie ich das mitbekam, notierte er dennoch alles mit Bleistift. Bloß keine Unruhe, das schien seine Maxime zu sein. Ich erinnere noch, wie er ins Büro kam – morgens hätte ich beinahe gesagt, dabei erschien er immer erst gegen 11 Uhr am Vormittag. Er machte die Tür auf, seufzte erst einmal tief, so, als hätte er schon schwere Stunden hinter sich. Seine Sekretärin begrüßte ihn entsprechend: „Ach, Sie Armer!" Dann bekam er seinen Tee. So begann sein Arbeitstag. Oh, Gott im Himmel, dachte ich nur. Das war nun überhaupt nicht mein Stil, aber ich wollte am Anfang lieber die Füße stillhalten.

Wie die Organisation aufgestellt war, habe ich rasch erfasst: Sie lag im Dornröschenschlaf. Die Belegung ging deutlich zurück. Das System war eingespielt, hatte schon seit vielen Jahren dieselben Leitungskräfte, also die Geschäftsführung und die Leitungen der einzelnen Bereiche und Einrichtungen. Die Immobilien waren deutlich in die Jahre gekommen. In der Pflege wurde gute Arbeit geleistet, aber es gab keine wirkliche Ausrichtung auf die Zukunft, keine Entwicklung. Man blieb „auf seinen Pfaden". Dass die Leitungen schon so lange an Bord waren, hatte zwei Seiten: Ich fand es unglaublich wertvoll, wie viel Erfahrung sie angesammelt hatten. Aber es gab eben auch wenig Innovation. Nach außen wurde so gut wie gar nicht kommuniziert. Von der guten Arbeit wussten nur wenige.

Der Vorstand war mir gegenüber auch auffällig zurückhaltend. Ich war ja eingestellt worden mit der Option, nach einem Jahr in die Geschäftsführung zu kommen. Aber scheinbar nahm aus diesem Kreis keiner so richtig Notiz von mir, ich wurde kaum wahrgenommen, zumindest bekam ich keinerlei Rückmeldungen. Das hat sich vielleicht auf die MitarbeiterInnen übertragen, die begegneten mir anfangs zwar freundlich, aber auch eher gleichgültig: „Aha, Frau Röhlich, das ist halt die Neue." Bloß keine Unruhe, im stillen Kämmerlein hocken – an diese ungeschriebenen Regeln habe ich mich schon bald nicht mehr gehalten. Ich hatte natürlich einen PC im Büro, den habe ich auch genutzt, habe selbst Vorgänge übernommen. Ich habe auch versucht, die Damen im Vorzimmer mit einzubeziehen, an ihre langjährigen Kenntnisse über das

Unternehmen und seine vielen MitarbeiterInnen anzuknüpfen. Damit ich einen Überblick bekam – aber auch, damit sie nicht das Gefühl bekamen, überflüssig zu sein. Manchmal schien mir das nötig. Einmal kam ich morgens in die Teeküche, wollte mir eine Tasse Kaffee holen. Da waren die beiden dabei, sämtliche Packungen mit Teebeuteln im Hängeschrank zu inventarisieren. Welche sind noch da, welche sind nicht mehr haltbar ... Unsere Blicke trafen sich, es gab einen kollektiven Seufzer. Ich nahm meine Tasse und schlich in mein Büro.

Ich dachte oft, diese Stille halte ich nicht aus. Also, was macht man in so einer Situation? Man geht ins Feld. Und das war göttlich. Ich ging in die Häuser, hörte mich um – was sind die Schwerpunkte, welche Erwartungen gibt es –, und habe schon ein bisschen über meine Erwartungen erzählt. Hier war ich zu Hause. Auf den Etagen. Es muss lange her gewesen sein, dass sich jemand von „den Oberen" in die Häuser bewegt hat. Mein Erscheinen hat regelrecht Erstaunen ausgelöst. Ich habe beobachtet, nachgefragt, gute Arbeit gesehen, da habe ich selbst gestaunt. Klar habe ich auch ein paar Dinge gesehen, die angepackt werden mussten. So habe ich mich beschäftigt. Ich hatte Erfahrung als Geschäftsführung, ich konnte auf zwei Posten zurückblicken. Hier, wo ich nun gelandet war, hätte ich den ruhigsten aller Jobs haben können. Wenn das mein Bedürfnis gewesen wäre, aber das war es eindeutig nicht – wie immer eigentlich. Ich habe Termine gemacht, Leute in mein Büro gebeten, Gespräche geführt und dabei die Tür geschlossen. Was ich mit meinen MitarbeiterInnen an Pflegethemen zu besprechen hatte, ging schließlich die finanzielle Leitung nur bedingt etwas an. Ich habe auch weiterhin versucht, mit ihm einen Austausch zu finden, ihn an meinen Themen zu beteiligen. Aber es ist mir nicht gelungen.

Ich suchte weiter meine Beschäftigung, machte mich nützlich, mischte mit. So gingen die Monate ins Land. Mittlerweile war es September 2009, im Oktober hätte die Berufung in die Geschäftsführung erfolgen sollen. Da rief mich der Geschäftsführer unvermittelt in sein Büro. Er schloss die Tür hinter mir, deutete auf einen Stuhl und wies mich an, über das, was wir jetzt besprechen würden, Protokoll zu führen. Das habe ich spontan abgelehnt: „Nein, aber ich höre Ihnen zu." Mir war klar, das wird jetzt ein unangenehmes Gespräch. Er zog zwei DIN-A4-Blätter hervor, sehr eng mit Bleistift beschrieben. Er schien eine Liste abzuarbeiten: Punkt für Punkt brachte er mir näher, wie unfähig ich doch agieren würde, wie unangemessen meine Arbeitsweise sei, wie ungeeignet ich für das Thema Geschäftsführung sei. Ohne jede Vorwarnung. Nur reinkommen, setzen, Klatsche kassieren. Ich dachte, das glaube ich nicht, das konnte jetzt nicht sein. In mir kam die Vorstellung auf, das sei es jetzt gewesen. Ende. Ich könne meine Koffer packen und nach Hause gehen. Bei seinen Kritikpunkten waren auch Dinge dabei, die kann man sich gar nicht ausdenken: Ich würde die KollegInnen nicht wertschätzen. Damit meinte er die Geburtstage von MitarbeiterInnen. Die wurden, vor allem in der Verwaltung, ausgedehnt gefeiert. Das habe ich kaum ausgehalten. Ich bin mal kurz hin, habe gratuliert, auch mal ein Stück Kuchen gegessen. Ein ganzer Tag ging dafür zwar nicht drauf, aber es wurde wirklich über Stunden zelebriert. Dann würde ich zu viel in die Häuser gehen. Ich würde da sozusagen den Laden aufmischen. So wurde es mir jedenfalls vorgehalten, ich glaube nicht, dass ihm das MitarbeiterInnen wirklich zurückgemeldet haben. Vielleicht war ihm das suspekt. Dann warf er mir vor, dass ich mich nicht bei ihm abmelden würde. Das machte ich in der Tat nicht, denn ich war ja selbst für meinen Bereich verantwortlich. Natürlich bin ich nicht zu ihm gegangen und habe gesagt: „Ich gehe jetzt auf diese und jene Etage, bin in einer Stunde wieder da." Im Sekretariat schon, aber nicht bei ihm. Bei irgendwelchen Sachen hätte ich ihn übergangen. Das war wirklich nicht mein Anliegen, ich habe versucht, mich mit ihm abzustimmen. Aber ich hatte kaum Gelegenheit, zu ihm durchzudringen. Darum habe ich die Dinge gemacht, die ich meinte, machen zu müssen. Was eben in meinen Bereich fiel. Na ja, seine Tür stand offen, er hat wahrscheinlich gehört, was ich im Sekretariat gesagt habe. Er hat schon gemerkt, wie viele Stunden ich im Büro war oder eben woanders. Der Tenor war, ich sei unfähig, eine so große Organisation oder überhaupt viele Menschen zu leiten. Dazu hätte ich keine Eignung, das würde er mir absolut absprechen. Ich war fassungslos. Und ich muss mich korrigieren: Was ich hier gerade an Herablassung beobachten durfte, stand meinem Erlebnis beim Versicherungsvorstand in nichts nach. Meine Haltung konnte ich gerade noch so weit wahren, dass ich ihm antwortete: „Ich habe Ihnen gut zugehört und ich werde Stellung dazu nehmen. Ich werde darüber auch den Vorstand informieren." Ich verließ das Büro wie benebelt. Als ich nach Hause kam, rauschte mir noch immer der Kopf. Ich dachte, okay, das war es. Gleichzeitig dachte ich, das kann ich nicht auf mir sitzen lassen. Das will ich nicht. Egal, wie es ausgeht, das lasse ich so nicht stehen. Dann habe etwas getan ...

Am nächsten Morgen bin ich sehr früh ins Büro gekommen, noch vor allen anderen. Ich bereute, dass ich nicht protokolliert hatte. Denn so aufgewühlt, wie ich war, habe ich selbst nicht mehr alle Punkte hintereinander bekommen. Aber ich hatte die Idee, diese zwei Blätter, die musste er doch noch irgendwo haben. Bingo, die lagen noch auf seinem Schreibtisch. Ich habe sie mir kopiert und wieder zurückgelegt. Und dann habe ich mich an die Arbeit gemacht. Als erstes habe ich mir einen Rechtsbeistand geholt, mit meiner Supervisorin gesprochen und meinen Mann eingeweiht. Dann habe ich eine Stellungnahme an den Vorstand verfasst. Darin habe ich alles, was mir vorgeworfen worden war, aufgezählt und darauf reagiert. Dabei habe ich auch einfließen lassen, wie wenig Notiz scheinbar von mir genommen würde. Dass wohl wenig Interesse an meiner Arbeit bestehe. Ich bat um ein Gespräch. Ich dachte, dann würde man sich wenigstens in Anstand und Würde trennen. Auch wenn es in mir anders aussah. Das alles geschah kurz vor einer wichtigen Vorstandssitzung, die immer im November stattfand. In meiner Zeit hier war ich schon zu vier Vorstandssitzungen geladen worden, aber immer nur, um einen Bericht zur Pflege abzuliefern. Nur berichten, dann wieder gehen. Das fand ich auch befremdlich. Kaum jemand hat mal gefragt: „Wie geht es Ihnen? Wie sind Sie angekommen?" Ich fand es merkwürdig. Innerlich hatte ich mich darauf eingestellt, bald meinen Hut zu nehmen. Ich ahnte, auf irgendeine Weise würden die sich mit mir auseinandersetzen müssen in dieser Sitzung, mich vermutlich befragen. So habe ich in der letzten Woche davor meine Ablage durchforstet, meine Art zu arbeiten reflektiert. Mich damit auseinandergesetzt, dass ich mit Sicherheit aus dem Betrieb ausscheiden würde, wahrscheinlich dann zum Jahresende. Dem Finanzchef habe ich fairerweise mitgeteilt, dass ich mir rechtlichen Beistand geholt und den Vorstand informiert hätte. Darauf hat er nicht merklich reagiert. Hat mich mal wieder abblitzen lassen.

Der Tag der Vorstandssitzung nahte. Die Tagesordnung wurde festgelegt. Man brütete über meinem Schreiben. Ich spürte die Aufregung, Türen klapperten, mein Büronachbar wurde hereingebeten. Dann kam der Vorstandsvorsitzende mit hochrotem Kopf noch mal raus: „Frau Röhlich-Spitzer, kommen Sie doch bitte rein." Im Sitzungsraum saß ein Kreis von sechs Leuten, einschließlich meines Büronachbarn. Und der Vorsitzende begann: „Wir sind erschüttert." Oh Gott, dachte ich, jetzt muss ich alles noch mal ausbreiten. Ich holte tief Luft und wollte gerade ansetzen. Aber ich musste nichts vortragen. Er kam gleich auf den Punkt: „Frau Röhlich-Spitzer, mit sofortiger Wirkung, also ab morgen, sind Sie gleichberechtigte Geschäftsführung als operative Leitung." Mir blieb die Spucke weg. Es ging noch weiter. Ich würde zweitens eine andere Honorierung bekommen. Drittens wurde uns beiden eine Mediation angeboten, um eine Basis für eine Zusammenarbeit zwischen uns zu schaffen. Mein ab morgen gleichberechtigter Kollege platzte irritiert heraus: „Mediation?" Ich glaube, er wusste wirklich nicht, was Mediation eigentlich sein sollte. Dann konnte ich eigentlich auch schon wieder gehen. Mal wieder war ich fassungslos. Ich war draußen, die Sitzung dauerte noch eine gefühlte Ewigkeit. Nachher kam der Vorsitzende noch einmal zu mir. Er teilte mir mit, sie seien entsetzt, sie hätten in der Zwischenzeit Erkundigungen eingeholt und mir letztlich viel Glauben geschenkt. Ich war völlig am Ende. Und ich musste entscheiden: Machst du das? Willst du das? Abends habe ich mit meinem Mann darüber gesprochen. Letztlich habe ich entschieden: Ich habe mich bis hierhin durchgebissen, dann mache ich es auch. Ich hatte auch nichts mehr zu verlieren. Mein Büronachbar war ohnehin nicht mein Freund, jetzt waren wenigstens die Fronten geklärt. Ich hatte volle Autonomie für meinen Bereich. Klar, alles Finanzielle hätte ich weiter mit ihm abstimmen müssen. Aber diese Vorstellung war erträglich. So ging ich am nächsten Morgen zur Arbeit, wollte meine Zustimmung kundtun. Nur blieb das Büro nebenan am nächsten Tag leer, der Finanzchef war krank – und ist nie wieder erschienen. Es herrschte Ratlosigkeit, aber der Betrieb musste ja weitergehen. Dann kam die Frage auf: „Können Sie das nicht vielleicht allein? Trauen Sie sich das zu?"

Zurück an die Spitze – diesmal richtig

oder:
Wie ich fünf Häuser umkrempeln musste –
mit ganz tollen Mitstreitern

Als ich rund ein Jahr zuvor als Leitung der Pflege vorgestellt worden war, habe ich schon eine tolle Resonanz von den Leitungskräften gespürt. Ich bin auf sie zugegangen, war viel in ihren Häusern. Bei ihnen hatte ich einen guten Stand. Das gab mir das Zutrauen – ich wollte es versuchen. Mit dem Vorstand habe ich mich auf eine

Art Probezeit geeinigt und zugesagt. Da saß ich nun. Mit sechs Einrichtungen, 660 BewohnerInnen, knapp 500 MitarbeiterInnen und war von Stund an für alles verantwortlich. Das habe ich schon gespürt: da war er wieder, der Druck auf den Schultern. Nicht von null auf hundert, die Absprache war schon, dass ich mir die Situation anschauen kann. Dass ich mit den KollegInnen spreche, die bisher im Finanzbereich die Zuarbeit gemacht hatten. Und dass ich dann entscheide, ob das etwas werden könne. Da kamen natürlich Ängste auf. Ich hatte plötzlich dieses riesige Unternehmen allein zu vertreten. Das kannte ich in dieser Dimension nicht. Der Vorstand bot mir Unterstützung an, ein Vorstandsmitglied würde in der ersten Zeit präsent bleiben – und das Büro nebenan beziehen. Ich hatte eher das Gefühl, dass ich „an die Leine" genommen werden sollte. Dazu hatte ich allerdings, besonders nach den Erlebnissen mit dem alten Geschäftsführer, überhaupt keine Lust. Ich dachte mir, wenn ich diese Aufgabe schon annehme, dann will ich es auch eigenständig versuchen.

In den Monaten zuvor hatte ich schon viele Leute aus anderen Abteilungen kennengelernt. Ich wusste, die Leiterin der Finanzabteilung war eine „Wunderwaffe". Sie signalisierte mir auch gleich, sie hätte den Laden schon im Griff. Sie hatte den Überblick. Eins musste man dem leise ausgeschiedenen Finanzchef lassen: Er hatte ein Händchen dafür, die richtigen Leute auf die richtigen Posten zu setzen. Und bei seiner Leiterin hatte ich schnell den Eindruck, das kann hier gut gelingen. Sie war mehr als bereit, mit mir die Dinge anzupacken. Um die Pflege brauchte ich mir auch keine Sorgen zu machen. Ich hatte eine wunderbare Qualitätsbeauftragte, die hielt die Pflegeorganisation sicher in ihren Händen. Dann hatte ich sechs Einrichtungsleitungen, von denen ich auch einen positiven Eindruck hatte. Die würden schon gute Arbeit machen, die waren in ihren Rollen richtig platziert. Nach meinem Geschmack hätte das eine oder andere etwas moderner, zeitgemäßer werden können. Aber es brannte nicht. Ich konnte sie alle laufen lassen, das würde funktionieren. So konnte ich mich voll auf den Bereich Finanzen konzentrieren. Ich habe mir rasch eine Handvoll Fortbildungen herausgesucht und den Wirtschaftsprüfern Löcher in den Bauch gefragt. Schon bald musste ich auch gegenüber dem Vorstand berichten, zur operativen und zur finanziellen Situation – glücklicherweise mit meiner „Wunderwaffe" an der Seite. Und ich fand gut in die Materie. Wir haben uns im Büro eingeschlossen und überlegt: Was steht an? Was ist zu tun? Ich brauchte einen Maßnahmenplan. Ich musste klarkriegen, was die dringenden Themen sind. Das habe ich engmaschig mit dem Vorstand abgesprochen. Manches lief auch wirklich prima: das Betriebsklima war gut, das Miteinander auch. Wir hatten einen großen Erfahrungsschatz im Team, das war eine „sichere Bank".

Leider waren die Einrichtungen baulich sehr in die Jahre gekommen, zum Teil marode. Dazu gab es neue gesetzliche Anforderungen, wir würden auf jeden Fall Sanierungen und einige Umbauten durchführen müssen. Das musste ich einstielen und habe es dem Vorstand als Erstes mitgeteilt. Wenn wir überleben wollten, war jetzt endgültig die Zeit für Modernisierungen gekommen. Es gab eine hochoffizielle, gesetzliche Deadline: Bis 2018 mussten die Einrichtungen modernisiert, saniert oder neu errichtet sein. Es mussten mindestens 80 Prozent Einzelzimmer und höchstens 20 Prozent Doppelzimmer vorhanden sein. Das stand so im Wohn- und Teilhabegesetz. Am 31. Juli 2018 musste dieses Ziel erreicht sein. Übergangsfrist? Leider nein. Da war definitiv etwas versäumt worden. Es hätte schon viele Gelegenheiten gegeben, Investitionen zu tätigen, Kreditverträge auszuhandeln, öffentliche Mittel zu beantragen. Das war leider verschleppt worden. Umso mehr war ich jetzt gefordert, alles schnell auf die Beine zu stellen. Zuerst brauchten wir eine Bewertung der Immobilien – machen die Investitionen überhaupt noch Sinn? Das war mein Metier. Ich habe ein paar Experten engagiert, die haben dann Bewertungen vorgenommen, Maßnahmen vorgeschlagen, und diesmal wurden sie mir präsentiert. Es mussten Architekten gefunden, Baufirmen unter Vertrag genommen werden. Und das in einer Zeit, als im Prinzip überall gebaut wurde. Ganz Nordrhein-Westfalen war mit diesen Dingen beschäftigt. Die Tage waren sehr schnell sehr voll: Es gab das Tagesgeschäft. Dann gab es die Finanzen – Überblick gewinnen, sich reinfuchsen, sicherstellen, dass wir uns die Bauprojekte leisten können. Dann gab es recht bald die Baustellen. Wir mussten fünf Häuser praktisch komplett umbauen und sanieren. Ein Neubau kam nicht in Frage, dafür gab es keine Grundstücke. Keine Chance. Also mussten wir es im Bestand machen. Mit BewohnerInnen. Die Uhr tickte, es musste ratzfatz gehen.

Ohne meine Leiterin der Finanzen und einen exzellenten externen Berater wäre das völlig in die Hose gegangen. Wir mussten Banken überzeugen, Gremien überzeugen, immer wieder Wirtschaftspläne und Abgleiche liefern, und das alles jetzt und sofort. Dann gab es die üblichen Themen: offene Posten, Investitionspläne etc. Und die Leiterin der Finanzen hat so facettenreich, so versiert, so fachkundig geliefert. Das Unternehmen und ich persönlich haben ihr unglaublich viel zu verdanken. Wir haben uns zweimal in der Woche gesprochen. Sie konnte wunderbar straight Ansagen machen, fast schon streng: „Das ist jetzt so." Klar. Zackig. Wenn es mal nicht so rund lief, kam sie mir auch mal verschnupft, ein bisschen gereizt vor. Das konnte ich gut verstehen, denn der Druck war immens. Die Kredite häuften sich, schon bald ging es um 45 Millionen Euro, die durch die öffentliche Hand finanziert waren. Das ist verdammt viel Geld, das muss man irgendwann auch wieder erwirtschaften. Aber sie war innerhalb kürzester Zeit wieder in der Spur und hat geliefert, geliefert, geliefert. Wenn es an der Baustellenfront finster aussah und mal wieder neue Nachweise erforderlich wurden, sagte sie: „Frau Röhlich, das geht jetzt nicht, ich brauche jetzt Zeit. Ich muss jetzt auch mal Urlaub haben." Am nächsten Tag hieß es wieder: „Frau Röhlich, das können Sie mir geben. Das machen wir, das können wir schaffen." Wunderbar. Sie war wie geschaffen für mich. Wir haben uns immer wieder gegenseitig mitgerissen und motiviert.

Bei der Auswahl der Bauunternehmen habe ich auf langfristige Partnerschaften gesetzt. Es ist uns tatsächlich gelungen, mit den Firmen von Anfang an über die gesamte Bauzeit zusammen zu bleiben. Es hat gut gepasst, wir waren sehr aufeinander eingespielt. Wie beim Aufbau des Wohnparks habe ich wöchentliche Baurunden abgehalten, damit nichts Wichtiges verschleppt wurde, damit wir zeitnah auf alle Schwierigkeiten reagieren konnten. Wie auf jeder Baustelle gab es die natürlich, manches wurde teurer als geplant. Das habe ich immer sehr offen kommuniziert, Vorstand und Mitgliederversammlung konnten dem eigentlich immer zustimmen. Sonst habe ich die Notwendigkeit noch etwas besser erklärt. Das Vertrauen war unglaublich groß. Besonders intensiv hat mein Chefhaustechniker die Baustelle geschmissen. Oh, wie habe ich den geliebt. Er kam viele Jahre zuvor als Asylsuchender nach Deutschland. Nachdem er sich hier ein bisschen etabliert hatte, wollte er eigentlich ein Ingenieursstudium machen, aber da kam ihm die Familiengründung dazwischen. Er war ein Urgestein im Clarenbachwerk, hatte sich vom einfachen Haustechniker hochgearbeitet bis zum Leiter. Allein für die Einrichtung hatte er um die zehn Mitarbeiter zu führen: Installateur, Elektriker, Fliesenleger, alle möglichen Gewerke. Da gab es viel zu tun, sechs Einrichtungen plus Außengelände, behördliche Prüfungen und so weiter. Seine Mitarbeiter waren nicht immer einfach. Aber er war ein souveräner, gelassener Typ und dazu überaus fleißig. Wie gemacht für unser Mammutprojekt. In den kleinen Runden sagte er immer wieder mal zu mir: „Ein Haus, das geht ja noch, aber fünf? Lassen Sie das, Frau Röhlich, das ist zu viel!" Später in den Projektrunden hat er dann für die Sache gekämpft. Mit viel Eigeninitiative, mit seinen Jungs: „Wir kriegen das hin." Wie stolz waren wir jedes Mal, wenn wieder ein Richtfest anstand. Und später die Einweihung. Das war unser Werk. Es war nicht leicht, aber am Ende ist es echt gut gelungen.

Ein Haus nach dem anderen haben wir angepackt, im wahrsten Sinne des Wortes. Es war eine unglaubliche Herausforderung. Wir haben viel erreicht, das geht nur im Verbund. Auf meine Leute konnte ich mich verlassen. Der Vorstand hat zwar oft mit mir gezittert, ob das auch alles gut gehen würde, aber im Prinzip haben sie mir sehr viel Vertrauen geschenkt. Und das hat mir Flügel verliehen. Ich konnte walten und verändern. Für die BewohnerInnen und MitarbeiterInnen war es öfter ziemlich stressig, wenn es Krach und Geschepper gab. Die Beschwerden darüber hielten sich aber in einem erträglichen Rahmen – sicher auch, weil ich sehr zeitnah persönlich alle Beteiligten über den Baustand und die zu erwartenden Einschränkungen informiert habe. Wir hatten vor Beginn der Baumaßnahmen, wie das so üblich ist, ein Worst-Case-Szenario entworfen. Baumaßnahmen kämen bei der Kundschaft vermutlich nicht so gut an. Aber tatsächlich haben wir auch während der Baustellenzeit keine Belegungssorgen gehabt. Wir waren immer nah am oberen Rand unserer Möglichkeiten ausgelastet. Zu meinem Tagesgeschäft gehörte wie gewohnt auch die Öffentlichkeitsarbeit, die Imagebildung. Nach außen zu gehen und die Dinge bekannt zu machen. Das schien auch zu gelingen. Gleichzeitig mussten wir die MitarbeiterInnen bei der Stange halten, die von der Situation oft genervt waren. Das ist noch nicht lange her, der Fachkräftemangel war schon deutlich zu spüren, die hätten jederzeit eine andere Stelle gefunden. Dafür musste ich umso näher am Geschehen sein, das Ohr umso offener haben für die Sorgen in der Belegschaft. Und ich war wirklich nah an den Leuten. Auch wenn sich das vielleicht hochtrabend anhört, für mich war es fast familiär. Ich kannte so viele MitarbeiterInnen, egal, von welcher Hierarchieebene – sie sind alle zu mir gekommen, wenn sie etwas auf dem Herzen hatten. Dabei war mir eine Eigenschaft sehr hilfreich: Ich kannte meine MitarbeiterInnen alle mit Namen, konnte sie selbst im Vorbeigehen noch kurz ansprechen und ihnen mein Interesse an ihrer Person vermitteln. Nicht, um als die interessierte Chefin wahrgenommen zu werden, sondern weil meine MitarbeiterInnen mir wichtig waren.

In der Einrichtung jedenfalls kannte man mich dafür, dass ich auf den Etagen herumhuschte. Immer dabei, auf leisen Sohlen. Nicht um zu kontrollieren, sondern um Interesse zu zeigen. Das hörte bei den MitarbeiterInnen nicht auf. Ich war immer noch unendlich gerne bei den BewohnerInnen, habe mich da gezeigt. Es gab auch hier viele Weihnachtsfeiern. Da fanden in jeder Einrichtung mehrere Gänseessen am frühen Abend statt, der Tisch festlich eingedeckt, mit Vor- und Nachspeise. Jede Bewohnerin, jeder Bewohner durfte zwei Angehörige einladen. Das war fast wie die Fortsetzung der Geburtstagsessen aus der Südstadt. Es waren viele Feste, von Anfang Dezember bis Heiligabend jeden Abend eines. Da ging ich hin, aß auch manchmal mit. Schon bald konnte ich keine Gans mehr sehen. Aber ich war nah dran, habe meist eine kleine Ansprache gehalten. Die Angehörigen kannten mich ebenso wie die EhrenamtlerInnen. Als ich anfing, hatten wir fünf, am Ende 60 Ehrenamtliche. Ich habe mich über ihr Engagement gefreut, das auch gezeigt auf vielen, vielen Ehrenamtstreffen. Ich ging zu Angehörigenabenden, habe da auf Bitte der HeimleiterInnen zu bestimmten Themen ein bisschen vorgetragen. An Heiligabend bin ich mit den Leitungen, die selbstverständlich auch da waren, ab 15 Uhr durch alle Häuser gezogen und habe mit den BewohnerInnen das Weihnachtsfest eingeläutet. Das wurde eine schöne kleine Tradition, es hat sich richtig eingeprägt. Einige haben schon auf uns gewartet. Meine MitarbeiterInnen haben mir kleine Geschenke mitgebracht, Gebäck, Kleinigkeiten aus ihrer Heimat. Es war sehr berührend. Trotz der Größe des Betriebs ist es immer ein bisschen familiär zugegangen.

Eigentlich hätte ich längere Tage gebraucht. Neben den Baustellen und dem Tagesbetrieb hatte ich auch noch ein Privatleben. Ich habe immer früh angefangen und bin in der Regel nicht vor 18 Uhr rausgekommen. Das galt für Tage ohne Abendveranstaltungen – die vielen Feste, die Vorstandssitzungen, die Angehörigentreffen, das fand alles abends statt. Aber das war normal. Und es war für mich gut möglich, weil mein Mann unter der Woche wenig zu Hause war. Meine Eltern waren zu der Zeit noch nicht so beeinträchtigt, das kam später. Ich konnte es mir erlauben.

Mein Heim ist bunt und gemütlich

oder:
Wie wir die verschiedenen Kulturen unter ein Dach brachten –
und ich einen alten Bekannten wiedertraf

Zum Glück fand ich in dem Trubel noch die Zeit, die Einrichtungen gemeinsam mit den Leitungskräften weiterzuentwickeln. Besonders eine Einrichtung fiel mir gleich am Anfang auf: Ein iranischer Einrichtungsleiter und eine thailändische Pflegedienstleiterin führten sie – und die beiden hatten eine Gabe. Sie waren unglaublich wertschätzend gegenüber den Menschen, insbesondere gegenüber den Alten. Es hat mich richtig gerührt. Wir hatten ohnehin Menschen aus unglaublich vielen verschiedenen Nationen beschäftigt, und ich hatte immer den Eindruck, das tut uns gut. So kam ich auf die Idee, wir könnten doch eine Einrichtung für BewohnerInnen aus verschiedenen Kulturen schaffen. Den beiden Leitungskräften habe ich sehr deutlich gezeigt, wie angetan ich von ihrer Arbeit war. Die waren schnell mit im Boot, nun musste ich MitarbeiterInnen für die Sache gewinnen. Einige internationale Pflegekräfte, die auf dem Gelände verstreut waren, habe ich dafür „gebündelt". Wir haben uns zusammen andere Einrichtungen mit ähnlichem Konzept angesehen. In Duisburg gab es eine, die schon gut etabliert war. Dort hatte man aufwendig eine kleine

Moschee errichtet. Wir konnten und wollten keine Moschee für die muslimischen BewohnerInnen bauen, auch keine sonstigen Tempel und Kirchen. Wir wollten lieber einfach bleiben und schauen: Was muss für diese SeniorInnen eigentlich anders sein als für unsere deutschen SeniorInnen? Stattdessen haben wir einen Gebetsraum geschaffen, der unabhängig von der Glaubensrichtung benutzt werden konnte. Schnell kamen wir darauf, die Speisen anzupassen. Klar, viele südländische BewohnerInnen aßen lieber Reis statt Kartoffeln und mediterranes Gemüse. Andere Beilagen zum Frühstück. Andere Süßigkeiten. Die Speisepläne und später auch die Freizeitangebote haben wir in viele verschiedene Sprachen übersetzen lassen. Wir haben genau darauf geschaut, wie die BewohnerInnen angesprochen werden könnten, mit ihrem jeweils anderen kulturellen Hintergrund. Und da konnten wir auf richtig viel Wissen zurückgreifen: Ich hatte zeitweise MitarbeiterInnen aus 46 verschiedenen Nationen gleichzeitig beschäftigt. Jede Bewohnerin, jeder Bewohner sollte zumindest eine Pflegekraft direkt ansprechen können, um sich ein kleines bisschen heimisch zu fühlen. Es war eine Freude, die vielen bunten Völker zu erleben. Wir haben andere Feste gefeiert und iranische, russische, türkische Nachmittage veranstaltet. Die BewohnerInnen waren begeistert. Die kannten mich auch, ich war mittendrin. Freuten sich, wenn ich kam. Riefen mich schon mit Namen: „Frau Roli! Frau Roli!" Oder: „Chefe!" Sie kamen auf mich zu, zeigten mir ihre Zimmer oder andere Dinge, Errungenschaften, was ihnen eben gerade wichtig war. Die Sprachen habe ich meistens nicht verstanden, aber das hat niemanden abgehalten. Es war eine ganz warme Atmosphäre.

Die dementen Menschen lagen mir weiterhin sehr am Herzen. Wir hatten eine Einrichtung mit vier Wohnbereichen, insgesamt 160 BewohnerInnen, alle Demenzformen. Die Einrichtungs-, Pflegedienst- und Wohnbereichsleitung und das ganze Team haben wunderbare Arbeit geleistet, jede Etage bekam ihre eigene Note.

Auf meinen Gängen durch die Häuser war ich hier besonders gerne. Das Haus war zwar in die Jahre gekommen, aber dennoch so gemütlich eingerichtet, sehr viele sensorische Dinge standen zum Anfassen für die BewohnerInnen bereit. Einen großen Anteil an dieser Gemütlichkeit hatte auch eine meiner ersten Neueinstellungen: Wohl wissend um die Wirkung von Blumen auf die Bewohnerschaft, gehörte schon bald eine Floristin zum Team. Es gab Sofas auf dem Flur, so viele, wie aus Brandschutzgründen gerade noch zulässig waren. Das ist so wichtig, denn eine sterile Umgebung und leere Flure funktionieren für demente Menschen nicht. Und so ein Sofa lädt dazu ein, sich mal zu setzen, sich mal hinzulegen. Da gab es so tolle Momente, eine Dame saß mit ihrer Puppe da und freute sich des Lebens. Ein Herr hatte sein Lieblingsplätzchen für den Mittagsschlaf auf einem der öffentlichen Sofas gefunden. Da konnte man auch an den Gesichtern ablesen, dass die Arbeit gelingt: Den BewohnerInnen ging es gut. Bei der Mittagsruhe gab es aber auch manchmal Irritationen: Ein Bewohner, ein wirklich feiner Herr, hatte sich mal zum Mittagsschlaf auf sein Bett gelegt. Er hatte wohl ein paar Verehrerinnen auf der Etage. Eine von ihnen hat die Gelegenheit genutzt und sich zu ihm gelegt, voll bekleidet, aber eben in seinem Bett. Hat sich richtig an ihn gekuschelt. Die Mitarbeitenden fanden das so rührend, dass sie die Szene erst einmal so beließen. Nur kam dann die Ehefrau des Herrn zu Besuch und erwischte die beiden sozusagen in flagranti. Die hat einen ordentlichen Aufstand gemacht. Kann man ja verstehen, die beiden waren viele Jahre verheiratet und sie findet ihn plötzlich mit einer anderen im Bett. Wenn auch unschuldig. Beim nächsten Angehörigentreffen erhob sie auch die Stimme: Was wir denn alles zulassen würden, es gehe hier zu wie in Sodom und Gomorrha. Da musste ich vermitteln, erklären, vor allem auch anerkennen, was für ein Schreck das für sie gewesen sein muss. Schlussendlich waren es aber meist schöne und beeindruckende Momente, an die ich mich gerne erinnere.

Die dritte Einrichtung, die mir sehr am Herzen lag, war die „Junge Pflege" für junge Körperbehinderte nach neurologischen Erkrankungen. Der Begriff „jung" ist im Altenheim natürlich relativ zu sehen, die Altersgrenze bei der Aufnahme lag hier bei 50 Jahren. In gewisser Weise schloss sich ein Kreis: Auf meiner ersten Stelle in Mülheim hatte ich meine liebe Not, die Sorgen auszuhalten, die die Behinderungen mit sich brachten. Und in Mülheim wuchs mein Entschluss, im Pflegeberuf zu bleiben. Viele Jahre hatte ich mit dieser Gruppe von Menschen nur wenig zu tun, jetzt in Müngersdorf war ich wieder ganz nah dran. Mein Büro lag im selben Gebäude, unten im Souterrain. Kurz nachdem ich in die Geschäftsführung gekommen war, ging ich auf dem Gelände an einem Grüppchen Rollstuhlfahrer vorbei, da sprach mich einer von ihnen an: „Oberschwester Doris!" Ich dachte, ich höre nicht recht – aber die Stimme kam mir so bekannt vor, dass ich noch mal hinsah. Ich habe ihn auch direkt erkannt: Es war einer der vier „Fehlplatzierten", die ich damals in Riehl betreut habe. Der lauteste unter den Rebellen. 30 Jahre hatte ich ihn nicht gesehen, und jetzt rollte er mir wieder über den Weg. Er hat sich so gefreut, ich mich auch. Bis in die 1990er-Jahre war er von Einrichtung zu Einrichtung gewandert, bis er dann in der neu gebauten „Jungen Pflege" gelandet ist. Er hat den anderen stolz erzählt, dass er mich kennt. Dass ich damals rebellisch mit ihm durch die Lande gezogen bin. Meine Rolle klang in seinen Erzählungen immer ein bisschen abenteuerlicher, als sie eigentlich war. Aber er hat mich den anderen empfohlen: „Die ist in Ordnung, zu der kannst du gehen. Die kann man gebrauchen." Mit ihm bin ich gerne in Kontakt geblieben, er hat mich zu seinen Geburtstagsfeiern eingeladen, und ich habe ihm seine geliebten Zigarren mitgebracht. Das mache ich immer noch gerne.

Ich hatte grundsätzlich eine offene Tür für MitarbeiterInnen und BewohnerInnen. Von oben kam immer wieder jemand zu mir gerollt, um mal kurz „Hallo" zu sagen oder um sich zu beschweren über schlechtes Essen, fehlendes Personal, sonstige Befindlichkeiten … Sie waren mir immer willkommen. Und konnten mich immer noch überraschen. Einmal kam ein junger Mann hereingerollt, den ich aus der Interessenvertretung der Bewohnerschaft kannte. Ich hatte etwas Zeit und wir unterhielten uns über dies und das – da fing er an, sich ein bisschen zu winden, ein bisschen herumzudrucksen. Also, ob es denn nicht auch gut wäre für die Einrichtung … Ob das nicht ein Aushängeschild sein könnte … Ich wäre doch so fortschrittlich, ob denn nicht … Er brauchte ein paar Anläufe, um es über die Lippen zu bringen: Ob es nicht möglich wäre, ein Budget für Besuche von Prostituierten bereitzustellen. Da ist mir ein bisschen die Luft weggeblieben. Meine Güte, dachte ich, was machte er denn hier für ein Fass auf? Aber klar: Die Menschen sind eingeschränkt, leben in einer Einrichtung, haben aber immer noch ihre Bedürfnisse. Das war eine meiner Lektionen in Mülheim gewesen, das konnte ich verstehen. Wir haben es am Ende so geregelt, dass keine Prostituierten zu uns in die Häuser kommen sollten – das wäre dann doch ein bisschen zu viel gewesen. Aber wir hatten einen frei zuteilbaren Spendentopf für das Haus, der war recht gut gefüllt. Davon konnten wir dann Besuche in einem Etablissement mit entsprechendem Angebot organisieren. Heutzutage wird zum Glück über Sexualassistenz[7] diskutiert, nur damals traf mich die Anfrage zugegebenermaßen ziemlich unvorbereitet.

Zehn intensive Jahre verbrachte ich im Clarenbachwerk. Zuerst dachte ich, oh Gott, das wird nie was. Dann: Oh Gott, traust du dir das zu? Und schließlich war es eine unglaublich aktive, lebendige und herausfordernde Zeit. Die Einrichtung ist aus ihrem Dornröschenschlaf erwacht, der Bekanntheitsgrad stieg, wir haben ein paar schöne neue Entwicklungen auf den Weg gebracht. Fünf der sechs Häuser waren am Ende meiner Zeit saniert. Wir

---

7 Aktive (einschließlich sexueller Handlungen) oder passive (unterstützende) Begleitung von Sexualkontakten durch professionelle AssistentInnen gegen Bezahlung.

haben unglaublich viel bewegt. Das ging nur mit meinen MitstreiterInnen, tollen externen BeraterInnen und einem Vorstand, der mir unglaublich viel Vertrauen geschenkt hat. Man muss bedenken, dass die Vorstandsmitglieder ehrenamtlich agierten. Das war anders als bei den großen, privaten Trägern, wo das Geld nach oben fließt. Die haben mit mir gezittert, ob das auch alles so aufgeht. Vor allem die Baustellen. Meine Philosophie, die ich mir im Lauf der Jahrzehnte zurechtgelegt hatte, war auch hier aufgegangen: Die Arbeit muss gut sein, den BewohnerInnen muss es gut gehen. Den MitarbeiterInnen muss es so gut gehen, wie es eben umsetzbar ist. Das Miteinander muss stimmen, man muss verabredet und strategisch arbeiten. Damit kann ich ein gutes Image erreichen. Damit habe ich gute Chancen auf eine hohe Belegung, also auf eine gute Wirtschaftlichkeit. So einfach war das – oder so schwer, je nachdem. Auch durch die lange, lange Baustellenzeit sind wir gut durchgekommen. Und: Wir hatten die „Hütte voll".

Mein Arbeitsplatz lag direkt neben einer Tennisanlage. Manchmal packte mich noch die Sehnsucht, ich könnte doch wieder spielen. Immerhin habe ich in meinen 20ern fast täglich gespielt, mit Trainer, auf Turnieren ... Ehrlich gesagt, konnte ich auch ganz gut damit leben, dass das seit meiner ersten Leitungsstelle nicht mehr so stattfand. Ich hatte andere Dinge zu tun gehabt, die Tage waren voll. Im Lauf meiner 40er fing ich an zuzunehmen. Das wollte ich gerne ändern, schon bevor der Tennisplatz mich anlachte. Ich weiß gar nicht mehr genau, bei wie vielen Sportstudios ich Verträge abgeschlossen habe. Die Trainer waren immer hoch motiviert: „Bei uns schaffen Sie das!" Ich war da zurückhaltender, ich kannte meinen inneren Schweinehund schon eine Weile – der würde wahrscheinlich dazwischenfunken. Die Trainer musste ich dann enttäuschen. Ich wollte tatsächlich Sport machen, mich bewegen, richtig bewegen. Ich habe mir Bücher gekauft, aber das war mir zu trocken. Für das Thema Gewicht habe ich mir sogar ein Coaching geleistet – mit dem Erfolg, dass ich es nach zwei Terminen wieder beendete. Weil immer wieder andere Dinge dazwischenkamen, die wichtiger waren. Es fing an mit meiner ersten Leitungsstelle, und die folgenden Stationen meines Berufslebens waren mindestens genauso herausfordernd. Immer wieder habe ich die Gesamtverantwortung übernommen, für BewohnerInnen und Mitarbeitende, für Konzepte und Wirtschaftlichkeit. Ich hatte das Glück, oft Menschen zu finden, die diese Verantwortung mit mir getragen haben. Nur die letzte Verantwortung, die lag oft bei mir. Das kenne ich seit meinem 30. Lebensjahr, eigentlich durchgängig. Die einzige Lücke waren die drei Monate Arbeitslosigkeit – aber da hatte ich erst recht keine Energie, mich mit den Themen Sport und Gewicht zu befassen. Gute Ratschläge bekam ich viele. Mein Mann hat mich auch immer wieder eingeladen, bei seinem Sport mitzumachen. Aber da konnte ich nicht mithalten. Der steigt nach drei Monaten ohne Training aufs Fahrrad und radelt um ganz Köln. Aus dem Stand. Oder er setzt sich eine Wanderung in den Kopf, will die Alpen überqueren und dann macht er das. Das finde ich beneidenswert. Nur ist das mit mir leider nicht zu machen. Ich bewundere auch Frau Merkel, die angeblich um fünf Uhr morgens aufsteht und vor dem Dienst ihr Sportprogramm macht. Aber das bin ich schlichtweg nicht. Leider. Der Wille war vielleicht nicht stark genug, der Kalender zu voll und außerdem waren die Restaurantbesuche als Hobby zu schön, um sie einzuschränken. Mittlerweile würde ich sagen, ich habe mit meiner Figur Frieden geschlossen. Ich will kein wahnsinniges Sportprogramm, auch keine Diäten. Ich ernähre mich durchaus ausgewogen und bin immer noch viel auf den Beinen – das muss reichen. Et es, wie et es[8].

Meinen Ausstieg in Müngersdorf habe ich schon 2017 eingeleitet. Ich habe dem Vorstand vermittelt, dass für meine Nachfolge wieder eine Doppelspitze gesucht werden solle – operative Lei-

---

8   „Es ist, wie es ist." §1, „Kölsches Grundgesetz".

tung und finanzielle Leitung, ein Vier-Augen-Prinzip, wie es vor meinem ungeplanten Alleingang an der Spitze schon gewesen war. Meine Leiterin der Finanzen und ich haben unglaublich viel Energie dabei gelassen, diesen riesigen Apparat finanziell gut zu managen. Wir trugen gemeinsam die Verantwortung für zweistellige Millionenbeträge und große Investitionssummen und das neben den Aufgaben des operativen Geschäfts. Diese Aufgaben sollten meines Erachtens auf vier Schultern verteilt werden. Für beide Positionen habe ich dem Vorstand Nachfolgevorschläge gemacht. Nach einem ersten Auswahlverfahren wurde dann auch ein neuer Geschäftsführer für den Finanzbereich eingestellt. Mit dem neuen Kollegen habe ich ab 2017 zusammengearbeitet. Für die Besetzung der operativen, pflegerischen Geschäftsführung hat sich der Vorstand, in einem zweiten Auswahlverfahren, für eine Bewerberin entschieden. Sie hatte wohl einen guten Eindruck hinterlassen, verfügte über Leitungserfahrung und wirkte sehr motiviert. Im März 2018 sollte sie zur Vertragsunterzeichnung vorbeikommen. Drei Tage vorher teilte sie uns mit, sie habe sich doch anders entschieden. Das wurde knapp, denn im August wollte ich eigentlich aufhören. Eine neue Runde Auswahlverfahren hätte zu lange gedauert, zum Glück gab es noch ein paar Bewerbungen aus der ersten Runde, auf die wir zurückgreifen konnten. Natürlich hätte ich mich auch bereit erklärt, ein bisschen länger zu bleiben – um dann mit gutem Gefühl gehen zu können. Es hat sich dann aber doch noch jemand gefunden.

2018 war der richtige Zeitpunkt für mich, die Geschäftsführung abzugeben. Ich war nun schon knapp 65, und die letzten Jahre hatten doch deutlich an meinen Kräften gezehrt, vor allem die Baumaßnahmen. Der Vorstand hatte sich gewünscht, dass ich die letzten Baustellen auch noch begleite, aber das wären voraussichtlich noch vier Jahre gewesen. Mir war klar, es würde nicht leicht werden, ich hatte einen Heidenrespekt vor dem Schritt in den Ruhestand. Am liebsten wäre mir gewesen, meinen Abschied ganz kurzfristig anzukündigen, vielleicht einen Monat vorher. Aber der Vorstand meinte, das ginge nicht, die MitarbeiterInnen hätten ein Recht darauf, das zu wissen. Natürlich hatten sie das. Aber es war wirklich schlimm für mich. Auf dem Neujahrsempfang, Anfang Januar 2018, habe ich es kundgetan. Ich habe heute noch die Notizen für meine Abschiedsrede, darin steht viel von Dankbarkeit, von Gemeinschaft. Einerseits war es eine gute Zeit für mich, andererseits wollte ich auch noch so viel anderes erleben – meine Gemütslage war sehr ambivalent. Mir war richtig zum Heulen zumute. Im ersten Moment hat mir auch keiner so richtig abgenommen, dass ich gehen würde. Aber es war raus, es stand im Raum. Und es war hart.

Kapitel 7:

Ruhestand

Lebensabend in der Dienstwohnung

oder:
Auch die eigenen Eltern werden mal alt

Ein weiterer wichtiger Grund, die Geschäftsführung abzugeben, waren meine Eltern. Seit die beiden nicht mehr arbeiteten, war es eigentlich ruhig und friedlich bei ihnen. Wir Kinder waren aus dem Haus und sie konnten schon recht früh in den Ruhestand gehen, mit knapp 63 Jahren – das war damals möglich, weil sie schon ausreichend Berufsjahre gesammelt hatten. Ihre Ehe wirkte auf mich bis dahin nie sehr emotional. Mein Vater hätte sich wohl ein bisschen mehr Leichtigkeit in seinem Leben gewünscht. Er war einfach ein anderer Typ. Früher gab es immer wieder mal Streit, auch schon in der ganz kleinen Wohnung. Meine Mutter hat meinen Vater immer ein bisschen vorgeführt. Mir ist erst viel später aufgefallen, dass er gar nicht so ein Buhmann war, wie sie es präsentierte. Ich hatte die große Sorge, es könne einen Knall geben, wenn sie nun ständig aufeinander hockten. Dass sie sich vielleicht sogar trennen würden. Sie lebten ja weiterhin in ihrem Mikrokosmos, hatten außer uns Kindern eigentlich keine Kontakte. Aber der Knall kam nicht. Für mich war das eine schöne Erfahrung: Sie haben gut zueinander gefunden. Sie waren ruhig und nett miteinander. Das war ich oft anders von ihnen gewohnt. Und es war die beste Zeit, die ich von ihnen mitbekommen habe.

Leider ging es ihnen in den letzten Jahren, die ich beruflich noch sehr eingespannt war, immer schlechter. Ich bin auch zu der Zeit schon immer abends zu meinen Eltern gefahren. Wir Geschwister haben uns sehr gut abgestimmt, die anfallenden Aufgaben verteilt. Jeder hat einen Part übernommen, die anderen konnten sich darauf verlassen. Auf eine Pflegeetage zu wechseln, kam für meinen Vater nicht in Frage. Auch einen ambulanten Dienst wollte er nicht im Haus haben. Niemand durfte ihm an die Haut, nur wir Kinder. Das habe ich nie verstanden, immerhin hatte er selbst fast sein gesamtes Berufsleben in der Pflege zugebracht. Trotzdem gab es diese Vorbehalte, dieses Feindbild. Ich konnte das Thema nicht mit ihm besprechen. Wir Kinder haben ihn also begleitet und gepflegt, und irgendwie haben wir es auch gut hinbekommen. Aber es war ein Kraftakt. Er ist letztlich in seiner geliebten Wohnung gestorben, der Dienstwohnung in Riehl, im Dorf. Die gesamte Familie war dabei. Zu diesem Zeitpunkt war er schon über 69 Jahre mit meiner Mutter verheiratet. Manchmal sagte er, er würde so gerne noch die 70 vollmachen, dann hätte er wieder in der Zeitung gestanden. Zu ihrem 60. Hochzeitstag kam der Bürgermeister und hat ihnen gratuliert. Beim 65. genauso, es wurde vorher angefragt, ob das gewünscht sei. Er wollte es gerne. Das fand er schön, das war ihm wichtig. Obwohl er so zurückgezogen gelebt hatte. Er ist 91 Jahre alt geworden.

Meine Mutter konnte leider nicht in der Wohnung bleiben. Sie wurde sehr krank und pflegeintensiv, das war zu Hause nicht mehr zu machen. Wenn wir Kinder es versucht hätten, wären wir Tag und Nacht gefordert gewesen, jemand hätte bei ihr einziehen müssen. Das konnten wir nicht leisten. Nach eineinhalb Jahren mit Unterstützung durch einen ambulanten Pflegedienst zog sie auf eine Pflegeetage, in ein schönes Zimmer in den Riehler Heimstätten – wenigstens blieb sie im Dorf. Meine Mutter ist nach dem Tod meines Vaters noch mal in gewisser Weise aufgeblüht. Sie hat es dann noch ein Stück weit genießen können zu leben. Bei uns war es früher immer verpönt gewesen, im Restaurant zu essen. Aus Sparsamkeit, das machte man zu Hause, da schmecke es auch viel besser. Am Todestag meines Vaters hat sie uns Kinder ins Restaurant eingeladen. Das kam dann immer mal wieder vor. Sie hatte auch noch ein paar Wünsche: Sie wollte unbedingt Nana Mouskouri im Konzert hören. Das haben wir ihr ermöglicht. Zuerst sind wir Spargel essen gegangen, dann in die Philharmonie gefahren. Sie war körperlich schon sehr beeinträchtigt, mein Mann hat sie gestützt. Aber sie hat es genossen. Ein anderes Mal haben wir zusammen André Rieu in der Kölner Arena erlebt. Das war zwar anstrengend wegen der Fahrerei, aber auch schön. Sie war immer streng – mit sich, mit uns. Aber jetzt konnte sie sich ein paar kleine Dinge zugestehen. Ich fand es so schade, wie wenig meine Eltern sich gegönnt hatten. Die beiden waren so bescheiden, so zurückhaltend. Sie haben uns Kindern ein nicht unerhebliches Erbe hinterlassen – alles war für die Kinder bestimmt, für sie selbst gab es nur das Nötigste. Mein Vater hat Steinpilze geliebt. Die waren schon immer teuer. Wenn im Sommer dann zwei- oder dreimal Steinpilze auf den Tisch kamen, war es das Größte für ihn. Am Geld lag es nicht, die beiden hätten sich jeden Tag Steinpilze leisten können. Es war unerklärlich für mich. Aber ich glaube auch, dass sie nicht darunter gelitten haben.

Es war eine schmerzhafte Zeit. Meine Schwester war auch schon länger krank, es gab viele familiäre Sorgen. Das wollte ich ruhiger angehen, nicht die Familie immer nur „on top" machen müssen. So bin ich gewollt und geplant im August 2018 aus der Geschäftsführung ausgeschieden. Ich nahm mir vor, zwei Wochen an die Nordsee zu fahren. Allein. Um mein Berufsleben abzuschließen, um das Ende dieser Ära für mich zu sortieren. Das war meine unbedingte Absicht – aber daraus sind letztlich drei Tage geworden. Diesmal nicht, weil ich das Arbeiten wieder nicht lassen konnte. Meiner Mutter ging es sehr schlecht, bei meiner

Schwester sah es auch nicht so gut aus. Beide lagen im Krankenhaus, und so brach ich die Zelte wieder ab. Ich wollte für die beiden da sein.

Ruhestand auf Probe

oder:
Wie die viele Freizeit erst mal überhaupt nichts für mich war

Der Ausstieg aus dem Berufsleben ist mir gar nicht leichtgefallen. Ich ahnte es, und genauso kam es auch. Vor allem brauche ich immer eine Struktur in meinem Tag, eine feste Zeit zum Aufstehen und so weiter. Für mich, damit es mir gut geht. Bisher war das immer durch die Arbeit vorgegeben, jetzt musste ich selbst etwas festsetzen. Ich habe schon immer abends alles aufgeschrieben, was mir noch durch den Kopf geht, was ich am nächsten Tag alles anpacken will. Ich schließe damit ab, kann dann gut einschlafen. Am nächsten Morgen, sobald ich die Augen aufmache, bin ich da – glasklar und voller Tatendrang. Es war schon ungewohnt: Zum ersten Mal sahen Jens und ich uns täglich. Über viele Jahre sind wir uns nicht so häufig begegnet. Er hat lange Zeit nicht in Köln gearbeitet. Die Träger, für die er tätig war, hatten Einrichtungen von der Nordsee bis zu den Alpen, vom Rheinland bis Berlin. Er war eigentlich immer unterwegs. Ich war in Köln oder bin zwischen den Burgen hin und her gependelt. Unsere Ehe war über viele Jahre eigentlich eine Wochenendbeziehung. Ich fand das klasse. Unter der Woche habe ich Gas gegeben, er natürlich auch, und das war gut so. Unser Haus war unser Rückzugsort. Er hat den Garten gepflegt, ich das Innere. Wir haben uns da sehr wohlgefühlt, tun es immer noch. Über all die Jahre mit ihren Hochs und Tiefs, auch mit Rufbereitschaften, Krisen und Alarm, konnten wir an den Wochenenden wieder auftanken.

Plötzlich war da Zeit, mit verschiedenen Erwartungen, auch Unsicherheit vor dem Neuen. Jens hatte schon eine kurze Episode Ruhestand hinter sich. Früher hatte er immer die Idee, er würde gerne mit 50 aufhören zu arbeiten, das war so eine kleine Sehnsucht. Aber dann hatte er große Bereiche zu verantworten, hat das auch gerne gemacht. Der nächste Schritt war dann, mit 65 aufzuhören. Das mündete allerdings darin, dass er nur drei Monate im Ruhestand war und dann wieder gearbeitet hat, bis Ende 2019. Manche können es nicht lassen. Ich habe selbstverständlich auch überlegt, wie ich mir den Ruhestand vorstelle. Mir war klar: Ich kann nicht ganz aufhören. Von 180 auf null, das geht nicht. Für mich lag es nahe, wieder in Richtung Beratung zu gehen. Am liebsten natürlich mit Jens. Er mochte die Idee, ich musste ihn gar nicht sehr bearbeiten – aber die treibende Kraft dahinter war sicher ich. Wir traten mit einem gewaltigen Batzen an Erfahrung an. Aber wir hatten auch Zweifel: Traut man uns Alten so etwas noch zu? Es war wieder eine völlig neue Situation. Ich wollte uns gut und professionell aufstellen. Die wunderbare Kommunikationsdesignerin, mit der ich schon die Öffentlichkeitsarbeit für die letzten Einrichtungen gemacht hatte, hat uns dabei sehr unterstützt. Sie gestaltete den Internetauftritt, Briefpapier, Visitenkarten – das ganze Paket. Das war Anfang 2019, im Februar ging es los: Wir haben Aktionen per Post gestartet, um uns, unsere Idee, unser Konzept bekannt zu machen. Diesmal zögerte ich nicht, auf mein Netzwerk zurückzugreifen. Es riefen nicht furchtbar viele Interessenten an, aber schon ein paar. Wir haben geschaut, zu wem passt der Auftrag besser? Das war immer schnell klar. Nach und nach bekamen uns die Leute auf den Schirm, es sprach sich herum, wir wurden vermittelt. Der Start war geglückt.

Unser Portfolio war klar: Jens würde Coaching anbieten, Prozesse begleiten, beraten. Ich wollte mich darauf spezialisieren, was ich bisher in Beratungen am liebsten gemacht habe: Analysen machen, in den Einrichtungen vor Ort nach Schwierigkeiten und

Veränderungsansätzen schauen, im Team Neues auf den Weg bringen. Aber das war gar nicht so gefragt. Es gibt viele Träger, die ihre liebe Not damit haben, Führungskräfte zu finden, insbesondere die großen, privaten Träger. Der Bedarf war immens. Mir wurde recht schnell klar, dass mein Part unserer kleinen Beratungsfirma einen anderen Schwerpunkt bekommen würde: Interims-Management. Viele Träger hatten akuten Handlungsbedarf, Führungskräfte brachen weg, wurden plötzlich entlassen, waren schwanger, was auch immer. Ich würde einspringen, die Einrichtung begleiten, bis neue Verantwortliche gefunden waren. Ich leitete also wieder Einrichtungen. Sehr schön.

Mit unseren Auftraggebern – und mit mir selbst – habe ich jedes Mal vereinbart, dass ich an maximal drei Tagen pro Woche arbeiten würde, damit ich wirklich mehr Zeit für meine Familie und für mich selbst hätte. Genauso wichtig war mir, nicht länger als drei Monate in einer Einrichtung zu bleiben. Von Anfang an sollte für alle Beteiligten klar sein: es ist nur übergangsweise. Sonst hätte es passieren können, dass ich mich wieder in eine Aufgabe, eine Einrichtung und ihre Menschen verliebe – oder sie sich in mich. Das wollte ich nicht mehr.

Die erste Anfrage kam von einem privaten Träger – und noch dazu von einem richtig großen. Es ging um eine Einrichtung in der Voreifel. Und ich konnte mit einer wunderbaren Gelassenheit die Konditionen aushandeln. Das war geradezu luxuriös: Wenn ein Auftrag nicht zu mir passte, musste ich ihn nicht annehmen. Das war ein richtig gutes Gefühl. Diese Entscheidungsfreiheit war ein echtes Privileg. Bei meinem ersten Auftrag übernahm ich also die Einrichtungsleitung bei besagtem großen, privaten Träger. Hier hatte gerade ein Leitungswechsel stattgefunden, und es standen eine Menge notwendiger Veränderungen an. Leitungsbereiche mussten neu besetzt, MitarbeiterInnen eingestellt, Verwaltungsabläufe und Strukturen mussten neu organisiert werden. Das kannte ich schon. Bei diesem Auftrag habe ich oft vom regionalen Bereichsleiter gehört: „So geht das nicht, da gibt es Vorgaben." Dies könne nicht umgesetzt werden, das müsse wegfallen ... Darauf habe ich oft geantwortet: „So läuft das bei mir aber nicht." Die Defizite, wegen derer ich beauftragt wurde, hatten ihre Gründe und die wollte ich ernsthaft besprochen und bearbeitet wissen. Ich wurde nicht müde, meine durchaus kritischen Berichte zu schreiben – unaufgefordert. Umso größer und angenehmer war die Überraschung am Ende meines Einsatzes, als mir signalisiert wurde, es wäre wohl doch ganz gut und wichtig gewesen, dass ich da gewesen wäre.

Das eigene Päckchen

oder:
Wie ich für meine Familie und Freunde da sein will – natürlich

Ich hatte dann noch den einen oder anderen Auftrag. Gleichzeitig gab es bei mir privat ein paar schwere Schläge einzustecken. Insofern war es gar nicht schlimm für mich, dass die Anfragen nicht so richtig durch die Decke gingen. Das hätte nicht gepasst, ich hätte es schlichtweg nicht gekonnt.

In den letzten Jahren hatte ich immer wieder versucht, mit meinen Eltern ins Gespräch zu kommen. Sie waren schon hochbetagt, lange würde es nicht mehr möglich sein. Es gibt ja diese Bücher, „Oma, erzähl aus deinem Leben", damit habe ich es auch versucht. Ich bin nicht weit gekommen, es gab bei beiden deutliche Barrieren. Ein paar Sachen fand ich aber heraus und zusammen mit den Erinnerungen, die ich von meiner „lieben Oma" gehört hatte, wurde allmählich ein Bild daraus. Auf der Flucht Richtung Westen muss meine Mutter Schlimmes erlebt haben – darüber wollte sie, wie ihre älteren Schwestern, nie sprechen. Die Schwestern haben meine Mutter aber wohl etwas liebevoller betreut, als meine

„strenge Oma" es tat. Auf der Flucht mussten sie sich aufteilen, so kam sie 1945 oder 1946 auf den Hof meiner Großeltern. Als Helferin hat sie sich dann in meinen Vater verliebt oder umgekehrt, und schnell war meine Schwester unterwegs. Später hat sie ihre Kindheit und Jugend wohl noch sehr verfolgt. Meinen Vater wohl auch, aber er konnte damit viel legerer umgehen. Er hatte auch ein anderes Leben, ein wärmeres Zuhause gehabt in den ersten Jahren. Trotz allem wurde er mit 14 Jahren eingezogen und hat im Krieg Schlimmes erlebt. Ich weiß noch, mein Vater hatte immer im Winter ein schreckliches Tief, hat sehr gelitten. Jetzt habe ich eine vage Ahnung, warum. Meine Eltern hatten mehr als ihr sprichwörtliches „Päckchen" zu tragen. Es müssen ziemliche Pakete gewesen sein.

Meine Mutter war streng, wie gesagt. Uns Kindern hat sie immer gesagt, was alles nicht gut und nicht richtig sei. Das konnte ich jetzt ein bisschen besser einordnen. Aber sie war auch unglaublich stolz auf uns. Das hat sie immer wieder erwähnt: „Ich habe die besten Kinder." Leider nicht uns gegenüber, sondern eher bei anderen. An ihrem vorletzten Abend, kurz bevor sie starb, war ihre Hausärztin bei ihr. Zu ihr hat sie dasselbe gesagt: „Ich habe die besten Kinder der Welt." Das hatte ich im Ohr, seit ich klein war. Wir waren das Wichtigste für sie, für uns wäre sie durchs Feuer gegangen. Sie ist 92 Jahre alt geworden.

Im Verlauf von zehn bis zwölf Jahren haben meine Eltern körperlich abgebaut, und wir Kinder haben immer mehr übernehmen müssen. Meine Rolle war dabei stets, die administrativen Erledigungen zu überschauen. Die Hilfeleistungen zu beantragen und abzurufen, auch die Begleitung zu Arztbesuchen. Mit meiner Erfahrung war das naheliegend, aber es war auch nicht ohne. Meine Schwester kränkelte schon länger, sie hat chronische Krankheiten. Sie schätzt meine Begleitung, meine Meinung. Ich habe schon viel Zeit investiert, und das wird sich wohl fortsetzen. Mein Bruder hat im vergangenen Jahr einen Schlaganfall erlitten, bei ihm bin ich auch involviert. Was mich besonders schwer getroffen hat, war der Tod meines jüngsten Neffen im November 2019. Er hat in Italien gearbeitet, ist dort in einen schlimmen Verkehrsunfall geraten und tödlich verunglückt. Noch oft höre ich beim Einschlafen seine Stimme, vermisse seine häufigen Nachrichten im Familienchat. Seit er in Italien lebte, sahen wir uns noch viel seltener, aber ich habe bei beiden Jungs meiner Schwester immer das Gefühl gehabt, sie sind in gewisser Weise auch meine Kinder.

Für meine Schwester und meinen Schwager war es unglaublich schwer. Und wieder ging es darum, meine Familie zu begleiten. Es war ein sehr hartes Jahr. Bei meinem älteren Neffen lief es auch nicht gut, seine Frau hat sich nach 30 Jahren von ihm getrennt. Auch hier gilt es nun, zuzuhören, zu unterstützen, zu ermutigen … Ich bin irgendwie der Anlaufpunkt in der Familie. Auch im Freundeskreis gab es schwierige Situationen, Scheidungen, Todesfälle, Pflegefragen. Dafür bin ich da. Engagiere mich – und das auch gerne. Aber es kostet natürlich eine Menge Kraft.

Die vielen Themen in der Familie und im Freundeskreis binden mich auch immer ein Stück weit, schon über viele Jahre. Es fällt mir immer noch schwer, ihnen Nein zu sagen, wenn sie mich um etwas bitten. Es fiel mir leichter, als ich sagen konnte: Ich habe keine Zeit, ich muss arbeiten. Damit fühlte ich mich wohler. Wenn es ein Problem in der Familie gibt, wenn einer etwas braucht, bin ich da. Dann lasse ich alles stehen und liegen. Außer, wenn ich gerade bei der Arbeit bin – dann melde ich mich in der Pause oder nach Dienstende und tue, was ich kann. Es ist mir wichtig, für sie da zu sein, das ist für mich keine Frage. Aber es fällt mir schwer, da auf mich zu achten. Es nimmt viel Raum ein. Das bin ich eben auch. Wenn die Belastung bei der Arbeit zu groß wurde, ist es mir eigentlich immer gelungen, mir etwas Zeit für mich selbst zu verschaffen. Auch in den besonders anstrengenden Jahren habe ich mir das immer wieder geholt. Das musste ich auch, ganz klar. Ich schaue auch darauf, dass es mir gut geht. Ich will mich nie so verausgaben, dass ich mich selbst nicht mehr sehe. Bei der Familie muss ich die Abgrenzung noch ein bisschen üben. Aber so viel Energie ich auch in meine Familie und den Freundeskreis stecke, ich hatte nie das Gefühl, es wäre einseitig. Wenn ich etwas brauche, ist immer jemand von ihnen für mich da.

Aber dann kam die Pandemie

oder:
Da war selbst ich erst mal baff – anpacken mussten wir trotzdem

Anfang 2020 kamen wieder mehr Aufträge rein. Nach meinen vielen Berufsjahren mit ihren vielen Höhen und Tiefen war ich an den Punkt gelangt, dass ich dachte: Mich kann eigentlich nichts mehr wirklich umhauen. Klar gab es Herausforderungen, aber eigentlich nichts, wofür ich nicht aus meinem in langen Jahren erworbenen Erfahrungsschatz Ideen und Lösungen basteln konnte. Doch dann kam das Coronavirus, die Pandemie.

Ich hatte zum 1. März 2020 eine Einrichtung als Interimsleitung übernommen. Die Einrichtung war optisch sehr schön, aber es gab einige Problemfelder. Kurz gesagt: Der Druck zu sparen zeigte sich in allen Bereichen. Die MitarbeiterInnen waren unzufrieden, fühlten sich nicht verstanden, sie erfuhren wenig Wertschätzung. Und ihnen war klar, dass sie jederzeit woanders einen Job finden würden. Also war es ein Kommen und Gehen. Mir gegenüber waren sie auch erst misstrauisch. Sie hatten schon viele Versprechungen gehört, die nicht eingehalten wurden. Ich bin die Aufgabe dann angegangen, wie ich es gewohnt war – ich ging in die Bereiche, sprach mit den Mitarbeitenden, hörte mich um. Die wichtigsten Informationen kamen diesmal allerdings von draußen: Man kannte mittlerweile die Risikogruppen bei Covid-19-

Infektionen besser, die Infektionszahlen stiegen an – und für uns stand plötzlich eine Schließung der Einrichtung im Raum. Es gab einen Erlass nach dem anderen, Verordnung nach Verordnung, meist am Freitagnachmittag. Auch hier wollte ich lediglich drei Tage in der Woche vor Ort sein, bin dann aber deutlich häufiger hingefahren. Es gab zu viel Verunsicherung. Die MitarbeiterInnen hatten Ängste, die Besetzung der Dienste wurde deutlich schwieriger. Die BewohnerInnen hatten Angst – vor allem, keinen Besuch mehr bekommen zu können. Dann wurde das Besuchsverbot offiziell ausgesprochen. Ich musste unendlich viele Gespräche zu diesem Thema führen. BewohnerInnen sind zu mir gekommen und haben weinend darum gebeten, doch bitte ihre Kinder sehen zu können, sie würden es nicht aushalten. Eine Dame wurde 92 und wünschte sich nichts sehnlicher, als ihre Tochter zum Geburtstag zu sehen. Ich möge es doch ermöglichen, das könne ich doch nicht zulassen. Es war schrecklich für mich – und für alle Beteiligten.

Das hier war völlig anders als mein gesamtes bisheriges Arbeiten. Mit meinem Erfahrungsschatz hatte das gar nichts mehr zu tun – in die Einrichtung gehen, schauen, lenken, systematisch vorgehen, Erledigungen geplant angehen, das war alles nicht angesagt. Jeden Tag waren die Umstände andere, man musste sich darauf einstellen, Abläufe verändern und sicherstellen, Änderungen kommunizieren. Das war dann das Tagesgeschäft. Das Pandemiekonzept der Landesregierung musste mit seinen vielen Anpassungen umgesetzt werden, genauso die Richtlinien vom Robert-Koch-Institut. Die Einrichtung war geschlossen, Besuche waren nicht mehr gestattet. Was an Kommunikation zwischen BewohnerInnen und Angehörigen ging, haben wir möglich gemacht – damit zumindest ein bisschen Austausch stattfinden konnte. Wir waren früh dabei, Tablets und Internet einzusetzen. Wir haben Videokonferenzen mit den Angehörigen gestartet und dann den BewohnerInnen das Gerät in die Hand gedrückt. Wir haben die Fensterfront im Erdgeschoss freigeräumt, damit die Angehörigen zumindest halbwegs in die Nähe kommen konnten. Anfassen war immer noch nicht möglich, aber so konnten sie sich zumindest sehen. Sich zu unterhalten, war je nach Gehörsituation auch schwierig. Ich hätte so gerne mutiger agiert, hätte gerne mehr zugelassen.

An einem Punkt habe ich das getan: Die Regeln galten selbst für „Finalsituationen", also wenn der Tod einer Bewohnerin, eines Bewohners unmittelbar bevorstand. Das war für mich unerträglich. Dafür wollte ich unbedingt eine Lösung finden. Meine MitarbeiterInnen hatten völlig berechtigte Sorgen und Vorbehalte. Andererseits sollten sie sich zumindest für einen Moment vorstellen, was es für sie persönlich bedeuten würde: Die eigene Mutter, der eigene Vater stirbt und man kann sich nicht mehr sehen. Selbstverständlich mussten wir in diesen Fällen hygienisch einwandfrei vorgehen, mit separatem Eingang, Schutzkleidung, Schleusen – mit allem, was nötig war. Wir haben es ermöglicht, wenn auch in sehr begrenztem Umfang. Das nahm ich auf meine Kappe. Niemand sollte in die Situation kommen, keinen Abschied mehr nehmen zu können.

Die Angst der MitarbeiterInnen blieb groß, während sie sich unter den BewohnerInnen in Grenzen hielt. Die standen eher auf dem Standpunkt: „Wir haben schon so viel Schlimmes erlebt, was kann uns noch passieren?" Sie wurden eher trauriger, das war für die MitarbeiterInnen wiederum schwer aufzufangen. Einige BewohnerInnen konnten nicht verstehen, was plötzlich los war. Die Pandemie kam von jetzt auf gleich, und immer wieder gab es neue behördliche Anordnungen, ständig änderte sich etwas. Am schwersten zu ertragen war, dass niemand in die Einrichtung rein konnte. Und das betraf nicht nur Angehörige, sondern auch FußpflegerInnen, FriseurInnen etc. Zum Glück hatten wir eine Kollegin, die vor dem Pflegeberuf eine Ausbildung zur Friseurin gemacht hatte. Sie hat dann fast alle in der Einrichtung frisiert, einen Kopf nach dem anderen – damit die BewohnerInnen zumindest optisch nicht verkümmerten. Das war wunderbar, meine MitarbeiterInnen waren so offen, haben so viel mit mir auf die Beine gestellt. Da sind mir schon wieder Flügel gewachsen. Wir haben eine Postaktion gestartet und die Angehörigen aufgefordert, mehr Briefe zu schreiben. Not macht erfinderisch – aber letztlich war es bitter. In den ersten vier Wochen war ich nah an der Verzweiflung, was die Schutzausrüstung anging. Die einfachsten Dinge wie Mund-Nase-Schutz waren nicht da. Wir haben die MitarbeiterInnen und ihre Angehörigen gebeten, für uns zu nähen. Manche haben sich richtig ins Zeug gelegt, ich bin ihnen unglaublich dankbar, aber es war und war nicht genug. Ich hatte jeden Tag Angst. Weniger wegen der BewohnerInnen, denn die blieben drinnen. Die waren relativ safe. Mehr wegen der MitarbeiterInnen. Die gingen rein und raus. Wie konnte ich verhindern, dass jemand von uns das Virus in die Einrichtung tragen würde? Wie konnte ich ausschließen, dass andere Außenstehende mir damit schadeten – und ich keine Viren in meine Familie, zu meiner schwerkranken Schwester tragen würde? Mit ähnlichen Gedanken trugen sich die anderen auch. Sobald jemand Schnupfen hatte, waren alle in Sorge. Ich habe viele freiwillig nach Hause oder zum Testen geschickt. Ich habe schon erklärt, wie wichtig ein solider Dienstplan ist – das war ohnehin schwer zu erreichen, aber jetzt umso weniger. Jemand hatte Husten und die Sorge, ob es Corona sein könne. Oder die Kinder waren krank oder nicht betreut. Die Situation war unglaublich belastend. Die MitarbeiterInnen, die im Haus waren, waren deutlich überlastet. Immer wieder war ich konfrontiert mit bittenden und mich anflehenden Menschen. Ein Angehöriger stand vor mir an der Fensterfront. Er war schon über 60 Jahre mit seiner nun dementen Frau verheiratet. Er hatte sie jeden Tag in der Einrichtung besucht. Ob ich nicht bitte irgendetwas tun könne. Andere Angehörige haben mich beschimpft. Wie ich zulassen könne, dass sie in ihren Rechten so eingeschränkt würden. Und ich habe sie verstanden. Wahrscheinlich wäre ich auch so eine renitente Angehörige gewesen. Da habe ich dem Herrn im Himmel gedankt, dass meine Eltern zu dem Zeitpunkt schon gestorben waren. Ich hätte es nicht ausgehalten, sie nicht besuchen zu dürfen.

So schnell, wie das Besuchsverbot gekommen war, so schnell wurde es auch wieder aufgehoben. Die Infektionszahlen gingen zurück, und mit sage und schreibe zwei Tagen Vorlauf hieß es: neuer Erlass, ab dem Muttertag darf es wieder Besuch geben. Das muss man erst einmal hinbekommen, von jetzt auf gleich. Unter Einhaltung von Hygienevorschriften. Mit MitarbeiterInnen, die gar nicht da sind. Mit neuen Aufgaben: Screenings durchführen, Listen erstellen ... Viele Einrichtungen haben sich verweigert, weil sie es so schnell nicht bewegen konnten. Aber ich dachte mir, mein Gott, es ist Muttertag – das muss uns gelingen. Ich war selbst vor Ort, habe mitgeholfen, an meine Drei-Tage-Woche hatte ich schon länger nicht mehr gedacht. Wir haben es geschafft, am Abend vor Muttertag war alles bereit. Wir haben nur noch auf schönes Wetter gehofft, damit nicht zu viele ins Haus kamen – drinnen hätten wir die Mindestabstände nicht einhalten können. Das Wetter war dann okay. Es schien sogar ein bisschen die Sonne.

Ausklang – vielleicht

oder:
Eine gewisse Müdigkeit macht sich bemerkbar –
aber ganz lassen kann ich es doch nicht

In dieser Einrichtung war ich letztlich fast vier Monate. Die letzten Wochen konnte ich noch gut für die Dinge nutzen, die ich ursprünglich vorgehabt hatte. Danach hatte ich eigentlich das dringende Bedürfnis, nicht mehr zu arbeiten. Doch es kamen eine Menge Anfragen. Eine erhielt ich durch die Vermittlung einer früheren Kollegin. Sie war alleinige Geschäftsführerin einer Einrichtung für psychisch und neurologisch erkrankte Menschen. Sie hatte die große Sorge, dass ihre Einrichtung führungslos bleiben müsse, falls sie an Covid-19 erkranken solle oder in Quarantäne gehen müsse. Also habe ich mich wieder einmal hinreißen lassen. Drei Monate verbrachte ich im nördlichen Schwarzwald, in einer sehr abgelegenen Einrichtung, die extrem in die Jahre gekommen war. Diese drei Monate haben mich wiederum enorm viel Kraft gekostet. Nicht nur wegen der Fahrerei und der Staus, auch wegen der Arbeit mit der Klientel. Es waren schwere Fälle dabei, Langzeitabhängige von Alkohol und Drogen, chronifizierte Schizophrenien, schwere Depressionen, auch junge psychisch Kranke – zum Teil angsteinflößend. Das kannte ich in dieser Intensität noch nicht. Unter anderem ging es darum, die Corona-Verordnungen bewohnerInnenorientiert umzusetzen. Mir war sofort klar, dass bei dieser Bewohnerschaft einschränkende Maßnahmen schwierig umsetzbar sein würden. Zum Beispiel waren die BewohnerInnen gewohnt, in den Ort zu gehen und einzukaufen, daran mussten wir sie hindern. Wir haben dann auf unserem Gelände einen kleinen Kiosk eingerichtet, ein paar Einkaufsmöglichkeiten geschaffen. Aber wenn etwas nicht vorrätig war, konnte schnell mal jemand ausrasten. Die Arbeit hier war ein besonderes Erlebnis. Wir konnten ein paar wichtige Dinge erreichen, aber am Ende war ich froh, wieder ins Rheinland zurückzukommen.

Kurz nach meiner Rückkehr in die Heimat trat ich den Auftrag an, von dem ich zu Beginn schon kurz berichtet habe – die Interimsleitung in der Nähe von Neuss, für den großen privaten Träger. Dort konnte ich die weiteren Anforderungen und Maßnahmen erleben, die uns die Pandemie bescherte. Was den Infektionsschutz betraf, waren die Regelungen jetzt im Vergleich zum Frühjahr durchaus großzügig gestaltet. Es gab ein Zeitfenster von zwei Stunden am Vormittag und am Nachmittag noch mal zwei Stunden Besuchszeit, in denen jeweils zwei Angehörige kommen durften. Das war schon ein recht lebendiger Durchgang. Die Gefahr, dass BesucherInnen oder MitarbeiterInnen etwas ins Haus tragen könnten, begleitete uns weiterhin. Trotz allem konnte ich dann meine Tätigkeit in der glücklichen Situation beenden, dass wir keinen Ausbruch hatten. Über die Wochen haben immer wieder MitarbeiterInnen gesagt, ihre Verwandten oder sie selbst hätten Kontakt mit Erkrankten gehabt, diese KollegInnen sollten natürlich zu Hause bleiben. Mit so vielen fehlenden MitarbeiterInnen waren die bekannten Probleme mit dem Dienstplan wieder aktuell. Es zeigte sich deutlich, neben aller Vorsicht: Es gibt zu wenig Fachkräfte. Wir haben keinen stabilen Dienstplan erstellen können. Das führte immer wieder dazu, dass man jemanden darum bitten musste einzuspringen. Dass jemand am Wochenende kommt und dafür unter der Woche frei bekommt – das ist nicht so attraktiv für MitarbeiterInnen, außerdem fehlen die Hände dann unter der Woche. Das brachte eine ungemeine Unruhe, mehr als ohnehin schon im Betrieb steckte.

Die Angst der MitarbeiterInnen, sich anzustecken, hatte eine neue Qualität bekommen. Zum Teil wurde gepetzt, wenn sich Angehörige oder KollegInnen nicht an Regeln gehalten haben, wenn die Maske nicht richtig saß. Die einen klagten über die anderen und umgekehrt. Es herrschte eine seltsame Stimmung, jeder gegen jeden. Und es gab ein Beschwerdeaufkommen, das ich bis dahin noch nicht erlebt hatte. Manche hatten wohl selbst ein schlechtes Gewissen, schauten dann umso genauer bei den anderen hin. Die Situation war für einige schlicht überfordernd. Außerdem mussten wir auf ZeitarbeiterInnen zurückgreifen, das hat die Unruhe durch die vielen Wechsel noch mal verstärkt. Manche MitarbeiterInnen waren nicht ins Team gewachsen, arbeiteten etwas anders. Ich hatte nicht einmal den Eindruck, sie hätten weniger Interesse, aber in der kurzen Zeit war es kaum möglich, sich auf eine einzelne Person und ihre Hintergründe einzulassen. Das führte zu viel Unmut.

In dieser Einrichtung wurde für mich aber auch wieder deutlich, welche Folgen das schnelle Wachstum der großen Träger beim Kampf um die Marktmacht haben kann. Die Konsolidierung und die Eingliederung einer einzelnen Einrichtung in die bestehenden Strukturen bleiben oft auf der Strecke. Davon, dass die Mitarbeitenden in diese neuen Strukturen mitgenommen oder eingebunden würden, braucht man gar nicht erst zu sprechen. Die Begleitung dieser Situation hat mich viel Zeit gekostet. Zeit, die ich gerne damit verbracht hätte, tiefer in andere Bereiche hineinzuschauen. Die MitarbeiterInnen an der Basis waren verunsichert und zum Teil mit den Aufgabenstellungen überfordert. Mir fiel noch etwas auf, das ich schon seit Längerem beobachtet habe: Die Mitarbeitenden waren sehr jung, und es waren nur noch wenige berufserfahrene Pflegekräfte anzutreffen. Die meisten von ihnen waren es noch nicht gewohnt, solche Belastungen und Herausforderungen zu tragen, geschweige denn mitzulenken. Da war mitunter die Bereitschaft höher, sich zu beklagen oder auszufallen. Manche sahen wohl eher ihre eigene Person im Vordergrund, statt erst die Arbeit zu machen und dann über die Situation zu reden. In meinen vielen Berufsjahren habe ich noch nie so eine Besuchsfrequenz in meinem Büro erlebt. Tür auf, Tür zu. Rein, raus. Beschwerde hier, Klage da. Dieses, jenes und welches ist nicht gut – und das in einer Zeit, in der gerade die Pflege an erster Stelle stehen sollte. Stattdessen ging schon zwei Minuten nach meinem Eintreffen um halb acht die Tür auf, jemand brauchte etwas, etwas funktionierte nicht …

Ich erklärte es mir mit der hohen Fluktuation unter den MitarbeiterInnen und Leitungskräften. Daher habe ich mich sehr bemüht, vorerst nichts zu verändern, sondern hinzuschauen und zu stabilisieren, einfach da zu sein. Die Ruhe musste dann von selbst kommen, die kann man nicht anordnen. Das Miteinander war stellenweise schwierig. So ein Entwicklungsprozess braucht Jahre, braucht Vertrauen in die Leitung, braucht Stabilität, Sicherheit und verlässliche Rahmenbedingungen. Das konnte ich in der kurzen Zeit meiner Anwesenheit nicht leisten. Die herrschende Unruhe, verursacht durch unklare neue Strukturen und Zeitmangel, konnte ich kaum beeinflussen. Besonders hat mich ein Erlebnis berührt, das ich zum Ende meiner Auftragszeit hatte: Eine Bewohnerin feierte ihren 101. Geburtstag. Dazu wollte ich ihr gerne gratulieren und bin an diesem Freitag, einem meiner freien Tage, noch mal persönlich in der Einrichtung erschienen. Nach meinem Besuch bei der Jubilarin nahm mich eine Mitarbeiterin beiseite: „Frau Röhlich, ich muss Ihnen mal was sagen. Wir haben noch nie eine Leitung gehabt, die extra für einen Geburtstag noch mal aus dem ‚Frei' kommt. Und die so freundlich ist, also zu allen MitarbeiterInnen. Und die sogar die Namen kennt." Die fand das echt klasse – dass ich da hinkam, dass ich mit den Leuten sprach. Für mich war das immer eine Selbstverständlichkeit gewesen. Für andere offenbar nicht. Mittlerweile habe ich den Auftrag abgeschlossen. Meiner Drei-Monats-Grenze bin ich diesmal treu geblieben, obwohl ich meine Nachfolgerin nur 14 Tage begleiten und einarbeiten konnte.

Wohin soll es gehen, Altenpflege?

oder:
Trotz allem ist es ein wunderbarer Beruf –
der sogar noch schöner sein könnte

Im Lauf dieser Einsätze – und ich habe eine ganze Anzahl davon gehabt – ist mir eines klar geworden: Altenpflege und Gesundheitspflege müssen zwar wirtschaftlich arbeiten, sollten aber nicht kommerzialisiert werden. Eine weitere Erkenntnis, auch wenn sie eigentlich nicht neu ist: Gute Qualität in der Pflege kostet Geld. Außerdem sollte sie nicht auf die körperlichen Defizite und

Einschränkungen begrenzt bleiben, sondern den ganzen Menschen umfassen. Wir können nicht unsere Ansprüche an Versorgungsleistungen immer weiter anheben und dabei glauben, das gebe es umsonst. Über viele, viele Jahre ist es versäumt worden, dem Beruf der Altenpflege ein positives Image mitzugeben. Ein besseres Bild davon zu vermitteln. Mir ist es auch nur begrenzt gelungen. Vielleicht hätte ich mehr berufspolitisch aktiv sein müssen – aber meine Tage hatten auch nur 24 Stunden. Jedenfalls haben sich die Bedingungen nicht wesentlich verbessert. Es gab mal eine Zeit, in der viel möglich war, viel gestaltet werden konnte. Das war vor allem in den 1980ern, bis in die Mitte der 1990er so. Der Rahmen war deutlich besser, weil es noch nicht diese überbordenden Anforderungen aus den vielen verschiedenen Behörden gab und die Bürokratisierung noch nicht so vorangeschritten war. Ich wiederhole es noch mal: Ich möchte keinen Freifahrtschein für alles, was sich in der Pflege so „Pflege" nennt. Sicher nicht. Kontrolle ist richtig und wichtig, aber die Zeit für den einzelnen Menschen in der Pflegeeinrichtung ist fast mit jeder Veränderung knapper geworden.

Seit Kurzem gibt es eine generalistische Pflegeausbildung: Alle, die in Richtung Kranken-, Kinderkranken- oder Altenpflege gehen wollen, fangen dieselbe Ausbildung an. Nach zwei Jahren können sich die SchülerInnen für eine Fachrichtung entscheiden. Meine Sorge ist, dass sich in Zukunft noch weniger junge Menschen für die Altenpflege entscheiden werden. Im Krankenhaus zu arbeiten, ist für viele doch interessanter. Da gibt es zwar auch Dokumentationspflichten ohne Ende, aber das Gefühl ist stärker, helfen und heilen zu können. Das ist in der Altenpflege ganz anders. Mehr als um Heilung geht es um Begleitung – im letzten Lebensabschnitt oder beim Sterben. Das schreckt sicher manche ab.

ⓘ Generalistische Pflegeausbildung

Im 2017 erlassenen und 2020 in Kraft getretenen „Gesetz über die Pflegeberufe" wurden die Rahmenbedingungen für die Altenpflegeausbildung grundlegend verändert. Die bisher eigenständigen Ausbildungsgänge der Alten-, der Kranken- und der Kinderkrankenpflege werden seitdem im Rahmen einer dreijährigen generalistischen Pflegeausbildung zusammengefasst und führen zum Berufsabschluss „Pflegefachfrau/Pflegefachmann". Nach zwei Jahren haben Auszubildende die Möglichkeit, sich für eine Fachrichtung zu entscheiden.

Für die Bereiche der Alten- sowie der Kinderkrankenpflege kann auf Wunsch weiterhin ein bereichsspezifischer Abschluss angestrebt werden. Gleichzeitig wurde ein dreijähriges Pflegestudium eingeführt. Durch die bereichsübergreifenden Einsatz- und Wechselmöglichkeiten, höhere Anforderungen an die Ausbildungsstätten und eine EU-weite Anerkennung des Abschlusses soll die Attraktivität des Pflegeberufs erhöht werden.

Die Finanzierung der Pflegeausbildung erfolgt nun einheitlich über Landesfonds. Durch ein Umlageverfahren werden ausbildende und nicht ausbildende Einrichtungen gleichermaßen zur Finanzierung herangezogen. Das teilweise noch von Auszubildenden geforderte Schulgeld wird abgeschafft, es besteht Anspruch auf eine angemessene Ausbildungsvergütung.

Fakt ist jedenfalls, es gehen viel zu wenig junge Menschen in die Pflegeberufe, und davon besonders wenige in die Altenpflege. Vor allem aber gibt es zu wenige Menschen, die für den Beruf brennen, denen er wirklich am Herzen liegt. Die sich, so heroisch das klingen mag, dazu berufen fühlen. Ich hatte selbst am Anfang nicht die beste Einstellung zu dem Beruf, aber das hat sich recht schnell entwickelt – weil ich Zutrauen hatte, Zeit und KollegInnen, die es sich leisten konnten, mich wirklich an die Hand zu nehmen.

Ich glaube, selbst mit öffentlichen Kampagnen wird es noch viele Jahre dauern, bis die Nachwuchssituation sich verbessert. Dabei ist Altenpflege eine wunderbare Aufgabe, ein so schöner Beruf. Man begegnet Menschen, die auf ein langes Leben zurückblicken, auf einen großen Erfahrungsschatz. Die viel erzählen können, einen ganz besonderen und eigenen Blick auf die Geschehnisse haben. Sie verdienen es, in ihrem letzten Lebensabschnitt gut versorgt und begleitet zu werden. Bis auf wenige, gut verschmerzbare Ausnahmen sind sie dafür unglaublich dankbar.

In Köln-Mülheim habe ich wirklich verstanden, dass es an mir liegt, dass es den BewohnerInnen gut geht. Wenn ich einen Menschen beispielsweise gut lagere. Wenn ich ihn eincreme, ihm im wahrsten Sinne des Wortes „an die Haut gehe". Wenn ich nachfrage, was er heute essen mag. Wenn ich das Essen so anrichte, wie er es gewohnt ist. Es handelt sich meist um schlichte, kleine Dinge, mit denen man den BewohnerInnen eine Freude bereiten kann. Ein Mensch fühlt sich wohl, äußert das und ich habe es bewirkt – das fühlt sich so gut an. In der Zeit, die ich mit einer Bewohnerin, einem Bewohner verbringe, kann ich wirklich etwas erreichen. Vor allem in der Eingewöhnungsphase nach einem Einzug ist das wunderbar zu beobachten: Ein verunsicherter Mensch gewinnt Stück für Stück Vertrauen zu mir, fühlt sich jeden Tag ein bisschen wohler in seinem neuen, „letzten Zuhause". Das ist der Kern, darum tun wir das alles: weil der Mensch und sein Wohlbefinden uns wichtig sind. Und ich kann dazu beitragen. Das ist immer noch möglich, trotz schwieriger Rahmenbedingungen, die ich auch nicht schönreden kann. Selbst wenn ich nur fünf Minuten mit jemandem habe – wenn ich in dieser Zeit wirklich präsent bin, wirklich für ihn da bin, kann das für ihn wichtiger sein als der Rest des Tages. Wenn man das begreift, ist Altenpflege eine wunderschöne Aufgabe. Anders hätte ich den Job auch nicht machen können. Ich habe immer versucht, das Beste rauszuholen aus der Situation, für den Menschen. Man muss seine Ideale nicht aufgeben, um in der Pflege arbeiten zu können. Man kann immer noch Mensch sein und Menschen etwas Gutes tun.

Außerdem bietet unser Beruf unglaublich viele Karrierechancen. Das ist immer noch so, wird sich in absehbarer Zeit auch nicht ändern. Aber das Thema hat zwei Seiten: Bei meinen letzten Aufträgen kamen viele junge examinierte Pflegekräfte zu mir, die Karriere machen wollten. Einmal kam jemand, der zur Wohnbereichsleitung aufsteigen wollte, besser noch zur Pflegedienstleitung, oder es sollte ein berufsbegleitendes Studium ermöglicht werden, natürlich vom Arbeitgeber bezahlt. Mitunter wurde angedeutet, man verlasse das Haus, wenn das nicht möglich gemacht werde. Ich glaube, zuletzt habe ich im Schnitt einmal in der Woche eins dieser Gespräche geführt. Richtig junge Menschen mit vielleicht zwei Jahren Berufserfahrung wollen plötzlich aufsteigen. In meiner letzten Einrichtung kamen da sicher verschiedene Faktoren zusammen, aber ich glaube schon, dass das ein Trend ist: Aufstieg ist eine Möglichkeit, aus den nicht wirklich guten Arbeitsbedingungen ein Stück weit herauszukommen. Keine Wochenendschichten mehr und so weiter. Das kann man verstehen: eine Flucht nach vorne. Aber diese Entwicklung hat noch eine zweite Seite: Im Frühjahr 2020 sind die Leute abends auf die Balkone gegangen und haben applaudiert für die KämpferInnen gegen das Virus. Ob dieses Stückchen Anerkennung zu nachhaltigen Verbesserungen führt, will ich hier gar nicht diskutieren. Zu wünschen wäre es. Mir geht es um das Thema Selbstbewusstsein. Ich glaube, MitarbeiterInnen in der Pflege hatten noch nie ein so großes Selbstbewusstsein wie heute. Sie behaupten von sich: Ohne uns geht hier gar nichts. Und das ist nicht falsch oder unangemessen. Diese Einstellung kann aber für Menschen kontraproduktiv sein, die in ihrer beruflichen Entwicklung noch eher unfertig sind. Die treten dann auf, als wären sie die größten, wüssten genau, wie alles geht, wollen in zwei Jahren Chef sein und dann allen sagen, wie die Dinge zu laufen haben. Diese Einstellung begegnet mir in der letzten Zeit häufig. Und ich bin lange nicht bei allen überzeugt, dass sie dafür die Voraussetzungen mitbringen. Früher war es eher so, dass ich die MitarbeiterInnen ansprechen und ermutigen musste, sich weiterzubilden, sich beruflich zu entwickeln. Heute ist das nicht nötig, die Leute mit den großen Ambitionen kommen von allein und klopfen an die Tür. Nur leider oft nicht die, von denen ich überzeugt wäre. Ich will das nicht pauschal über alle MitarbeiterInnen sagen, die um eine Weiterbildung bitten. Aber es gibt diese Bestrebungen. Manche jungen Menschen sind ein bisschen überheblich, die Wertschätzung vom Balkon ist Wasser auf ihre Mühlen und außerdem gehen ihnen die Arbeitsbedingungen auf die Nerven. Da bietet sich ein Aufstieg an. Nur ein Brennen für den Beruf ist das nicht. Ich würde mir sehr wünschen, dass die jungen Menschen sich mehr Zeit lassen. Dass sie die einzelnen Stationen, die eine Karriere so bieten kann, wirklich erfahren und erleben. Das halte ich für sehr gesund.

Ich wünsche mir, dass es bei einem Karriereschritt mehr darum geht, sein Erfahrungswissen weiterzugeben, für Veränderungen einzutreten, Prozesse weiterzuentwickeln, sich für bessere Arbeitsbedingungen einzusetzen. Wer unzufrieden ist, wer etwas verändern möchte, dem steht diese Möglichkeit offen. Das glaube ich felsenfest, Aufstieg macht Sinn. Auch für die eigene Professionalisierung, die Anerkennung und die wirtschaftliche Verbesserung. Aber ich würde mir wirklich wünschen, dass die Menschen sich Zeit lassen. Dass sie erst ihre Erfahrungen sammeln. In meinem Lebenslauf ist das sicher nicht optimal gelaufen. Ich bin in Positionen gegangen, für die ich selbst nicht ganz reif war. Ich hatte noch nicht genügend Praxis, nicht das Rüstzeug dazu. Mir das nebenher und hinterher zu erarbeiten, hat unglaublich viel Kraft gekostet. Gleichzeitig habe ich immer nach Möglichkeiten gesucht, Abläufe zu verbessern, Organisationssysteme zu verändern. Das konnte ich am besten erreichen, indem ich die Systeme stärker selbst verantwortet habe.

Aber es müssen deutlich andere Rahmenbedingungen geschaffen werden. Die Personalsituation muss sich verbessern. Ansonsten gibt es nicht annähernd genug Zeit für die Belange der alten Menschen. Jede Pflegedienstleitung, die ich in den letzten Jahren gesprochen habe, war beim Erstellen der Dienstpläne regelmäßig der Verzweiflung nahe. Nach wie vor ist es unglaublich schwierig, das gerecht und planbar hinzubekommen. Dafür fehlen schlicht die Stellen. Es gibt verschiedene gute Modelle, die die Vereinbarkeit des Berufs mit der Familie verbessern wollen. In einer Einrichtung gab es zum Beispiel einige alleinstehende Mitarbeiterinnen mit Kindern, denen zugesichert wurde, sie müssten statt um sieben erst um acht Uhr kommen, um noch die Kinder in der Kita abliefern zu können. Eigentlich eine gute Sache. Leider hat das dazu geführt, dass diejenigen, die ihren Dienst schon um sieben Uhr beginnen mussten, überfordert waren. Die mussten die Übergabe von der Nachtschicht selbst machen, hatten eine Stunde lang weniger Hände. Und darüber haben sie zu Recht geschimpft. Es muss einfach mehr Personal her.

Mitte der 1990er-Jahre ist in der Pflegelandschaft eine Zeitenwende eingetreten. Die Professionalisierung schritt weiter voran, was ich begrüße, aber wir bekamen ein Korsett an Reglementierungen umgeschnürt, das uns die Arbeit schwer gemacht hat. Mit den Pflegestärkungsgesetzen der letzten Jahre haben sich wieder ein paar Dinge geändert: Zur Entlastung der Kommunen wurde der Eigenanteil eingeführt, der für jede Bewohnerin, jeden Bewohner fällig wird – sozusagen die Hotelkosten. Aber es wurde auch eine neue Begutachtungsstrategie eingeführt. Es gab mehr Anerkennung für das Thema Demenz. Der Zeitaufwand wurde nicht mehr in Minuten gemessen, vielmehr wurde auf die Verrichtungen geschaut, bei denen ein Mensch Unterstützung von einer Pflegekraft braucht. Ob er nun dement ist oder aus anderen Gründen in die Pflege kam. Es wurde darauf fokussiert, welche Restfähigkeiten noch vorhanden sind. Diese sollten gestärkt werden.

Das war ein guter Schritt in die richtige Richtung – scheinbar wurde die Kritik gehört, die viele andere und ich auch geäußert hatten. Die Stimmen, die eine andere Personalbemessung fordern, werden zumindest nicht völlig ignoriert. Immerhin gibt es immer wieder mal Untersuchungen dazu. Und die wissenschaftlichen Ergebnisse der letzten Jahre sind recht eindeutig: Die Personalbemessung ist, oh Wunder, unzureichend. Aufgrund fachlicher und menschlicher Aspekte müsste sie deutlich verbessert werden. Leider fallen diese Untersuchungen in eine Zeit, in der es schwer ist, Personal zu finden. Der Arbeitsmarkt gibt es nicht her, die Bedingungen sind nicht gut, die Anerkennung fehlt. Das war 1974 ähnlich, damals wurden viele Menschen aus anderen Ländern angeworben. Heute wird auch versucht, MigrantInnen in entsprechende Ausbildungen zu bekommen, Fachkräfte aus dem Ausland anzuwerben. Die Klarheit setzt sich durch, dass Mangel herrscht. Die MitarbeiterInnen klopfen nicht an die Tür, es besteht Handlungsbedarf.

Personal ist jedoch nicht alles. Es muss auch ein Profil her. Ich sage es ehrlich: Im Moment nimmt man fast jede und jeden. Gerüchteweise habe ich schon gehört, dass eine Einrichtungsleitung PassantInnen in der Fußgängerzone angesprochen hätte, ob sie nicht in den Pflegeberuf einsteigen möchten. Es würde mich nicht wundern. Jeden zu nehmen, kann nicht gut sein. Ein Minimum an Anforderungen muss es geben und das muss erfüllbar sein. Wenn man richtig Personalnot hat, stellt man auch schon mal jemanden ein, von dem man nicht zu 100 Prozent überzeugt ist. Ich auch. Aber jede Einrichtung sollte es sich leisten können, BewerberInnen wieder nach Hause zu schicken, denen man die alten Menschen nur mit argen Bauchschmerzen anvertrauen könnte.

ⓘ Pflegestärkungsgesetze

Im Jahr 2015 trat erstmalig ein Gesetz zur Verbesserung der Pflege in Kraft – das erste Pflegestärkungsgesetz (PSG I). Insbesondere wurden Mehrausgaben für die Pflegeversicherung beschlossen, was mit einem Anspruch auf Betreuungs- und Entlastungsleistungen für viele Versicherte einherging. Zusätzlich wurden mehr Leistungen für Demenzkranke, größere finanzielle Mittel für die Tages- und Nachtpflege sowie höhere Zuschüsse für Hilfsmittel bewilligt. Darüber hinaus profitierten Menschen in der Kurzzeit- oder Verhinderungspflege von dem Gesetz.

Mit dem zweiten Pflegestärkungsgesetz (PSG II), welches im Januar 2016 von der Bundesregierung beschlossen wurde, erhielten insbesondere demenzkranke und im Alltag eingeschränkte Versicherte mehr Leistungen. Weiter wurden ein neuer Pflegebedürftigkeitsbegriff sowie ein neues Begutachtungssystem eingeführt. Die neu eingeführten Pflegegrade werden bis heute zur Beurteilung der Pflegebedürftigkeit angewandt. Seither wird diese Bedürftigkeit nicht mehr am Zeitaufwand, sondern am Grad der Selbstständigkeit der Betroffenen bemessen.

Mit der Einführung des dritten Pflegestärkungsgesetzes (PSG III) im Jahr 2017 wurden neue Regelungen für die Abrechnung von Pflegediensten festgelegt, um etwaigen Abrechnungsbetrug zu verhindern. Ein neuer Pflegebedürftigkeitsbegriff wird wirksam.

Darüber hinaus wird die Beratung der Pflegebedürftigen sowie die Angehörigenarbeit in erster Linie von den Kommunen gesteuert und koordiniert. Diese Selbstverwaltung soll dem Zweck dienen, das Angebot für Versicherte in unterversorgten Regionen zu erhöhen.

Manchmal wird man allerdings auch überrascht. Ich habe mal einen jungen Mann eingestellt, bei dem ich im Vorstellungsgespräch schon dachte: „Oh, das wird nix." Ein etwas behäbiger Kerl, äußerlich nicht sehr adrett, und er hat gefühlt drei Minuten gebraucht, um 50 Meter Fußweg zu bewältigen. Er hatte auch schon einige Wechsel hinter sich, wusste nicht recht, was er wollte. Aber dennoch gab es etwas in seiner Art, was mich ansprach: Er sprach ganz offen über sich und die Schwierigkeiten auf seinen früheren Arbeitsstellen. Ich dachte mir, warum eigentlich nicht? Nach ein paar Wochen hatte ich den Eindruck, das wird ein richtig Guter. Dazu muss man in gute Hände geraten, begleitet werden, ehrliche und wohlwollende Rückmeldungen bekommen: Was läuft schon gut? Woran musst du noch arbeiten? Darum geht es mir bei den Profilen: Diese müssen geschärft werden. Nicht jeder sollte sich selbst der Nächste sein, KollegInnen sollten aufeinander achten, besonders auf die jüngeren. In diesem Zusammenhang denke ich an meinen eigenen Einstieg. Wenn ich Ursula nicht gehabt hätte, die mich aufmerksam begleitet hat, hätte ich das vermutlich auch nicht geschafft. Dafür muss Platz sein. Die Anleitung ist unglaublich wichtig. Mittlerweile wird das in der Ausbildung schon versucht: Es soll für eine bestimmte Anzahl SchülerInnen eine fest dazu eingeteilte Praxisanleitung geben. Früher war das eher „on top", man bekam 100 Euro mehr im Monat und hat dann den SchülerInnen nebenher ein bisschen was erzählt. Die neue Regelung ist schon vernünftig, man sollte sich Zeit nehmen können. Aber eine Fachkraft ist dann belegt und steht nicht für das sonstige Tagesgeschäft zur Verfügung. Das fällt in der Praxis schwer, wenn viele Stellen für examinierte Kräfte unbesetzt bleiben. Es wäre schön, wenn im Alltag mehr Anleitung möglich wäre. Wie sich ein junger Mensch beruflich entwickelt, hat viel mit seiner Persönlichkeitsentwicklung zu tun. Dazu ist persönlicher Kontakt notwendig. Ein junger Mensch muss Leitung erfahren, einen Eindruck davon bekommen, was wir eigentlich machen und mit welchen Zielen. Es ist schon eine Herausforderung, von der Pflegekraft zur Wohnbereichsleitung aufzusteigen, eine Einheit von 30 BewohnerInnen zu übernehmen, mit ca. zwölf Mitarbeitenden, dazu kommen die Angehörigen, die ärztlichen Behandlungen und so weiter. Das halte ich für schwierig, wenn ein Mensch noch sehr jung ist und wenig Berufs- und Lebenserfahrung mitbringt. Es braucht Zeit und Luft zum Wachsen. Und den Willen dazu, außerdem Lust und Begeisterungsfähigkeit. Das alles kann man nicht verordnen, aber es gibt Rahmenbedingungen, die es erleichtern, das in sich zu entdecken. Bei dem jungen Mann, von dem ich gerade gesprochen habe, sprang bald der Funke über. Er hat mich auf dem Flur angelächelt, wirkte aufmerksamer und wacher. Er bekam so langsam Spaß an der Sache.

Ich wünsche mir wirklich, dass es gelingt, Menschen für den Beruf der Altenpflege zu gewinnen. Menschen, die sich in dem Bereich entwickeln und dann gerne darin arbeiten. Für die zukünftigen Generationen wird es nicht weniger wichtig sein, dass jemand mit Herzenswärme, mit Herzensbildung, aber auch mit Professionalität für die Alten da ist. Es muss wieder möglich werden, nachhaltig im Pflegebereich zu arbeiten. Das ist mein Herzenswunsch. Es möge viele Menschen geben, die Vertrauen finden in diesen Beruf, der so vielfältig ist und so viele Entwicklungsmöglichkeiten bietet wie kaum ein anderer. Die Bedingungen sind zurzeit wirklich nicht leicht, aber dennoch kann man sich Handlungsspielräume erarbeiten. Ich hatte das große Glück, das erleben und nutzen zu dürfen. Das wünsche ich jedem jungen Menschen am Anfang seiner Laufbahn.

Ein Faktor, um einen Beruf attraktiv zu machen, sind die Gehälter. Aber die haben für junge AltenpflegerInnen tatsächlich nicht die oberste Priorität. Wenn man Pflegekräfte fragt, was sich ihrer Meinung nach ändern muss, rangiert das Gehalt meistens auf Platz drei. Der Spitzenreiter ist klar und unangefochten: mehr Stellen, mehr Personal. Natürlich ist das Gehalt ausbaufähig, gerade in Ballungsgebieten. Wenn man als junge Familie in Köln eine Wohnung mieten muss, noch ein Auto hat, das ist schon heftig und mit dem Gehalt einer examinierten Kraft kaum zu stemmen. In ländlichen Bereichen mag das vielleicht etwas leichter sein. Die Tariflöhne sind zu niedrig, es müssen dringend Anpassungen folgen. Das wäre auch ein Anreiz für junge Männer, in den Beruf zu gehen. Die müssen sich immer noch eher für die Stelle mit dem besseren Gehalt entscheiden, wenn es darum geht, eine Familie zu gründen und zu ernähren. Aber der wichtigste Faktor bleibt der Personalmangel. Für die Altenpflege ist das Thema der Zukunft, wie man die Dienstpläne mitarbeiterInnen- und familienfreundlich gestalten kann. Es herrscht viel Fluktuation, viel Wechsel. Es gibt viel Zeitarbeit – die wird auch immer teurer, bleibt aber unverbindlich. Gleichzeitig werden die alten Menschen pflegeintensiver. Es wird teurer werden – und das muss es auch. Davon bin ich felsenfest überzeugt. Wir alle werden mehr Geld in die Hand nehmen müssen.

Das nächste große Thema bei den Befragungen sind Fort- und Weiterbildungen, die von den MitarbeiterInnen aus verschiedenen Gründen sehr gewünscht werden. Aber selbst, wenn es genügend Angebote gibt, werden sie nicht selten dann doch nicht besucht. Weil dann wieder zu wenig Leute auf der Etage sind, jemand einspringen muss. Teilweise auch, weil bei Pflegekräften nicht die Lust und Kraft dazu da ist, schon wieder etwas Neues zu hören, was sich dann doch nicht umsetzen lässt. Das erinnert mich sehr an meine eigenen Ausbildungsjahre – ich hatte gehofft, dass das jetzt kein Thema mehr sein müsse. Aber das ist es. Wunsch und Wirklichkeit, Theorie und Praxis gehen weit auseinander. Viele wünschen sich, ein System zu verändern, aber es kostet wirklich große Anstrengung, sich darauf einzulassen, sich entsprechend zu qualifizieren. Hier könnte mit einer anderen Personalbemessung der wichtigste Hinderungsgrund ausgeräumt werden. Bis dahin ist es unerlässlich, dass die Leitungskräfte in einem sehr engen

Kontakt mit den MitarbeiterInnen stehen. Dass sie ihr Ohr offen haben, die Sorgen, Nöte und Spannungen rasch mitbekommen. Dass viel Austausch und Diskussion stattfinden. Das ist anstrengend, wirklich anstrengend – aber unglaublich wichtig. Wenn eine Leitungskraft zu weit weg ist von der Pflegerealität ihrer Angestellten, fühlen sie sich nicht wertgeschätzt, nicht verstanden. Völlig zu Recht. Das führt zu Fluktuation. Und die führt zu einem noch dünneren Dienstplan.

ⓘ Altenpflege aktuell

Die Arbeit in der Altenpflege steht derzeit vor vielen Herausforderungen wie dem Fachkräftemangel, regionalen Versorgungsengpässen, der Einführung des neuen Ausbildungskonzeptes (der Generalistik), der Digitalisierung und vielem mehr. Die Arbeitsbedingungen haben sich durch viele dieser Herausforderungen verschlechtert. Währenddessen sind die Ansprüche der Gesellschaft an die Altenpflege bezüglich der Leistungsqualität und individualisierter Angebote stetig gestiegen, die grundlegenden Rahmenbedingungen wurden aber nur marginal verbessert.

Heute ist die Altenpflege ein Mangelberuf. Insgesamt ist das Interesse an diesem Beruf gesunken, selbst langjährige MitarbeiterInnen kehren ihm den Rücken und/oder reduzieren ihre Arbeitszeiten. Die durchschnittliche Verweildauer im Beruf liegt derzeit bei ca. drei Jahren.

Derzeit gibt es nur einen verbindlichen Mindestlohn, den sogenannten Pflegemindestlohn. Kommunale, kirchliche und gemeinnützige Träger wenden unterschiedliche Tarifvereinbarungen an, kommerzielle Träger haben in der Regel keine Tarifvereinbarungen, sondern handeln im Rahmen von trägerspezifischen Gehaltsstrukturen. Seit 2020 wird über einen verbindlichen, einheitlichen Tarifvertrag zwischen den Beteiligten verhandelt, bislang konnte keine Einigung erzielt werden.

Die in den letzten Jahren angestoßenen Reformen und Verbesserungen sind unzureichend, um wirksame Lösungen zu erreichen. Die Arbeitszeiten bleiben trotz vieler Bemühungen und Modelle unattraktiv, die Entlohnung liegt immer noch unter vergleichbaren Arbeitsbereichen. Erhebliche Differenzen von bis zu 500 Euro pro Monat sind bei Gehaltsvergleichen zwischen Altenpflege und Krankenpflege keine Seltenheit. Vermehrt werben Träger mittlerweile mit hohen „Starterprämien", Dienstwagen zur Eigennutzung oder Wahldienstzeiten, um MitarbeiterInnen von anderen Anbietern abzuwerben.

Diese Arbeitsbedingungen führen auch dazu, dass immer mehr MitarbeiterInnen zu einer Zeitarbeitsfirma wechseln. Für die Träger der Pflegeeinrichtungen bedeutet dies einen weiteren Personalverlust. Dieser immer weiter anwachsende Personalmangel zwingt dann die Träger, u. a. einen wachsenden Anteil ZeitarbeitsmitarbeiterInnen einzusetzen, was eine erhebliche Kostensteigerung mit sich bringt.

Zusätzlich erschwert die Vielzahl an detaillierten Gesetzen, Verordnungen, Prüf- und Dokumentationsvorschriften die Arbeit, kostet Zeit und erstickt Kreativität und Innovationen im Keim. Die Aufwertung der Arbeit in der Altenpflege ist eine aktuelle, politische und gesellschaftliche Zielsetzung, die endlich ernst genommen und mit Vehemenz betrieben werden muss.

Es muss für die MitarbeiterInnen mehr Zeit und Muße geben, alte Menschen mit ihrer Individualität in den Blick zu nehmen. Es gibt super Theorien und Lehrbücher, die die sogenannte ganzheitliche Pflege vertreten. Wenn man dafür sorgt, dass ein Mensch gut liegt, dass auf gesundes Essen und Trinken und eine möglichst umfassende Körperpflege geachtet wird, ist das schon ein guter Beitrag. Aber ganzheitlich ist das noch nicht. Dazu müsste eine Bezugspflegekraft die ganze Schicht über für ihre BewohnerInnen ansprechbar sein – zu allen Themen. Das Wohlbefinden der

BewohnerInnen sollte mehr in den Fokus rücken, das Umfeld sollte den Vorstellungen von BewohnerInnen und MitarbeiterInnen entsprechen, die Speisen sollten nicht nur essbar, sondern genießbar und abwechslungsreich sein. Der Tag sollte sinnvoll gestaltbar sein, am Rhythmus des Menschen orientiert und nicht an irgendeinem Zeitplan. Es sollte möglich sein, dass eine ehrenamtliche Kraft Besuche auf dem Friedhof begleitet, wenn BewohnerInnen das wünschen. Oder ins Museum. Oder zu einem Konzert. Dass Menschen trotz Rollstuhl oder trotz Demenz derartige Ereignisse noch erleben können. Das sind alles Punkte, die wir vor 30 Jahren schon zu verwirklichen versucht haben – zum Teil erfolgreich. Sie sollten Normalität werden. Es wäre ein riesiger Gewinn für BewohnerInnen und MitarbeiterInnen, sich dem anzunähern. Unter den Bedingungen, wie sie zurzeit noch herrschen, kann das nicht gelebt werden. Dabei wäre es bereits heute möglich, es bräuchte gar keine riesige Umstrukturierung oder wahnsinnige neue Pflegekonzepte. Die Einrichtungen sind da. Vieles wird bereits gemacht, nur leider bei Weitem nicht in allen Einrichtungen. Eine wunderbare Errungenschaft, beispielsweise in Nordrhein-Westfalen, ist die Umsetzung von 80 Prozent Einzelzimmern in der Einrichtung.

Ich wünsche mir für die Altenpflege – außer mehr Stellen –, einfach gesagt, Menschen, die Lust an ihrem Beruf haben. Es ist ungemein wichtig, wie viele Hände in einer Schicht verfügbar sind – aber es kommt auch auf die Einstellung an: Was kann ich dazu beitragen, dass eine Bewohnerin, ein Bewohner sich etwas wohler fühlt? Und genauso: Was kann ich dazu beitragen, dass die Zustände sich ändern? Es wird so viel darüber gesprochen, dass alte Menschen selbstbestimmt leben können sollten. Ich würde gerne erleben, dass das ernst genommen und verfolgt wird. Das wird ein gutes Stück Arbeit, aber unmöglich ist es nicht.

Und bei dir, Doris?

oder:
Das war ein langer Blick zurück –
von dem ich manches mitnehme für den Blick nach vorne

Bei der Beschäftigung mit meiner Biografie bin ich sehr zu mir selbst gekommen und mir ist eins deutlich geworden: dass ich wirklich viel geschafft habe. Nicht nur in dem Sinne, dass ich Ziele erreicht habe, sondern auch im Sinne von Arbeiten. Ich habe wirklich verdammt viel gearbeitet. Nicht selten auch mehr, als ich tragen konnte. Ich staune gerade selbst darüber. Das war ein riesiger Teil meines Lebens. Nicht der einzige, Gott sei Dank. Ich hatte Familie, Mann, meine Freunde, meine Leidenschaften ... Hier meine Geschichte zu erzählen, hat mich auch noch einmal auf die junge Doris blicken lassen: die kleine Vierjährige beim Versuch, Kartoffeln zu schälen, die Schülerin mit dem Schlüssel um den Hals, beim Bohnern ... Je mehr ich über meine Kindheit nachdenke, desto mehr glaube ich, es arbeiten noch manche Prägungen in mir. Vor allem von meiner Mutter: früh Verantwortung zu übernehmen, fleißig zu sein, fürsorglich zu sein. Diese Werte sind mir in Fleisch und Blut übergegangen. Für mich war es selbstverständlich, bei jeder Stelle mein Bestes zu geben. Das hat sich sicher in meinem Berufsleben ausgewirkt. Aber das ist nicht alles gewesen. Sonst wäre ich mit dem, was ich all die Jahre gemacht habe, wohl nicht so glücklich gewesen. Ein Stück weit bin ich stolz auf meine Geschichte. Und ich hatte verdammt viel Glück. Ich hatte so viele gute Wegbegleiter. KollegInnen und BeraterInnen, die sich mit mir begeistert haben, Chefs und Vorstände, die mir wohlgesonnen waren, die mir Vertrauen geschenkt, mir viel Spielraum für eigene Entscheidungen gelassen haben. Ich bin mir sicher: Ich konnte nur deshalb in meinen verschiedenen Positionen erfolgreich sein, weil ich so viele Freiheiten hatte. Weil ich handeln konnte, ohne direkt eins auf die Finger zu bekommen, wenn etwas nicht passte. Das hat mich zur Höchstform auflaufen lassen. So ein Vertrauen ist nicht selbstverständlich.

Auf die Gefahr hin, überheblich zu klingen: Ich hatte im Lauf meines Berufslebens immer wieder den Eindruck, vielleicht ist es gut, dass ich genau da sitze, wo ich gerade bin. Mit meiner Natur, meinen Fähigkeiten, meinem Menschsein, auch mit meinen Führungsteams. Dass ich dazu beitragen konnte, dass sich doch manches geändert und verbessert hat. So viel, wie eben möglich war, so viel, wie die Umstände hergaben. Ohne dabei aus den Augen zu verlieren, dass man Zustände in Frage stellen und kritisieren kann. Immer wenn ich den Eindruck hatte, es wird zu eng, unscharf, ungerecht, habe ich mich zur Wehr gesetzt. Da habe ich mich meinen MitarbeiterInnen gegenüber verpflichtet gefühlt. Trotz allem wollte ich immer, dass wir richtig gute Arbeit leisten – die uns anvertrauten Menschen so gut pflegen, wie es ihnen zusteht. Ich wollte dazu beitragen, dass sich die Dinge zum Positiven verändern, Stück für Stück. Klar hatte ich auch mal den Kanal gestrichen voll. Aber aufgeben? Nein. Altenpflege ist mein Feld, mein Job, mein Ding. Man kann sich wirklich fragen, warum tue ich mir das an? In meinem Alter noch? Warum gehe ich bei meinen Beratungen auch heute noch in so instabile Systeme, bringe mich da ein – und das alles trotz des Coronastresses, den wir alle haben? Ganz einfach: Ich habe Lust darauf. Das Interimsmanagement ist immer eine Herausforderung – reinspringen in eine Einrichtung, analysieren, Prioritäten setzen, sich Freiräume erkämpfen, zum Teil gegen den Auftraggeber. Klarmachen, wenn manche Dinge dringend anders laufen sollten. Das ist schon spannend. Aber ich habe auch die Freiheit, Aufträge abzulehnen. Es tut mir auch gut, mich ein bisschen abzugrenzen. Meine Zeit möchte ich jetzt gerne mit Städtereisen verbringen. Noch mal nach Wien, Hamburg, Berlin. An die Ostsee. Mit dem Hausboot auf der Mecklenburger Seenplatte herumfahren, mir meine Heimat noch mal anschauen. Nach Südafrika reisen. Meine Assistentin im Clarenbachwerk hat so wunderbare Dinge von ihren Afrikareisen erzählt. Aber das kann noch ein bisschen warten. Fürs Erste wäre es schon großartig, wenn die Restaurants wieder öffnen. Das vermisse ich in dieser Pandemie ungemein. Diesen Luxus würde ich mir gerne wieder erlauben können. Ich wünsche mir, dass wieder Normalität einkehrt, dass das Leben wieder ein bisschen leichter wird. Wer möchte das nicht?

Eigentlich weiß ich genau, dass ich noch eine Weile arbeiten möchte. Nicht in dem Ausmaß wie bisher, auch nicht mehr nur in Interimsleitungen. Nicht übertreiben. Aber ab und zu noch eine Potenzialanalyse, in die Einrichtungen gehen, mit den Verantwortlichen über die nächsten Schritte zu sprechen, das wäre mir sehr angenehm. Längere Zeit in eine Einrichtung gehe ich erst wieder, wenn ich selbst Pflegebedarf habe. Ich hätte auch keine Angst, in einer großen Pflegeeinrichtung zu leben. Mein Bild von Altenpflege ist nicht negativ. Das resultiert sicher aus meiner Arbeit – ich habe angenommen, was da war, und versucht, es Stück für Stück zu verbessern. Wenn ich mal pflegebedürftig werde, hoffe ich sehr, dass ich die Dinge auch annehmen kann. Damit es mir leichter fällt. Außerdem setze ich mich sehr mit verschiedenen Wohnformen auseinander: Wo möchte ich alt werden? Wir haben keine Kinder, wie könnte das laufen? Ich bin sehr neugierig, was sich auf diesem Gebiet so alles tut. Eine Wohnform habe ich mitentwickelt, dieses Konzept mit großer Wohnung und vielen Serviceleistungen könnte ich mir für meinen Lebensabend gut vorstellen. Total gerne würde ich ein großzügiges Stadthaus mit mehreren, verschieden großen Wohnungen anmieten, alle barrierefrei, mit einer großen Küche und einem gemütlichen Gemeinschaftsraum, der allen zur Verfügung steht. Da würde ich gerne mit FreundInnen leben, in einer Art Community. Ich hätte meine Kontakte um mich, könnte kochen, das würde mir das Altern leichter machen. Und ich möchte gerne mitten in der Stadt bleiben – damit Oper und Theater weiter zugänglich sind. Aber ein bisschen fühle ich mich auch nach Riehl gezogen. Das war so lange mein Lebensmittelpunkt, ich könnte mir wirklich vorstellen, da auch meinen Lebensabend zu verbringen. Nur müssten die Riehler bis dahin noch ein bisschen Innovationskraft zeigen, was meine Vorstellungen von modernen Wohnformen im Alter betrifft. Ich beobachte das. Ich glaube, das bekommen sie hin.

Ich bin jetzt an einem Punkt, an dem ich mich wirklich freue, meine letzte Leitungsstelle hinter mich gebracht zu haben. Weil ich deutlich spüre, wie viel Energie es mich gekostet hat. Für diese Arbeit musste ich immer wieder an meine Grenzen gehen – manchmal auch darüber hinaus. Von meiner Ansage, drei Tage pro Woche im Haus zu sein, bin ich ja recht schnell abgerückt. Weil ich deutlich gespürt habe, wie wichtig es für die MitarbeiterInnen ist, dass ich häufiger da bin. Ich wollte möglichst viel mitbekommen, ein Gefühl von Sicherheit vermitteln. Es waren so viele Baustellen offen, so viele ungeklärte Themen. Mein Anspruch war zu zeigen: Auch ein völlig wuschiges und aufgescheuchtes Team lässt sich beruhigen und wieder auf die Spur bringen. Wenn auch nicht von heute auf morgen, auch nicht innerhalb von drei Monaten. Ich konnte ein paar Weichen stellen, das war schon etwas. Es war schön, da noch mitzumischen, aber unglaublich kräftezehrend. Darum bin ich froh, fertig zu sein. Ich habe mir fest vorgenommen, drei Monate lang nichts zu machen. Am ersten Samstag nach meinem Ausstieg kam schon die nächste Anfrage, aber ich habe sofort abgesagt. Ich möchte jetzt wirklich einmal Pause machen. Nur nicht allzu lange …

Danksagung

Mein Dank gilt allen Wegbegleitern, die an mich geglaubt und mich bestärkt haben – besonders meinen Eltern in ihrer liebevollen Sorge.

Danken möchte ich auch dem edigo Verlag, vor allem Stefan Lieder, der mich intensiv bei diesem Buchprojekt begleitet hat.

Quellen

Infokasten 1: Riehler Heimstätten
- SBK Sozial-Betriebe-Köln gemeinnützige GmbH (Hrsg.): *85 Jahre Sozial-Betriebe-Köln 1927–2012* (2012). Köln, Eigenverlag SBK.
- Wikipedia: *Riehler Heimstätten* (o.D.). http://de.wikipedia.org/wiki/Riehler_Heimstätten

Infokasten 2: Altenpflegeausbildung
- Maren Heilig, Beate Naumer: *Praxisleitfaden Generalistische Pflegeausbildung* (2020). München, Elsevier/Urban & Fischer.
- Annette Riedel: *Professionelle Pflege alter Menschen. Moderne (Alten-)Pflegeausbildung als Reaktion auf gesellschaftlichen Bedarf und die Reformen der Pflegeberufe* (2007). Marburg, Tectum Verlag.
- Wikipedia: *Altenpfleger* (o.D.). http://de.wikipedia.org/wiki/Altenpfleger

Infokasten 3: Pflegeversicherung
- Bundesministerium für Gesundheit: *Die Pflegeversicherung* (2020). http://www.bundesgesundheitsministerium.de/themen/pflege/online-ratgeber-pflege/die-pflegeversicherung.html
- Haufe Kompass: *Pflegeversicherung 2021. Zahlen, Daten, Fakten* (12. überarbeitete Auflage 2021). Freiburg, Haufe-Verlag.
- Sozialgesetzbuch (SGB) – Elftes Buch (XI): *Soziale Pflegeversicherung* (Artikel 1 des Gesetzes vom 26. Mai 1994, BGBl. I S. 1014). http://www.gesetze-im-internet.de/sgb_11/SGB_11.pdf

Infokasten 4: Pflegestufen/Pflegegrade
- Bundesministerium für Gesundheit: *Pflegegrade, neuer Pflegebedürftigkeitsbegriff* (2017). http://www.bundesgesundheitsministerium.de/service/begriffe-von-a-z/p/pflegegrade-neuer-pflegebeduerftigkeitsbegriff.html
- Uwe Lötzerich: *Pflegegrade im Überblick* (2016). http://www.pflege.de/pflegekasse-pflegerecht/pflegegrade
- Brigitte Reif: *Das aktuelle Handbuch der Pflegegrade* (2019). Regensburg, Walhalla Verlag.

Infokasten 5: MDK

- Medizinischer Dienst der Krankenversicherung Nordrhein: *Aufgaben und Ziele* (o.D.). http://www.mdk-nordrhein.de/über-uns/aufgaben-ziele
- Wikipedia: *Medizinischer Dienst der Krankenversicherung* (o.D.). http://de.wikipedia.org/wiki/Medizinischer_Dienst_der_Krankenversicherung

Infokasten 6: Wohn- und Teilhabegesetz (WTG)

- Heinrich-Böll-Stiftung: *WTG-Aufsicht* (2020). http://kommunalwiki.boell.de/index.php/WTG-Aufsicht
- Ministerium des Innern des Landes Nordrhein-Westfalen: *Wohn- und Teilhabegesetz (WTG)* (2019). http://recht.nrw.de/lmi/owa/br_text_anzeigen?v_id=10000000000000000678

Infokasten 7: Qualitätsmanagement

- Susann Schultz: *Die historische Entwicklung des Qualitätsmanagements* (2018). München, GRIN Verlag.
- Wikipedia: *Pflegequalität* (o.D.). http://de.wikipedia.org/wiki/Pflegequalität

Infokasten 8: Clarenbachwerk

- CBWK Clarenbachwerk Köln gGmbH: *Historie* (o.D.). http://clarenbachwerk.de/ueber-uns/historie

Infokasten 9: Generalistische Pflegeausbildung

- Bundesinstitut für Berufsbildung (Hrsg.): *Pflegeausbildung aktuell. Modern, vielfältig und zukunftsfähig. Informationen zu den Pflegeausbildungen nach dem Pflegeberufegesetz ab 01.01.2020* (2020). Bonn, BIBB. http://bibb.de/dienst/veroeffentlichungen/de/publication/download/16422
- Bundesministerium für Gesundheit: *Pflegeberufegesetz* (2018). http://www.bundesgesundheitsministerium.de/pflegeberufegesetz.html

Infokasten 10: Pflegestärkungsgesetze 1, 2 und 3

- Bundesministerium für Gesundheit: *Die Pflegestärkungsgesetze. Hintergründe zu den Neuregelungen in der Pflege* (2016). http://www.bundesgesundheitsministerium.de/fileadmin/Dateien/5_Publikationen/Pflege/Praxisseiten_Pflege/1.5_Pflegestaerkungsgesetz.pdf
- Ronald Richter: *Die neue soziale Pflegeversicherung – PSG I, II und III: Pflegebegriff – Vergütungen – Potenziale* (2017). Baden-Baden, Nomos Verlag.

Infokasten 11: Übersicht Altenpflege aktuell

Verweildauer im Beruf:
- Bundesministerium für Gesundheit: *Beschäftigte in der Pflege* (2018). http://www.bundesgesundheitsministerium.de/themen/pflege/pflegekraefte/beschaeftigte.html
- Stefan Sell: *Die Altenpflegekräfte bleiben viel länger im Beruf als bislang immer behauptet. Aber Vorsicht ist bekanntlich die Mutter der statistischen Porzellankiste.* In: Aktuelle Sozialpolitik (2018). http://aktuelle-sozialpolitik.de/2018/02/17/verweildauer-altenpflege

Tarife:
- Statistisches Bundesamt: *Tarifstatistiken. Tarifinformationen zum Gesundheitswesen* (2018). http://www.destatis.de/DE/Themen/Arbeit/Verdienste/Tarifverdienste-Tarifbindung/Publikationen/Downloads-Tarifverdienste-Tarifbindung/tarifinformationen-gesundheitswesen-pdf-0160011.pdf
- Frank Wegener: *Tarifvergleich: Alten- und Pflegehilfe – TVöD, Caritas, AVR, Diakonie* (2021). http://www.oeffentlichen-dienst.de/news/113-altenhilfe/479-tarifvergleich-jahreseinkommen-in-der-pflege-und-altenhilfe.html

Zeitarbeit:
- Christoph Bräutigam, Elke Dahlbeck, Peter Enste, Michaela Evans, Josef Hilbert: *Flexibilisierung und Leiharbeit in der Pflege* (2010). http://www.boeckler.de/de/faust-detail.htm?sync_id=HBS-004758
- Bundesagentur für Arbeit: *Entwicklungen in der Zeitarbeit* (2021). http://statistik.arbeitsagentur.de/DE/Statischer-Content/Statistiken/Themen-im-Fokus/Zeitarbeit/generische-Publikation/Arbeitsmarkt-Deutschland-Zeitarbeit-Aktuelle-Entwicklung.pdf
- Statista.com: *Anzahl der als Zeitarbeitnehmer Tätigen in Gesundheits- und Krankenpflege, Rettungsdienst und Geburtshilfe in Deutschland nach Bundesländern* (2020). http://de.statista.com/statistik/daten/studie/1091074/umfrage/zeitarbeitnehmer-bei-krankenpflegekraeften-in-deutschland

Sämtliche Onlinequellen wurden zuletzt aufgerufen am 30.04.2021.

Bildnachweis:
Joachim Brokmeier (S. 162, 164)
Historisches Archiv des Erzbistums Köln bzw. AEK, Bildsammlung 104770 (S. 168 oben)
Kölner Wochenspiegel (S. 174)
Doris Röhlich-Spitzer (S. 161, 165, 166, 167, 168 unten, 169, 170, 171 im Kölner Stadt-Anzeiger, 175, 176)
Sozial-Betriebe-Köln (S. 163)
Wilfried Stoye (S. 172)
Nicole Ziese (Kölnische Rundschau) (S. 173)

Aus unserem Programm

Toxische Männlichkeit – erkennen, reflektieren, verändern

von Sebastian Tippe. 316 Seiten, Paperback | ebook

Toxische Männlichkeit beginnt bei alltäglichem Verhalten: dem permanenten Unterbrechen von Frauen, dem Ausgeben der Ideen von Frauen als die eigenen, der Fokussierung auf eigene sexuelle Bedürfnisse. Sie hat auch einen negativen Einfluss auf die Gesundheit und Lebenserwartung von Männern, indem sie das Risikoverhalten, den Missbrauch von Suchtmitteln und die Suizidrate erhöht. Dazu kommt Gewalt gegen Frauen in Form von Stalking, Übergriffigkeiten, Vergewaltigungen, Pornografie, Prostitution und Femizide.

Toxische Männlichkeit ist ein gesamtgesellschaftliches Problem: aufgrund ihrer Sozialisation entwickeln Männer Denk- und Verhaltensmuster, mit denen sie Frauen, weiteren marginalisierten Menschen sowie sich selbst enorm schaden. Während patriarchale Strukturen Männern Macht und Privilegien verschaffen, verwehren sie Frauen diese gleichzeitig.

Dieses Buch bietet einen umfassenden Überblick über die gesellschaftlichen Bereiche, in denen toxische Männlichkeit deutlich wird. Der Autor Sebastian Tippe stellt Reflexions- und Lösungsmöglichkeiten für Männer vor, die sie dabei unterstützen können, eigene problematische Anteile zu bearbeiten. Er formuliert seine Forderungen an Politik und Bildung und präsentiert pädagogisches Handwerkszeug der feministischen Jungenarbeit für Eltern und Fachleute sowie Erfahrungsberichte für praktische Einblicke.

---

edigo – lesbar. streitbar. unmittelbar | www.edigo-verlag.de